日本公認会計士協会出版局

会計基礎教育の歴史と現況
日本公認会計士協会 編

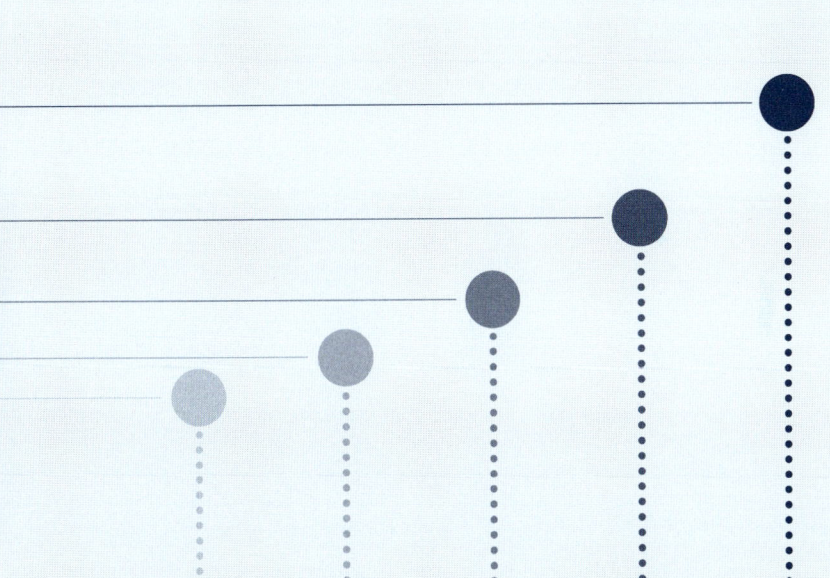

発刊に当たって

　国民が広く社会で活躍していくためには、経済活動を正しく理解することができるよう基礎的な会計の素養（会計リテラシー）を身に付けていく必要がある。日本公認会計士協会は、会計専門家である公認会計士の団体として、この会計リテラシーの普及に関する教育の充実を推進することについて、中心的な役割を担うことが求められていると考えている。

　そこで、日本公認会計士協会では、2016年7月に「会計基礎教育の推進」を事業として取り組むことを決議し、「会計基礎教育推進会議」を設置した。この「会計基礎教育推進会議」では、日本公認会計士協会が当面取り組むべきいくつかの施策の一つとして「会計基礎教育に関する実態把握」を挙げ、柴健次教授を中心とする研究者グループに調査を委託した。同調査の成果は、『会計基礎教育に関する実態等の調査報告書』として取りまとめられたが、本書は、そのうちの初等中等教育段階（普通教育）に関する記述を中心に、再編したものである。

　初等中等教育段階の記述を中心としたのは、もちろん、それが国民への普及という観点で重要であるということもある。しかし、より重要な意味を持つのは、中学校の教育課程において「会計」が取り上げられる可能性が出てきたことである。2017年6月に文部科学省から公表された「中学校学習指導要領解説（社会編）」では、中学校の社会科（公民）において初めて会計情報の活用についての記述が登場した。この「解説」は、2021年度から実施される新学習指導要領に関するものであり、今後、教育現場においては、会計を含む新たな内容の検討も進むものと思われる。

　本書は、会計リテラシーの視点でこれまでの我が国の初等中等教育を概観し、また、参考となる海外の例を盛り込んだ新たな書である。具体的な教育方法を論じる書ではないが、本書に記述の歴史的な経緯や関連事項を整理した情報の提供が、会計リテラシーに関係する教育に取り組まれる方々の今後の検討の一助となれば幸いである。

　最後に、本書の刊行に当たり、ご多忙の中、貴重な時間を割いていただいた著者の方々並びに関係者の皆様には、この場をお借りして心より感謝申し上げる。

2018年12月

日本公認会計士協会
会長　関根　愛子

目 次

第1部 会計基礎教育の必要性 — 1

第1章 会計基礎教育の必要性 — 2

第2部 我が国における会計基礎教育の歴史 — 17

第1章 会計教育の開花と展開—明治時代 — 18
第2章 会計教育の定着 — 44
　　　　―大正時代から昭和時代

第3部 我が国学習指導要領に見る会計基礎教育的要素 — 81

第1章 会計基礎教育に関する考え方 — 82
第2章 小学校・中学校における会計基礎教育 — 84
　　　　―学習指導要領の調査
第3章 高等学校普通科における会計基礎教育 — 123

第4部 海外における会計基礎教育の状況 — 131

第1章 概　観 — 132
第2章 アメリカ — 134
第3章 非・専門学部における会計基礎教育 — 158
　　　　―韓国中央大学校における教養会計科目（必修）の実践例

「解説」 社会科・公民科教育の観点から — 176

付　録 — 183

会計基礎教育歴史年表 — 184
会計基礎教育参考文献 — 201
会計基礎教育の推進に関する基本方針 — 204
パネルディスカッション
　―我が国における会計基礎教育の現状と今後の展望
　（日本公認会計士協会第39回研究大会（徳島大会）報告） — 209

第1部

会計基礎教育の必要性

会計基礎教育の必要性

1 はじめに

　福澤諭吉の『学問のすゝめ』の中から子供向けにやさしく伝えた文章の一部を引用しておこう。この文章は子供が読む教科書に出てくる名作などを厳選した『新装版教科書にでてくるおはなし366』に掲載されたものである。同書に掲載されているということは教科書に掲載されたということである。

> 「私が学ぶべきだとする学問は，ふつうの生活に役に立つ学問だ。たとえば，手紙の書き方や，帳簿のつけ方，計算や，重さのはかり方，世界のなりたちや，歴史，宇宙のしくみ，家計から世の中全体のお金の流れ，人とのかかわり方や，社会でのふるまい，…学ぶべきことはとても多い。
> 　こうした学問は，人間が生きていくうえで必要で，役に立つ。身分の上下に関係なく，みなが身に着けるべきなのだ。そうでなければ，個人も，家も，国家も，独立することはできないだろう。」
> （WAVE出版『新装版教科書にでてくるおはなし366』から福澤諭吉「学問のすゝめ」）

　『学問のすゝめ』で薦められる学問は，「生きていくうえで必要で」「ふつうの生活に役に立つ」というものである。その例として，「帳簿のつけ方」，「計算」，「家計から世の中全体のお金の流れ」といった例示がされている。これらの指摘は我々がいう「会計基礎教育」に通ずる。「会計リテラシー」と呼ぶにふさわしい。

　「リテラシー」は『広辞苑第6版』によると「読み書きの能力。識字。転じて，ある分野に関する知識・能力。例「コンピュータ・リテラシー」」とある。我々が「会計リテラシー」というとき，辞書の例示に対応して「会計分野に関する知識・能力」となるが，「読み書きの能力。識字。」という原義に対応して使う場合，福澤の「ふつうの生活に役に立つ」というレベルで考えている。のちに再考するが，「ふ

つうの生活に役に立つ」「読み書きそろばん」というときの「そろばん」（算術）が「会計リテラシー」に近いと考える。

　我々は福澤のいう学問の範囲で考察したいと考えている。それゆえ，学問とは何か，科学とは何かという哲学の問題には踏み込まない。いったん議論を始めると混乱を極めるだろうと予想されるからである。むしろ，引用した福澤の「学問」というものを会計の分野で考えたときに「会計リテラシー」と呼べるものがあると考えておきたい。

　今の段階では会計基礎教育と会計リテラシー教育を区別していない。しかし，「基礎教育」の意味をどう定義するかによって，両者を区別した方が便利な場合がある。それまでは同義と考えて話を進めたい。

　大学での生活を経験した者には，専門教育（専門科目）と教養教育（教養科目）という分類になじみがある。この分類からすれば，会計リテラシー教育とは教養教育に属すると考えやすい。そういう場合もあるし，そうでない場合もあるというにとどめておきたい。

　福澤の説明の逆を行き，「学ばなければ人生に不利益」となる学習があるとしよう。「リテラシー」を考えるいま一つのヒントである。福澤もいうように「学ぶべきことはとても多い」ので，義務教育という制度の下，最低限学ぶべきことが定められている。とくに我々は小学校の教科に着目することになる。現在，国語，算数，理科，社会などがリテラシー教育の柱となっている。

　その由来は，明治３年に大中小学規則が定められた時点に遡ることができる。当時の小学校は句読，習字，算術，語学，地理学の５教科がリテラシー教育の内容であった[1]。しかし，これは官製教育におけるリテラシー教育の起源に過ぎない。我が国には官制教育に先んじて，民製教育におけるリテラシー教育が存在していた。それが寺子屋教育である。そこでは，いわゆる「読み，書き，そろばん」が主になるが，リテラシーを字義どおりに考えると，「読み，書き」の教育になる。その前には「聞き」学びの時代があるという[2]。その後には「そろばん」がある。

1　木下真[1993]『維新旧幕比較論』岩波書店，232頁。
2　沖田行司[2017]『日本国民をつくった教育』ミネルヴァ書房，第１章。

2　寺子屋教育から小学校へ

　俗に「読み書きそろばん」といわれるが，これが寺子屋における庶民教育の主要課題である。寺子屋教育は藩校教育と対置されるとともに，明治政府による教育改革で新設される小学校へと引き継がれる。

　沖田行司（2017）『日本国民をつくった教育』は端的に「寺子屋で学ぶ庶民」と「藩校で学ぶ武士」を対比させている。これは猪木武徳（2016）『増補学校と工場』でも同じである。藩校の歴史が重要ではないというつもりはない。我々の関心は「基礎教育」あるいは「リテラシー教育」にあるので，必然的に寺子屋教育に関心を寄せることになるのである。

　沖田（2017）によれば寺子屋は「読み書き」は必須だが「そろばん」はすべての寺子屋にあったわけではない。しかし商売の盛んな大阪や江戸の寺子屋では「そろばん」が加わる。一方，農業地帯では「そろばん」より「農業技術」が優先される。佐藤健一編（2000）『江戸の寺子屋入門─算術を中心として』では商売の盛んな地域では「算術」がリテラシーとなることを詳しく説明している。

　「読み書き」という抽象的な学習には，「習字」による具体的な訓練を通じた体得が必要だと考えられる。おなじく「算術」という抽象的な学習には，「そろばん」による具体的な練習が重視される。意味的にレベルを合わせると「読み書き算術」というべきところ「読み書きそろばん」と言い慣わされ，また，「習字そろばん」というべきところ「読み書きそろばん」と言い慣わされているといえそうである。

　その寺子屋が明治維新による学校制度における小学校の母体となるが，最も重要な差異は，民間教育である寺子屋では学習は強制ではなく，手習いの性格を有しており，寺子屋での学習を終えた後はそれぞれの生活に進んでいくという。先の学校へ進むための前段階の学習という意味はない。これに対し，官製教育である小学校では学習は強制であるという点である。つまりリテラシー教育の内容が固定されていくのである。また，庶民のための「読み書きそろばん」というレベルから脱して，幅広く学習内容が拡大されていくのである。

3　リテラシー教育と専門教育あるいは教養教育

　大学教育では一般に専門教育と教養教育に分類されてきた。専門科目が難しく

て，教養科目がやさしいということはない。教養教育はリテラシー教育と一致することもあるが，そうではないかもしれない。これらの関係を考えてみたい。

太古の時代，人々は「生きていくために学ぶ内容」は現代のそれより少なかったかもしれない。例えば，食べてはいけない食べ物はどれか，獲物はどうやって射止めるか，道具はどうやって作るかといったことである。こうした時代には，「生きていくために学ぶ」ということの意味は「生きていくために必ず習得されなければならない」ことを意味する。学ばなければ生きていけないのであるから当然のことである。のちに文字が発明されると，聞いて学ぶというスタイルから，文字を通じて学ぶスタイルへと学習の形が変化してくる。だから本来のリテラシーである「読み書き」は死活問題である。さらには集団の中で子供から大人に育っていく段階で，集団の中で生きていくのに必要な事柄もすべて学んだことだろう。集団を離れて生きていけないとすればこれも死活問題である。こういう時代には，人々は学ぶべき事柄の大半を学んで生きていたことであろう。

ところが人類社会はそこで必要となるすべてを学習することなどできないくらいに複雑になってきた。我々は経験から習得できる対象には限界があることを知る。そして，多くの事柄は生涯にわたり実際に体験したり考えたりすることもないままに終わる。太古の時代と比較すると，現代では社会の一部しか学ばないで生きていくことになる。こういう不安定な環境で生きていくために，また小さな集団を超えた生活が普通になり分業が当たり前になれば，我々はしっかりと生きていくために，特定の領域について詳しく学ぼうとする。学ぶ対象を限定しなければ高度な知識を身に付けられないからである。そこに専門教育が生まれる理由がある。

一方，本人が選ばなかった領域は未知の領域となる。ところが，この領域について生涯何も知らないかというとそうではない。知識欲旺盛な人間は自らが選択しなかった領域についても，つまり専門の領域以外の領域についても学ぼうとする。我々の会計世界に引き寄せると，会計や監査の知識は職業に直結する専門教育としては常識なのだが，それにとどまらず，生命に関しても，宇宙に関しても，異文化の慣習に関してもよく知った人はいくらでもいる。

以上のように考えると，①生きるために習得すべき内容からなるリテラシー教育，②職業と直結する特定領域に精通するための専門教育，③上記2領域以外の未知なる領域に関する飽くなき知的好奇心を満たすための教養教育，に整理できるかもし

れない。リテラシー教育と専門教育はある程度強制されるかもしれないが，教養教育は強制されないのが本質であろうから，その学習範囲は特定されないし，教養の浅い人も深い人も生まれてくるのは自然であろう。

つまり，これまでの大学教育では，初等中等教育で学ぶリテラシーだけでは生きていけない複雑な現代社会で，学生たちに特定領域を選択させ，すなわち専門を決めさせ将来の職業に活かせるような専門教育を施す一方で，複雑な現代社会だからこそ専門領域以外の領域についても幅広い教養を身に付けさせる教育を施してきたのであろう。

大学教育の意義を考えることから，必然的に，生きていくために不可欠な内容からなるリテラシー教育は義務教育である小学校と中学校で行われる意味が明確になる。高校については専門高校と普通高校が併存していることからもわかるように必ずしもリテラシー教育に特化しているわけではない。

ところが，例えば，AI（人工知能）が一般化した近未来となると，既存の教育だけは間に合わなくなり，年齢的には社会人に近い大学生といえども，小中高生と変わらないくらい「未知」でもあり「無知」でもある現実に対応しないといけなくなる。こういう社会変化は過去にも何度も起きてきたことだろう。だから，リテラシー教育，専門教育，教養教育と分けてみるのは便利かもしれないが，その内容は常に更新されていく必要がある。

4　会計基礎教育と会計リテラシー教育

さて，会計教育の話である。生きていくためのリテラシー教育と，生きていく上での基礎教育はあえて厳密に区別する必要はないかもしれない。ただ，次のようにいえる。もし，生きていくための（あるいは生きていく上で基礎となる）会計というものを，簿記や会計基準，財務諸表といった一定の体系をもった学習領域だとすれば，少なくとも現代の小学校では学ぶ機会がない。この意味では，小学校に会計リテラシー教育はない。

では，反対に，商業高校では，簿記を中心として会計の体系の一部を学習するし，簿記の検定試験に合格もする。このように商業高校は専門高校なのだから，専門科目が存在することに不思議はない。しかし，商業高校生が会計リテラシー教育を受けてきたかというと，これを疑問視する人々もいる。ここに新たな論点が浮上

する。「ある事柄ができること」と「ある事柄の意味がわかること」は別ではないかという論点である。

　我々はリテラシー教育を「生きていくために必要な教育」とした。寺子屋では，文字を読むこと，書くこと，そして，そろばんを使った算術の素養を身に付けることが行われていた。現代においても，学習対象が増えてもその意味は変わらない。割り算の数学的本質は知らなくても，多くの人々は割り算が「できる」。商業高校の例に戻ると，「簿記ができる」生徒はたくさんいるが，「簿記がわかる」生徒は少ない。この文章は「簿記」を「会計」や「数学」など他の科目に置き換えても成立するかもしれない。しかし，「できる」と「わかる」の意味を自在に使うと混乱を引き起こすであろう。出された問題ができる生徒の方が応用も効くし，制度や理論に対する理解度も高いに違いないという意見もありうる。この意見では，学習の発展段階が想定されていて，「できる」ようになると「わかる」ようになると考えている可能性がある。そういう発展段階を否定し，「わかる」と「できる」は同時に達成される必要があるという意見もあろう。

　そこで，我々は「できる」と「わかる」の議論の混乱を避けるために，想定している内容を与える必要がある。リテラシー教育が重要な点は，人間が形成する社会で生きていくことである。文字を読み書きできることの重要性は社会の他の構成員とコミュニケーションがとれることにある。この点から「できる」とは，生活に必要な技術なり，学問を習得できることを意味する。これに対して「わかる」とは，それら技術や学問がなぜ社会に必要かを理解できることを意味する。こう考えておきたい。

　だから，簿記の問題が「できる」生徒が，会計の実務や制度に対する理解度が高いとしても，それは未だ「できる」の範囲であって，会計の実務や制度が人間社会においてどういう役割を果たしているかまで理解できているか，すなわち「わかる」かといえばそれは怪しいかもしれない。したがって，「できる」は「わかる」ための前提条件ではなくて，同時に学ぶべき内容かもしれないし，より小さい年齢であっても「わかる」かもしれず，「わかる」から「できる」ようになるかもしれないのである。

　重要なことは「わかる」べき内容である。我々人間はますます増え続け，使えるべき資源はますます希少となる。そうした環境の中でだれも他と協力せずに生きて

いくことはできない。そこで我々は社会に必要なルールを設けることになる。会計もそういった社会ルールの一つである。このように考えると，簿記や会計を学んで「わかってほしい」内容は，自分たちの行動をアカウンタブル（説明可能）にする技術だということである。我々の行動を記録し，報告するための技術が簿記や会計であるとした場合，その背後には，アカウンタビリティ（説明責任）があるということである。実は「簿記ができるけれど，わかっていない」というとき，上述の「わかってほしい」内容が理解されていないということを意味している。

　さて，本章冒頭ではリテラシー教育と基礎教育を区別しないとしていた。しかし，後の章で触れるように，会計基礎教育を「会計に固有の基礎教育」（＝会計リテラシー教育）と「会計を理解するための基礎教育」に分けることもできる。例えば，簿記会計のセンスは算数や数学の素養に依存するのではないかと考えると，とりわけ小学校の算数の内容は，会計教育の観点から見ればまさしく基礎教育にあたるという理解も可能なのである。算数の学習内容は会計に限定されないものであり，したがって会計基礎教育と見なせないという見解をとることもできるし，算数の学習内容が一般的であるからこそ会計教育から見れば基礎教育に相当するという見解をとることもできる。しかしながら，後者の見解をとるにしろ，それが会計教育から見たこじつけだといわれないためには，算数の教師が会計について多少とも意識して教授している必要がある。これが第二の論点である。

　つまり，会計基礎教育については，会計行為のあることがら（例えば簿記処理）が「できる」ことを目標にするか，「その意味まで理解する」ことを目標とするかの第一の論点がある。ついで，「会計に固有の基礎」なのか「会計を理解するための基礎」なのかという第二の論点がある。

　要するに，会計行為の一部を標準化した簿記の問題ができれば良いという見解をとれば商業高校に限定されるかも知れないが，これまでも会計リテラシー教育が行われてきたことになる。しかし，簿記の問題を通じて会計の意味を十分に教授してきたかという観点からは会計リテラシー教育はなされてこなかったという意見も成立する。また，会計リテラシーとは少し異なる意味で会計基礎教育を使うとき，会計固有の基礎ということであれば，これまでは小学校でも中学校でも会計リテラシー教育はなかったといえる。ただし，次の節で見るように，大きな変化が起き始めている。一方，会計の基礎という意味で算数も会計基礎教育だというならこれまで

も十分に教えられてきた。しかし，教授者があくまで数学基礎教育だと理解していれば会計の基礎教育たりえない。反対に，教授者が会計をどこかで意識して算数を教えるならば数学基礎教育も会計基礎教育になりうる。以上のように整理できる。

5　中学校社会科に導入される会計

　初等中等学校において学習内容は学習指導要領に詳しく定められている。過去の学習指導要領によれば，少なくとも最近の小学校や中学校では「会計リテラシー」教育はなされてこなかった。しかし，ここにきて，大きな変化が起きそうである。

　中学校社会科の次期「学習指導要領」（2021年度使用開始）とその「学習指導要領解説」が明らかになった（2017年6月）。その中の公民的分野の解説に注目したい。中学校社会科の公民的分野は，小学校で学んだ事柄を受けて「現代社会を見てみよう」につながる。そこでは，A「私たちと現代社会」，B「私たちと経済」，C「私たちと政治」，D「私たちと国際社会の諸課題」が教えられる。そのB「私たちと経済」に関連して，「個人や企業の経済活動における役割と責任について多面的・多角的に考察し，表現すること」に関する内容の扱いに関して「起業について触れるとともに，経済活動や起業などを支える金融などの働きについて取り扱うこと」という解説がある。

　その解説において以下の記述がなされている。

「その際，効率と公正などに着目したり関連付けたりして，これまで我が国の経済活動を支えてきた個人や企業の取組を受け継ぎつつ，今後様々な形態の起業が市場の拡大や多様化を促し，新たな雇用を創出することが予測されていることについて多面的・多角的に考察し，表現できるようにすることが大切である。また，資金の流れや企業の経営の状況などを表す企業会計の意味を考察することを通して，企業を経営したり支えたりすることへの関心を高めるとともに，利害関係者への適正な会計情報の提供及び提供された会計情報の活用が求められていること，これらの会計情報の提供や活用により，公正な環境の下での法令等に則った財やサービスの創造が確保される仕組みとなっていることを理解できるようにすることも大切である。」

　会計に関する記述が「解説」レベルとはいえ採用されたことの意味は大きい。「私たちと経済」を講じる中で，会計の意義が語られる基礎ができたというべきである。もちろん，「会計固有の基礎」に相当する内容のすべてを限られた時間で説明する

ことは難しいと思う。時間が制約されていればいるほど，何をおいても会計の根幹となる事柄が教えられるべきである。

6　会計教育のリテラシー教育化

　小学校と中学校は義務教育である。現代社会において我々が学ぶべき事柄はとても多い。そこで義務教育の9年間という限られた時間に学ぶ内容が決められる。それが学習指導要領という形で明示化される。そこに採用されるということは「リテラシー教育」に採用されたということになる。

　我々が会計教育は重要だから小学校でも教育すれば良いと提言したとしても，会計教育として教える内容が算数の時間を減らすくらい大事か，国語の時間を減らすくらい大事かと反問されるであろう。それほどリテラシー教育に充てられる時間が制約されているということである。

　その中で，今般，「学習指導要領解説」の形式ではあれ，中学校社会科公民系の授業時間の中で会計に言及せよと記載されたことの意味は大きい。限定された教育時間に会計が入り込んだわけである。

　今回のことを我々は「リテラシー教育化」ととらえても良いと思う。中学校は商業高校と違って専門教育を行う学校ではない。その中学校において会計が教育内容の一部に入ったということが重要なのである。だからこそ，今回の現象を「会計教育のリテラシー教育化」と表現してもよいかもしれない。もはや会計教育（の一部）はすべての人々が身に付けるべき教育となったのである。

　この好機に接して，我々は，リテラシーとして何を教えるべきかを検討しなければならない。それは会計の本質を議論することにもなる。会計の本質は記録にあるのか。記録は認識と測定の結果可能となるので，会計の本質は認識と測定にあるのか。これらの本質的表現に対して会計は報告なのか。誰かに報告する予定もないのに記録はないだろう。とすれば会計は報告のための記録である。こうした議論が重ねられなければリテラシーとして何を教えるべきかが定まらない。

　それでも明らかなことがある。会計についても専門教育とは異なるリテラシー教育がありうる。ありうるというのは，現在，会計リテラシー教育が不在だということである。さらに，リテラシー教育の充実は，専門教育の充実につながるし，非専門家にとっての教養教育につながる。

我々本書の執筆者はかねてより会計リテラシー教育の研究に従事してきた。第2章以降はその成果の一部であり，また，この度の調査にあたり書き下ろした内容である。第2章は明治から昭和の時代に会計教育に関して何が起きたのかを歴史的に振り返っている。第3章は平成の現在において会計基礎教育が初等・中等教育でどのように扱われているかを説明している。第4章では，アメリカの会計教育を詳しく説明している。さらに，高等教育に属するけれども，会計初学者に対する教養必須科目として強制している大学の実践例を紹介している。さらに，我々は今回の調査を広く利用してほしいと考えているので，会計教育の観点から，年表と参考文献を付録として付け加えた。もとより，完全を期すことはできないが，多くの関心を集め，年表も文献リストも充実できれば良いとの考えから，たたき台として提示している。

7　提言：会計基礎教育の必要性

　本章の最後に我々は会計基礎教育の必要性を強く主張したい。ここでいう会計基礎教育は第一義的には会計固有の教育内容のうち初等教育（小学校と中学校）に焦点を合わせることにしたい。この内容は現在のところ定まっていない。ただ，すでに指摘したように中学校社会科の次期学習指導要領解説に会計の意義について触れることという画期的な変化が現れた。一方，会計基礎教育を拡大解釈して会計の理解に役立つ関連基礎教育として定義した場合，小学校の算数において会計の基礎が教えられている。しかし，これが会計と結びつくためには，教授者の側に算数と会計を関連付ける意思がなければならない。算数の教師からすれば算数は会計とのみ結びつくわけではないとの反論があろう。それゆえ，会計の教師の側からその必要性を説いていくべきである。何しろ世界初の簿記のテキストは数学の教科書に含まれていたという事実を思い起こしてみる必要がある。

　商業高校と大学における会計基礎教育をどのように位置付けるかという問題は，初等教育におけるそれとは異なる問題である。初等教育における会計基礎教育は会計リテラシー教育の意味を有する。将来何を職業とするかが決まっていない小学生や中学生を対象とする教育であるから，そこにおける会計基礎教育は「誰もが知っておくべき会計」となるはずである。これまで我が国ではこういう視点からの会計基礎教育（＝会計リテラシー教育）はなされてこなかったといえる。商業高校は義

務教育修了後の段階における職業教育と位置付けられるから，専門的な会計のうちの基礎的な内容が会計基礎教育として教えられてきた経緯がある。ただし，我が国の特徴として，会計基礎教育は簿記基礎教育と重なるという特徴があり，簿記教育は会計教育の重要な部分を担うという積極的な面と，会計教育の本質を伝えきれていないという消極的な面があることは一般に理解されている。

これに対して，大学教育における会計基礎教育はより問題が大きい。大学入学者は普通高校と商業高校の両方から成り立っていると単純化しよう。普通高校出身者は会計に関しては全くの初心者である可能性が高い。他方，商業高校出身者は会計のうちの簿記に関しては少なくとも中級レベルの知識を有する。しかし，受入側の大学において学習内容に関して商業高校との連続性が十分に担保されているとはいいがたい。その結果，大学においてさえ，会計基礎教育が必要と主張する理由がある。

以上を踏まえて，我々はまず以下の4つを提言したい。

提言1
会計に固有の基礎知識[3]を義務教育に含めていくことが重要である。

会計が社会で果たす役割については，事の本質をとらえてやさしく語れば，たとえ義務教育段階でも理解できる。この度，中学校社会科次期学習指導要領解説において会計に触れることが盛り込まれたが，これまで会計について不慣れな社会科教員に対して会計に関する教育を行う上での指針を与えるなど考えうる対策を講ずる必要がある。

---

3 説明責任を果たすための記録と報告並びにその技術（簿記）や制度（会計）に関する基礎知識をいう。

提言2

会計の理解に役立つ基礎知識[4]としての算数・家庭科等と会計の関連性を明確にした義務教育を求めたい。

　小学校算数教育は会計側から見ると重要な基礎教育である。しかし，算数の教師が会計との関連性を自覚していなければ会計の理解に役立つ基礎教育としての算数は成立しない。また家庭科においても会計の基礎となる知識が提供される。しかし，会計に対する理解が乏しい教員は担当する科目の中で会計に触れることは少ないであろう。会計を理解するための基礎教育を充実させるという観点からは，教員が生活者の観点から担当する科目の中で会計を考え，教えることができるような経験を積む機会が求められる。

提言3

会計が「できる」から会計が「わかる」教育への展開が必要である。

　会計（簿記を含む）の技術に慣れ，例えば検定試験や資格試験の問題が「できる」教育の存在意義は否定されないとしても，会計（簿記を含む）の概念や技術が有する人間社会における役割まで「わかる」教育が求められている。教師は「考える教育」を唱えながら，「できる教育」にとどまっていないか自問してみる必要がある。

　この提言は，「できる」の次の段階として「わかる」があるのではなく，「わかる」とは会計の社会的意義を理解できることを意味しているので，「会計が『できる』だけでなく会計が『わかる』教育への展開が必要である」と言い換えた方が良いかもしれない。

4　それ自体は会計に固有の基礎知識ではないが会計の理解に役立つ基礎知識をいう。その代表が，算数や家庭科の知識である。

提言 4

会計は複雑な現代社会を生きるために必要な知識（リテラシー）であることの認識を広める必要がある。

社会人に親しみやすい会計を目指すことも重要である。本調査を委託した日本公認会計士協会は職業団体としての本来業務を超えて，万人に対する会計教育で指導的役割を果たす可能性が期待される。

（本章の議論で参考とすべき事例）

我々の調査では以上のような見解に達すると思われるが，提言に結びつける前に，他を参照すべきと思われる。その一つが「かるた」の効用であり，二つが「納税教育」である。

(1) 池田市の「エコかるた」

池田市では市制施行70周年を記念して，（社）池田青年会議所まちづくり委員会が「池田のエコかるた」を作成した。例としては，

「あ　雨水をバケツに溜めて再利用」

「い　いま捨てたペットボトルは資源だよ」

「う　うれしいなママの手作りマイバッグ」

といったような内容である。

この企画の効果は定かではないが，小学生でも理解可能な環境教育が盛り込まれていると思われる。「エコかるた」に出会う前に，我々は「会計かるた」の教育効果を考えてきた。しかし，会計の本質に関して小学生にどのように教えていくのが良いかについては未だ検討段階にある。記録，認識，測定，報告といった会計機能に関する概念や，簿記，財務諸表，資産，負債等の会計要素に関する概念の何を「会計かるた」に盛り込むかは，本調査以降に深めるべき内容かと思う。

そこで，まずは大人編を作成してみた。そして，二つの商業高校に協力していただき，それぞれの生徒と教員にアンケート調査をした。第1の質問は，「あ」から「ん」のかるたの文章のうちイメージできるものは何か，第2の質問は，もっと詳しく説明を聞きたい文章はどれか，というものである。その結果は，柴健次・鎌田

啓貴「「会計かるた」による学習者と教授者の意識の相違の分析」(関西大学『現代社会と会計』第12号，2018年3月）に取りまとめたが，生徒の好奇心旺盛なことがわかった。

こうした例から見ると，「会計かるた」（小学生編）はとても有効な手段ではないかと考えられる。しかし，何を「かるた」に盛り込むかはすぐには決まらないであろうから，そのための作業部会を設けるべきである。

「かるた」と同様に「人生すごろく」やそのビジネス版（モノポリーなど）が社会人実践教育に活用されているとの話もよく聞く。ゲームではあるが，決算のシミュレーションもできるという点が，教育者の関心を引く。その上で，会計についての何を学ばせるかの検討が重要な課題となる。

(2) 国税庁の「税の学習コーナー」

国税庁はそのHPで「税の学習コーナー」を設けている[5]。その内容が充実している。その概要は以下のとおりである。

税教育は，小学生向け，中学生向け，高校生向け，高校生以上向け，と4段階に分かれ，それぞれに発展段階に応じた学習内容を用意している。

そのコンテンツは以下のとおりである。

① 租税教育の事例集
  小学生用教材及び講師用マニュアル
  中学生用教材及び講師用マニュアル
  高校生用教材及び講師用マニュアル
② 税の作文
  平成29年度 中学生の「税についての作文」各大臣賞・国税庁長官賞受賞者発表
  平成29年度「税に関する高校生の作文」国税庁長官賞受賞者発表
  税の作文（中学生・高校生）
③ ビデオライブラリー
  ビデオ（アニメ）
  Web-TAX-TV（インターネット番組）

---

5 http://www.nta.go.jp/taxes/kids/index.htm （アクセス日：2018年10月23日）。本項の内容は上記HPによる。

④　ゲーム・紙芝居
　　税金カニ博士のゲームDE TAX
　　みんなで話し合って街を作ろう！
　　財務省キッズコーナー
　　Zei君の税金クイズ
⑤　絵本・紙芝居
　　みんなの学校が帰ってきた
　　ダナの森ものがたり
⑥　Q&A（よくある質問）

　これら目次を見るだけでも会計基礎教育の必要性を感じる。小学生は納税者予備軍である。その観点からいろいろ考えさせるビデオは秀逸である。日本公認会計士協会が主導して，以上のコンテンツに対応する「会計の学習コーナー」を設け，従来から存在している「ハロー！会計」等の財産を取り込むなどの対応が求められる。

柴　健次

第2部

我が国における会計基礎教育の歴史

会計教育の開花と展開
―明治時代

第1節 はじめに

　周知のように，明治維新前後から，西洋における技術や社会制度や文化や思想に至るまで非常に多くのものが紹介され，近代的な新国家建設を目指す日本政府並びに日本人は，その摂取に貪欲であった。とりわけその初期において近代化は西洋化と同意義であった。会計の技術とその知識，すなわち，会計に関する教育もこの潮流の中に位置付けられる。したがって，一般的に，日本における会計技術と知識の普及については，明治時代からその考察を始めることが多い。

　だが，当然のことではあるが，近代以前において日本の商業はすでに十分に発達しており，いくつかの商家においては組織管理の目的に適合する高度に洗練された会計システムが機能していたことが実証されてもいる[1]。庶民階級である商人は近世においてすでに文字の読み書きと計算能力を身に付けており，彼らは独自の会計技術を有していたことになる。しかしながら，近世まで，会計に関する知識が社会に広く普及していたという事実は確認できない。つまり，実践される技術ではあっても，会計は，その知識が社会的に共有されているわけではなかったのである。

　日本にとって，会計教育が社会的な存在となるのは，近代になって，西洋式の会計（複式簿記）が導入され，それに関連する教科書類が公刊され広く流通し，また，学校教育制度が整備されるにともなってからのことである。

　本章では，このような歴史的事実を確認することで，日本において会計教育が社会的に広がり，また，その内容が標準化し制度化していく過程を検証することを目的としている。このような問題意識を開いていくにあたって，まずは，近代以前すなわち江戸時代における商人教育における会計知識について見ていくことから始めていくことにしよう。

1　例えば，小倉（1962），河原（1977），西川（1993）などがある。

第2節　閉ざされていた近世以前の会計教育

　ここでは，江戸時代において，商人たちがどのようにして，商人として必要な知識や技術を身に付けていったか，そして会計教育はどのような状況にあったのかについて見ていくこととする。

　江戸時代末期における日本人の識字率の高さは世界で類を見ないほどであったという。支配階級であった武士だけにあてはまることではなく，また都市に住む商人に対してだけでもなく，中層以上の農民ですら文字の読み書き能力を持っていたとされる。世の中にはあらゆる種類の本があふれ，庶民はそれらから生きていく上での知恵を学び，また人生を楽しんだのである。このように，17世紀以降において日本はすでに「文字社会」であったのである（辻本2010）。

　この時代に庶民階級によって書かれた文書資料は膨大な量にのぼるといわれている。とくに「民衆文書」と一括される，訴訟関係文書，売買・賃借・契約等の証文類，家計簿や商業帳簿，日記や手紙，それにメモなど，現存する資料はじつに多岐に及ぶ。それはあたかも，中世末期のイタリアの商業諸都市において「文書主義」の文化の中にあった商人のすがたを彷彿とさせる。またこのような文字社会が成立する要因として，イタリア商業都市の場合と同様に，近世日本における商業・流通の発展とそれにともなう都市の形成をあげることができるだろう。

　もっとも近世を文字社会として成立させることとなった直接の要素は，庶民に対する教育である。社会が商人に代表される庶民階層に文字の読み書き能力を要請し，それに応えるための教育システムが形成されたのである。一般に「寺子屋」[2]として知られる文字学習所がそれである。一概に寺子屋といっても，教育の質や内容，学習者の階層，教師の身分，運営や規模など，その実態はきわめて多様であった。しかし，文字の読みと書き，それにそろばんを用いた簡単な計算など初歩的なリテラシーを身に付けさせたことではほぼ共通している。近世になって数多く出現したこの初等教育機関で学んだのは，主として6，7歳から12，13歳くらいまでの庶民

2　寺子屋とは，文字どおり，本来的には中世の寺院において行われた世俗教育にその源があると考えられている。また，Dore（1965）によれば，寺子屋という呼称は主として関西以西におけるものであって，江戸では「手習所」と呼ばれていたという。

階層の子供たちであった。寺子屋は全国的に出現しており[3]，江戸時代から明治初年に至るまでに，その数は総計で1万5,000以上にものぼった（梅原1988，296-297頁）という。

寺子屋における教育の社会的要請が高かったのは，いうまでもなく都市においてである。江戸や大坂や京都などの大都市の寺子屋は規模も大きく，そこで教える教師たちは，それを専業とする者が普通であったという。この点においても，中世イタリアの商業都市における「知識」を「商品」として売る「商人としての教師」と類似している。

さて，庶民に対する教育機関として機能する寺子屋では，何がどのように教えられたのであろうか。もちろん，「読み・書き」であるので，字を書くことすなわち習字と，読むことすなわち読書であるが，ここで注目すべきはこれらを教育する際のメディア，つまり，教科書類である。とくに重要なのは「往来物」と呼ばれる伝統的な教本である（石川1988）。もともと，往来物という呼称は，上世すなわち平安時代後期以降に現れる往復書簡の形式をとった文例集に由来するが，その実態は，はじめから初歩的な学習のための教科書として作成され編まれたものである。「いろは」から始まる文字習得の次の段階において，これら往来物を用いた教育が実施された。庶民階級の子供たちは往来物を手本にして習字や読書をすることで用語・文章表現・書式などを学ぶと同時に，そこに書かれている内容について学習したのである。

つまり，往来物に記述されている内容は，日常生活で必要なさまざまな知識と社会生活上の礼儀や徳についてであった。代表的なものは南北朝末期から室町時代前期頃に成立したとされる『庭訓往来』である。そこには，衣食住・職業・領国経営・建築・司法・職分・仏教・武具・教養・療養など，多岐にわたる一般常識について

---

[3] 寺子屋が全国規模で普及したことは事実であるが，もちろん地域によってその密度には差があった。梅原（1988）が明らかにした数字は明治時代に文部省によって実施された調査結果を公表した『日本教育史資料』に基づいているが，実施された地域間で調査の精度にばらつきがあったことなどが指摘されている。もちろん，地方都市でありながら非常に多くの寺子屋が存在した長野や岡山や山口などは，もともと教育熱心な風土があったとか，反対に有力な藩の一つでありながら極端にその数が少ない鹿児島においては，人口に占める武士階級の比率が非常に高く，そもそも寺子屋での学習対象者である町人階層がきわめて少なかったなどという説明も可能である（梅原1988，298-299頁）。

記述されている。多くの単語と文例が学べるよう工夫されているだけでなく，絵による描写があるなどわかりやすさを追求している。『庭訓往来』は時代を超えた多くの普遍的な社会常識をその内容としているため江戸時代に入っても寺子屋の教本として用いられ続けた。

中世末期までに編まれた往来物（これらは「古往来」と称される（石川1949））は，その長い歴史にもかかわらず現存が確認されるものは40ほどしかない。しかし，江戸時代になると，新たな往来物が次々と現れるようになる。

ここでの関心からとりあげるのは『商売往来』である。その冒頭は次の文言で始まる。

およそしょうばいもちあつかう　もじ　いんずうやりとり の にっき しょうもんちゅうもんうけとりしちいれさんようちょうもくろく しきりのおぼえなり
凡　商売持扱　文字　員数取遣之日記　証文注文請取質入算用帳目録　仕切之覚也

すべて漢文調（擬漢文体）で表記されているが，ひらがなでルビが付され子供でも簡単に読み下せるように表記されている。全体的には，実際に商売を行う上で知っておくことが必要な用語や商品名などが羅列されるとともに，商人としてあるべき生活や心構えなどについて述べられている（石川1988）。

『商売往来』は，多くの版を重ねただけでなく，50種類以上にも及ぶ数多くの異版も存在した。また，『増続商売往来』『新続商売往来』『女商売往来』『教化増補日用商売往来』などなど，類書や改纂本も多いという（仲1949, 56頁）。

また，商人になるにあたって必要な計算能力についての教科書としては『塵劫記』という教本がある。『塵劫記』で書かれている内容の多くは日常生活とくに商業生活に関連するものであり，これは商業算術書といえる。これも非常に長い間にわたって版を重ねただけでなく多くの異本や類書が現れた。

このように，近世においてはすでに商人に代表される庶民の教育メディアすなわち知識の伝達メディアとしての教科書類が社会の中で一般化していた。この事実の背景には，近世の日本においては商業出版がすでに社会的装置として存在していたことがあげられる。最初に日本で書籍出版を専門の生業とした者は17世紀前期の京都においてである。そして17世紀の後期には大坂に，18世紀の中期には江戸へと広がり，19世紀までには地方都市にまで普及していたとされている（長友2002）。また，標準化された書き言葉が実質的に確立し，これら近世の教育メディアによって全国

的に普及していたことの意義も大きい。このように，寺子屋の普及と相まって商業出版が確立することで，近世日本における商人リテラシーに関連する「知識」の「商品化」は急激に促進された。

　商人に必要な知識，すなわち，「読み・書き・そろばん」についての教育の社会的基盤は，近世の日本においては十分に整備されていた。しかしながら，驚くべきことに，「会計」に関する教育が社会的な規模でなされた痕跡を確認することはできない。ここでいう「社会的な規模での教育」とは，前述したように，寺子屋など実質的に存在した社会的な教育制度の中で実践された教育のことを意味する。そして，そこでなされた「教育の痕跡」を確認する証拠として，『商売往来』や『塵劫記』などの教科書類が出版されたという事実を指している。ところが，会計については，これら教科書類の存在が確認されないので，このような意味での社会的な教育がなされていなかったといわざるを得ない。もちろん，商業上の実践的な知識やスキルは，徒弟制度の中で個別的に伝達された。例えば親方が弟子にある技術を伝達しようとする場合，そこでの教育のメディアは広い意味で「身体」ということになる（辻本2010）。このようなマン・ツー・マンでの伝達のやり方では，技術に関して知識として表現される結果は一様ではないだろうし，その伝達の方法自体も伝達者と被伝達者の個性によっても様々なものとなるであろう。しかも，このやり方では一度に多数の相手に伝達することは容易ではない。これに対して，文字や言語によって表現されれば，ある技術は普遍化された知識となって存在することとなる。そして，それが社会的な教育機関で用いられると，知識の巨大な伝達装置となる。

　少なくとも会計以外の基礎的な事柄に関しては，上述の商人教育制度の中で実践されたことを考えると，会計に関する知識は社会的な規模での広がりがなかったことはたいへん興味深い論点となる。

第3節　明治の新しい組織における会計技術の伝習と普及

(1)　政府組織における会計実践の導入

　前述した，近世日本における教育の場の普及と教育メディアの一般化は，明治以降の近代にとっては貴重な遺産となった。教科書の存在によって，技術や文化や道徳に関する知識は社会的に標準化されて，しかも多数を相手に伝達することが可能となる。近代日本における教育制度の国家的整備は，この近世の豊かな成果を大き

く受け継いで展開していくことになる。

　明治維新と相前後して西洋式の会計システムが日本に移入された。それは，まず，いくつかの組織における会計システムとして実践された。しかしそれら組織は国家の西洋化のためにそのシステムを「輸入」した特殊なものであった。

　幣制改革のため，明治政府は，造幣寮の建設を1872（慶応4）年に大坂において着手した。ここに設置された貨幣鋳造機械などについては，2年前に閉鎖されたホンコンのイギリス王立鋳貨局に設置されていたものを購入した。また，政府は機械だけではなく，貨幣鋳造技術の指導のためにホンコンのイギリス造幣局長であったキンダー（T. W. Kinder）をはじめとする外国人たちを雇い入れた。その中のひとりにブラガ（V. E. Braga）という人物がいた。ブラガはホンコン生まれのポルトガル人で「勘定役兼帳面役」として造幣寮に雇用された。

　大坂造幣寮の会計システムはブラガによって構築された。その内容は，原始記録となる①Voucher（「証拠」），仕訳のための下書きである②Waste Journal，そして仕訳帳である③Journal（「日記簿」），総勘定元帳である④General Ledger（「原簿」），総勘定元帳の残高を日単位で集計した⑤Daily Balance，そして定期的に決算書であるBalance SheetとProfit & Loss Accountを作成するというものである（西川1971）。つまり，仕訳作業以降に関する帳簿組織から決算書作成に至る一連の会計プロセスは，完全に複式簿記によるものである。つまり，大坂造幣寮は複式簿記による西洋簿記を導入した日本で最初の組織といえる。

　ブラガが導入した大坂造幣寮の西洋簿記の歴史的な意義は，日本人に対する技術の教授においても見い出すことができる。彼は，日本側の要請に応じて，寮内の日本人職員を対象に簿記講習を行っている（西川1982）。その講習内容は造幣寮の計算課長であった三島為嗣によって『造幣簿記之法』[4]として日本語でまとめられているが，これは三島自身が毛筆墨書で記録した手稿本であり，出版され公刊されたものではない。このように，ブラガの簿記講習はごく限られた範囲でなされたものであり，西洋簿記の知識が広く普及するような直接的な効果はなく，社会的なものとなるようなものではなかった。

　大坂造幣寮の組織運営は順調に進んだようで，鋳造技術並びに経営管理を日本人

4　本書は西川孝治郎によって発見され，雄松堂書店から復刻されている。

に指導するために雇用されていた外国人職員は，1875（明治8）年に解雇された。しかし，ブラガだけは，同年2月に大蔵省本省に採用されたのである。

　1975（明治8）年，ブラガは，大蔵省本省において雇用され，同省の会計システム改革の仕事に着手する。国家財政に対して会計による規律付けを有効なものとするため，大蔵省は，当初より制度の改革を繰り返し実施してきたが，いっそうの改革，とくに記帳方式の改革の必要を自覚していた。1876（明治9）年9月に「大蔵省出納条例」が制定された。そこには「凡ソ計算ニ関スル帳簿並記載法ハ総テ『フックキービング』ニ従ヒ」（第34条）という条項が掲げられている。さらに本条例の実施規程である「伝票簿記条例」において「主要ナル帳簿ヲ分チ日記簿及原簿ノ二種トス 日記簿トハ日々出納スル金員ヲ貸借二項ニ分チ其事由ヲ明記シタルモノニシテ原簿ニ登録ス可キ基礎タリ 原簿トハ金銀出納ノ大簿冊ニシテ諸勘定ノ科目ヲ設ケ各貸借ヲ区別シテ出納ノ結局ヲ明ナラシムルモノナリ」（明治財政編纂会1904, 850頁）とあることから，「条例」における「フックキービング」という表現が複式簿記を意味していることは明らかである。このようにして，大蔵省の会計システムに，複式簿記による西洋簿記が採用されたのであった。

　大蔵省が，なぜ，自律性ある国家財政制度のための新しい会計システム（とりわけ記録方式）に西洋式の複式簿記を採用しようとしたのか，その理由については明らかではない。だが，大蔵省が管轄する大坂造幣寮での西洋簿記による会計実践を，大蔵省自身，ある種の「成功体験」と受けとめていたと理解することができる。それだからこそ，本省においても西洋式の複式簿記を導入しようと計画し，そのためにブラガを雇い入れたのだと思われる。また，大蔵省（だけでなく他の政府機関もそうであるが）は，明治になって新たに誕生した行政機関であるため，当然のことではあるが，それ以前には会計実践の経験を持ち合わせていない。つまり，適合的な代替会計システムの選択肢を有していなかったのである。

　ブラガは大蔵省本省において「簿記計算法取調方」という職位を与えられ，1876（明治9）年1月に省内に設置された「簿記法取調掛」で簿記の講習を行ったとされる。西洋式の会計が日本人に対して伝えられた実例であるが，この部署は，大蔵省内の職員に対して教授するために設置されたものであるので，広く社会に対して開かれたものではなかった。

　しかし，ブラガによってもたらされた近代的な会計実践は普及を見せることとな

る。省内の会計システムに新しい方法が導入されて1年半ほどが経過した1878（明治11）年2月，「西洋複記式記簿ノ方法ハ出納上必須」であるので，これを全国規模で普及させるため，すべての府県に対して関連する業務につく職員を東京に派遣し西洋簿記の講習を受けさせるとする通達が出された。さらに，同年8月には大蔵卿・大隈重信は，大蔵省だけでなく，すべての省庁に「複記帳簿ノ法」を適用するよう太政大臣宛に稟議申請している。つまり，大蔵省は，自省での西洋簿記の試験的な実践を「成功体験」と認識し，この方法を日本全国の政府組織に対して適用しようとしたのである。

その結果，1878（明治11）年11月に「計算簿記条例」が大蔵省より通達された。そこには「各庁金銭ノ出納計算は総テ『複記法』ニ拠テ帳簿ヘ記入スヘシ」（第1条）とあり，明治初期のある一定の期間[5]，日本の政府会計は完全に複式簿記を採用することとなったのである。

この会計実践の適用は，その対象が中央官庁と地方政府ということもあり，絶対的な強制力を有していた。その副産物として，明治10年代〜20年代の初めにかけて，「官庁簿記」「官用簿記」といったタイトルを持つ多数の教科書が出版されることとなった。これら簿記の教科書は，それぞれの省庁や府県といった限られた場での会計実践に対するマニュアルであると同時に，公刊された出版物であることから，実践の場を超えて，社会に広く西洋簿記の知識を普及させるための媒体としても機能したと考えられる。

(2) 民間企業への西洋式会計実践の適用

では次に，明治初期において民間企業に移転した西洋会計実践の事例について観察してみよう。その最初にあげるべきは第一国立銀行である。近代的な銀行制度を整備するにあたり，アメリカ合衆国の国法銀行制度にならって，1872（明治5）年に「国立銀行条例」が制定された。1873（明治6）年に設立された第一国立銀行をはじめとして，この法律によって設立された銀行は1879（明治12）年までに153行にのぼった。これら銀行の業務全般に対して，政府は厳格な監督及び指導を行っ

5　政府会計に西洋式の複式簿記を適用する実践は，1889（明治22）年の「会計法」並びに「会計規則」の制定によって，現在まで連なることになる新しい会計制度が規定されるまでの10年間ほど継続した。

た。とりわけ，会計システムに関しては統一的な制度の確立をはかった（西川 1982, 21頁）。政府はスコットランド人の銀行家シャンド（A. A. Shand）を「紙幣頭附属書記官」として雇用し，銀行経営のための会計システムを立案させると同時に，その技術指導を行うための部局を開設して教育にも従事させた。

第一国立銀行は日本ではじめての商業銀行であると同時に民間資本によるはじめての株式会社である。しかしながら，銀行制度の整備それ自体が明治政府の主導の下に企画されたものであり，採用される会計システムに至るまで強く国家主導の色彩が濃いといえる。

シャンドの主要な業務は，銀行の業務一般について日本人に教育を与えることであったが，中でも重要なのは，会計実践についてである。シャンドから教育を受けた対象は，1873（明治6）年8月1日に営業を開始した日本での最初の近代的銀行でかつ民間の株式会社である第一国立銀行が設立される以前の準備段階にあった行員たち，それに，銀行を監督する機関である大蔵省の職員たちである。

その教育内容を反映したものが『銀行簿記精法』である。いうまでもなく，同書で解説されている会計は複式簿記による西洋簿記である。上記のように，シャンドは銀行制度が始動する以前の準備段階において簿記教育を行っている。『銀行簿記精法』はそれを事後的に整理してまとめたものである。本書が刊行されてからわずか数ヶ月後の1874（明治7）年4月，大蔵省は紙幣寮銀行課に「銀行学局」という部局を設置して，若手の課員を中心に簿記や経済学など銀行業務に関する教育を行った。銀行学局は，その後，教育の範囲を国立銀行の行員及びその他の人々にまで拡張した。

また，「国立銀行条例」の下で，きわめて短期間のうちに150を超える民間の銀行が設立された。つまり，シャンドによって教授された西洋式簿記は，各地における民間企業である銀行の設立と相俟って，『銀行簿記精法』を媒体として日本全国に拡散していくこととなったのである。ここで重要なのは，すべての銀行において『銀行簿記精法』に基づいた会計が統一的に実践されることとなったという点である。この意味において，大蔵省の「計算簿記条例」もすべての中央省庁と地方政府の会計実践を標準化したということで類似しているが，『銀行簿記精法』の社会的影響はそれよりもはるかに大きく，特定の組織内部で行われる会計実践を超えて，会計知識の社会的普及にも貢献したといえる。

第4節　簿記書の出版と会計教育機関としての民間学校

　前述のように，シャンドによってもたらされた西洋式複式簿記による会計実践は，新たに設立された近代的な銀行において実践されると同時に，その副産物としての『銀行簿記精法』の出版によって，会計知識として社会的な存在となっていった。このことは，会計に関する技術や知識が社会に普及するにあたって重要なのは，実践そのものではなく，実践の技術を知識化しそれを教育という行為によって普及させることであることを明白にする。我が国において，西洋式会計は，実践される技術としてというよりも，むしろ，知識としてまず社会の中にその地位を確立していくこととなったのである。

　そこで，会計知識の社会的普及の始まりを考える際には，社会的規模での教育との関連を検討する必要がある。ここでは，社会制度としての「学校」と「教科書」に着目したい。ある教育史研究者によれば，「近代というのは，国家が国民を教育する時代」であり，「学校が伝えているのは『近代の知』である」（辻本2010，3頁）という。そこにおいて知識の伝達媒体となるのはいうまでもなく教科書である。教科書は「知の商品化」を促進させる手段である（Burke 2001）。

　1873（明治6）年，日本近代化の象徴的思想家である福澤諭吉は，アメリカの初級簿記テキストを翻訳し『帳合之法』（初編）として出版した。これに与える正当な評は，本書が会計技術に関して文字で書き表された日本で最初の著作物であるという点にこそあると思うべきである[6]。つまり，福澤の翻訳書は会計技術の知識化を成し遂げたということにおいて価値があるのである。さらに，『帳合之法』は福澤が創設した慶應義塾だけにとどまらず，その後まもなくのあいだに整備されてゆく学校教育制度の中で教科書として使用されるようになった。

　ほぼ同時期において，前述したように，第一国立銀行の会計システムを立案したシャンドが簿記技術指導を教授した内容をまとめた『銀行簿記精法』が大蔵省より出版されている。その初版は1,000部であるという（西川1982）が，銀行学局という特殊な場で限られた者のみを教育の対象者としていたこと，内容が銀行簿記であるということから，会計知識の社会的な普及に対する直接的な貢献の度合からする

6　黒澤（1994）は，『帳合之法』を福澤の近代化思想の象徴の1つであるとして，『学問のすゝめ』とあわせて，文化史的・思想史的観点から考察している。

と,『帳合之法』には及ばない[7]。

　また,会計に関する知識の社会的規模での伝達・普及について福澤は有利な立場にあった。それは,福澤自身が版下から販売までに至る一連の出版事業すべてを営んでいたという事実から説明できる(玉置2002)。1872(明治5)年に初版が出された『学問のすゝめ』は,全17編あわせてであるが,のべで340万部が全国で売れたという。『帳合之法』の販売部数がどれほどであったか正確にはわからないが,近代日本の思想的リーダーであった福澤が出版する本はおそらくどれも多く売れたと推察できる。

　また,慶應義塾あるいはこれに関連またはこれから派生する教育機関において,西洋式の会計知識を学んだ者たちの中には,他の西洋式簿記書の翻訳またはすでにある翻訳書を底本にした類書を出版した者もあるし,あるいは,明治初年にわたって整備されていく学校教育制度の中で簿記教育に従事した者が少なくない。

　大蔵省紙幣寮の中に設置された「銀行学局」は部局内での教育にとどまらず,その影響は外部へも広がっていった。しかし,その広がり方は直接的なものではなく,シャンドによって教示された近代的な会計知識を受容した人々が,多様な教育の場において,その知識を伝達することで達成されたものである。また,福澤諭吉の『帳合之法』についても同様である。ここで注意すべきは,近代的な知識である会計に対する社会的なニーズが醸成されていたという事実である。

　福澤の啓蒙活動[8]が実を結ぶかのように,明治初期のある一時期において,商業教育をはじめとして「実学教育」は活発な状況を見せる。しかし,明治20年頃には,商人にとって学校教育は必要でないという理由で,その勢いは一時的に大きく衰退する(天野2005, 217-219頁)。しかしそのような状況においてさえ,会計に関する

---

[7] しかしながら,銀行学局での簿記教育によってシャンドの影響を直接または間接的に受けた少ない者たちはその後産業界の各方面で活躍し,そこにおいて西洋式会計技術の移転に貢献している。しかしそれは会計実践としての技術移転であり,本節で関心を持っている会計知識の社会的な普及ではない。

[8] 1872(明治5)年から1876(明治9)年にわたって17分冊で刊行された『学問のすゝめ』において,その最初の部分に,「……もっぱら勤むべきは人間普通日用に近き実学なり」と論述していることなどからも,一般庶民とりわけ商人が自立する上で必要な知識や技術を教育によって身に付けることの意義を強調している。

教育はいっこうに熱を冷ますことなく増加していったという[9]。このような会計教育ブームを支えたのは，国家によって整備された公的な教育制度によってではなく，民間によって設置されたいわゆる「簿記学校」によってである。

以下に示したのは，東京において存在した民間経営による商人のための学校のうち，カリキュラムに「会計」を含んでいるものを，1880（明治13）年と1890（明治23）年の2時点をとってリストアップしたものである。これによると，10年間のうちに，簿記を教える民間の学校は約2倍にその数を増加させていることがわかる。このように，明治期前半までの会計教育は制度化された「学校」ではなく，制度外の教育機関において実施されていたことに注意しなければならない（藤井2008，175－198頁）。

図表1　明治時代前半における民間の簿記学校（東京）

明治13年				明治23年			
学校名称	所在地	教授科目		学校名称	所在地	学校名称	所在地
青藍館	麹町区富士見町	記簿・英学・算術		東京簿記学校	神田区中猿楽町	三田簿記学講習所	芝区松本町
有斐学舎	麹町区富士見町	英学・簿記・数学		東京簿記全修学校	芝区桜川町	日本簿記館	麹町区中六番町
三菱商業学校	神田区錦町	銀行・船舶保険・簿記・英和籍・算術		開知学校	本郷区弓町二丁目	東京有与学館	芝区桜田久保町
勧商書院	神田区旅籠町	記簿法		簿記専門学校	神田区猿楽町	簿記専門学校	牛込区通寺町
鳩功社	神田区末広町	数学・漢籍・簿記・習字		東京秀記学校	赤坂区豊岡坂町	簿記専門学校	麹町区飯田町一
商法簿記夜学	神田区南甲賀町	簿記・数学		東京専修簿記学校	下谷区御徒町二丁目	東京簿記学校	芝区愛宕町三
進善舎	神田区神保町	漢学		精修学館番町分校	麹町区二番町	東京簿記専修芝分校	芝区琴平町
愛知学舎	神田区錦町	簿記		豊国学校分	神田区表神保町	博愛学舎	本郷区天神町一
商業夜学校	日本橋区本町	数学		簿記夜学校	日本橋区坂本町	簿記専修館	本所区林町二
米商会所付属学校	日本橋区兜町	皇漢学・変則小学記簿法		簿記学校	神田区三崎町一丁目	簿記専修学校	麹町区中六番町
簿記学舎	日本橋区檜正町	簿記法・算術		精計舎	本郷区駒込追分町	台陽学舎	本郷区天神町二
遊海学校	日本橋区本銀町	英漢学・簿記		精経学校	京橋区南飯田町	槐陰学館	下谷区御徒町二
商法夜学校	日本橋区蛎殻町	簿記法		簿記専修日本橋分校	日本橋区南茅場町	東京簿記専門学校	日本橋区美土代町三
簿記夜学校	京橋区新肴町	単複普通簿記		簿記専修館	神保区神保町	簿記講習所	麹町区三番町
潔進舎	京橋区新肴町	漢学・算術・簿記法		頴成舎	芝区田町三丁目	専修学校	神田区今川小路二
英学所	芝区露月町	英学・洋学・簿記学		精理舎	赤坂区青山南町一丁目	東京学館	赤坂区青山北町六
記簿法学舎	芝区西久保明船町	記簿法		簿記専門学舎	牛込区神楽町三丁目	明治商業専門学校	芝区田村町
盛国学舎	芝区三田三丁目	洋算・記簿法		開雲学校	本所区亀沢町一丁目	共立常葉夜学校	日本橋区本革屋町
高陽学舎	芝区西久保櫻川町	簿記		簿記専修夜学校	神田区今川小路二丁目	高等商業学校	神田一ツ橋通町
簿記夜学舎	芝区烏森町	簿記学		盛学校	麻布区六本木町	東京商業学校	日本橋区蛎殻町一
開広舎	牛込区大久保余丁町	簿記法		東京簿記講習所	麻布区北新田前町	開盛商業学校	日本橋区堀江町二丁目
駅守会	下谷区車坂町	簿記法・英学・数学		簿記速成学舎	神田区錦町一丁目	東京理財学校	神田区美土代町三
塵助記舎	浅草区新平右衛門町	簿記・数学		豊国学校	京橋区宗十郎町	商業素修学校	麹町区富見町
開雲舎	本所区緑町	簿記・算術		東京簿記専修学校	神田区美土代町二丁目		
蕎業館	深川区富川町	簿記					
精々学舎	本郷区春木町	漢学・記簿法					

（出所）　西川（1971）383-385頁より作成　　　　　　　　　　　　　　　（出所）　西川（1971）386-389頁より作成

9　明治期前半の東京において簿記学校の存在を調査した西川（1971）によれば，1880（明治13）年においては26の簿記学校が，約10年後の1890（明治23）年には47校へとその数を飛躍的に増加させている。

第5節　近代的商業教育制度の確立・展開と会計教育の制度化

(1) 商業教育制度のはじまり

それでは，制度化された商業教育，すなわち，明治政府によって構築された枠組みにおける商業教育の展開過程を確認していこう。

1872（明治5）年に我が国はじめての学校教育制度である学制が公布された。そこにおいて，上等小学と中学の教科課程の中に「記簿法」が置かれている[10]。実際に，これらの学校のどれほどの割合で，また，どのような内容の会計教育が行われていたかその具体的な事柄については明らかでないが，学制公布後の1873（明治6）年から毎年公表されている『文部省年報』によれば，1876（明治9）年の第4年報から数年の間，小学校で採用された書籍の中に福澤の『帳合之法』や，加藤斌が翻訳した『商家必用 記簿法 単認之部』，それに文部省が出版した小林儀秀の翻訳による『馬耳蘇氏記簿法』などが確認される。また，とくに1870年代末以降の数年間において，初等レベルの簿記教科書の出版が続いている[11]。つまり，専門教育としての商業教育においてではなく，初等教育の水準において，早くも会計に関する知識伝達が行われていたことが推察されるのである。このようなことを可能にしたのは，先述したように，充実した庶民教育の実践と大量の教科書を発行する技術とそれを全国規模で供給できるシステムが，すでに近世において十分に整っていたことがその基礎にあったことは間違いないだろう。

その後，1879（明治12）年の「教育令」の第8条において商業学校の規定が置かれ，さらに，1884（明治17）年の「商業学校通則」によって制度的基礎が確固としたものとなり，会計教育に関連した学校教育は，初等レベルの普通教育から中等レベル以上の専門教育へと展開していくこととなる。もっとも，「商業学校通則」の下で設置された商業学校のカリキュラムを含む教育内容は，欧米のものをモデルと

10　学制は，学校を，大学・中学・小学に分け，さらに小学を下等小学4年と上等小学4年に，中学を下等中学3年と上等中学3年に分けてそれぞれにおいて学ぶべき教科を列挙している。上等小学における「記簿法」は，事情によって学科目を拡張する場合，すなわち増加科目としてあげられている。

11　例えば，石井義正『複式啓蒙記簿階梯』，森下岩楠 他『簿記学階梯』，遠藤宗義『小学記簿法』，安部迪吉『初学必携通俗簿記法』，城谷謙『小学記簿法独学』，呉新一『簿記学精理』，塚田正教『小学記簿法初編』，吉田忠健『小学記簿法』，山田尚景『小学簿記法』など多数ある。

したものであった。したがって，日本の商家にとって，その子弟にふさわしいと思われる教育[12]と必ずしも合致したものではなかったという。

このように，近代日本における会計技術の知識は，国家による学校教育制度の中に組み込まれることで，次第に社会的な性格を帯びたものとなっていった。学校という知識の伝達装置によって，会計教育が，国家によって編成されたカリキュラムすなわち「体系立てられた知識」として社会の中に存在することとなる。近代化を西洋化することととらえて，他の先進的なテクノロジーや社会制度と同様に西洋式の会計も位置付けられ，その結果，国家的主導で企画された近代的学校教育制度に組み込まれることで，その知識は社会化したものとなって現出することになったのである。

(2) 甲種商業学校における会計教育

近代的意味における教科書に記述される知識の内容は「国家によって編成された『知の体系』」（辻本2010, 4頁）である「カリキュラム」によって具体化されまた規制される。我が国の会計教育にとって，最初に国家的なカリキュラムとして策定されたのは，中等教育課程を対象とした「甲種商業学校簿記算術教授要目」である。この教授要目でもって，会計教育の制度化が始まったといえる。

文部大臣・井上毅の実業教育の重要性に対する自覚を反映して，1894（明治27）年6月に「実業教育国庫補助法」が公布されることで財政的支援を受けて我が国の実業教育の展開が促進され，さらに1899（明治32）年2月の「実業学校令」の施行によって農業・工業・商業の各中等教育課程の制度的確立が果たされた。

「実業学校令」によって，産業振興を実現するために実質ある実業教育の重要性を自覚する政府と，自分の子供たちに対して適切な中等教育を与えたいと希望する比較的裕福な社会階層の潜在的な要求とが一致していくこととなる。この法令の下で，商業に関しては「商業学校規程」が定められ，これにより甲種と乙種の2種類の商業学校が設置された。これらは，修業年限及び教育水準などの規格が統一されており，その意味からも，本格的に制度化された商業教育課程であるといえる。

---

12 天野（2005）によれば，当時の商人にとって，自分の子弟に対して授けたいと思う教育は，商業関連の技術習得に偏したものではなく，将来経営をする立場になる者にとって必要な全人格的な涵養を指向するものであったという。

具体的には，甲種商業学校の場合，修業年限は3年間，入学資格は14歳以上の高等小学校卒業以上である。つまり，甲種商業学校は「普通」中学と同等の中等学校として制度的位置付けを有したものである。また，設置された学科目が，修身・読書・習字・作文・数学・地理・歴史・外国語・経済・法規・簿記・商品・商事要項・商業実践・体操であることからもわかるように，「普通」中学で開設されている一般的な学科目に商業関連科目を加えたかたちでカリキュラムが構成されている。

　つまり，甲種商業学校とは，商業関連の技術習得というよりも，むしろ，商人（経営者）として必要な人格の形成や教養の涵養を志向した教育機関であると特性付けられるのである。商家の経営者となるべき人物として，彼らに中等程度の教育は授けたいが，上級学校への進学を前提とする「普通」中学へ進むと家業を継がなくなるというおそれを抱く親としての商人たちの要望と不安をうまく均衡させた教育機関がこの水準の商業学校なのである。すなわち，甲種商業学校は商人になるべき者たちにとっての完成教育の場として機能したのである。事実，1910（明治43）年の調査によれば，全国の商業学校卒業者進路をみると，「自家営業」が37％，「商

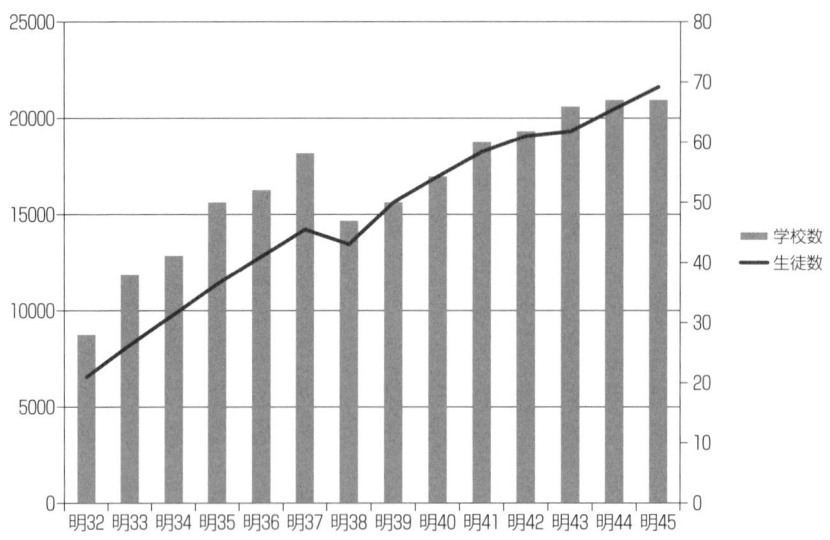

図表2　甲種商業学校の学校数・生徒数の変化（明治32〜45年）

（出所）『文部省年報』より作成

店」への就職が18％,「銀行会社」への就職が15％となっている（国立教育研究所1973）ということからも,「商業学校は何よりも,商業における自家営業主層の再生産の場」（天野2005, 223頁）であったといえる。その結果,甲種商業学校はその制度的確立以降,学校数も生徒数も増加していくこととなる。

(3) 会計教育の標準化・制度化

上述のように,我が国の近代における商業教育は甲種商業学校をもって学校制度としてはひとまず確立した。本節では,教育内容,とりわけ,会計教育の内容の「制度化」について検討していく。教育内容の制度化とは,すでに述べたように,国家によって立案されたカリキュラムの確立を意味している。会計に関していうと,それは,1910（明治43）年に公表された「甲種商業学校簿記算術教授要目」（以下,「教授要目」）によるのが最初である。

本「教授要目」は,「文部省ニ於テ曩ニ委員ヲ嘱託シ甲種商業学校ニ於テ課スヘキ簿記,商業算術教授要目ノ取調ヲ為サシメタルニ左ノ通報告セリ」と同年5月6日の官報において,その内容が「彙報」欄の「学事」に掲載されている。中等教育レベルに限ってではあるが,これによって（簿記）会計の教育内容ははじめて標準化・定式化されたことになる[13]。「教授要目」の立案はその公表の数年前から企画されており,1908（明治41）年にはすでに原案が作成されていたようである[14]。それ以前においては,甲種商業学校が成立する以前はもちろん,成立した後でさえ,地域や個々の学校によって教えられる簿記教育の内容や水準はまちまちであったということが推察できる。つまり,「教授要目」は簿記に関する国家的な教育の枠組みを具現したものであり,これをもって,より正確にいうなら「教授要目」に準拠して簿記の教科書が執筆され,それに従った簿記教育が実践されることをもって,我が国における近代的な会計教育制度が成立したといってよい。

---

13 商業学校だけでなく,実業学校令の下に開設されている甲種程度の学校のすべての科目について個別の「教授要目」が定められたわけではない。この範疇の学校の学科目に対しては簿記以外には「修身」（明治44年文部省訓令第16号）があるだけである。

14 簿記学研究会（1908）。なお,「教授要目」の策定に関わったメンバーは,関一（社会政策学者・東京高等商業学校教授），佐野善作（会計学者・東京高等商業学校教授），下野直太郎（会計学者・東京高等商業学校教授）ら5名である。

図表３　甲種商業学校簿記算術教授要目

凡　例
一　要目ハ英文簿記ヲ除キ二学年ヲ通ジ毎週三時間ノ教授ヲ標準トシテ編纂セルモ教授時数二応ジ適宜斟酌スルヲ妨ゲズ
二　教授ニ際シテハ成ルベク記帳練習ニ重キヲオキ帳簿ノ記入方文字及数字ノ書キ方等ニ注意シ且商事要項商業算術ノ学科目ト連絡シテ重複ヲ避ケ
三　例題ハカメテ実際ノ取引ニ準拠シ成ルベク種々ノ取引ヲ網羅センコトヲ
四　英文簿記ハ土地ノ情況学校ノ程度等ニヨリ之ヲ課セザルモ妨ナシ

簿記教授要目

第一　緒論
　　一　簿記ノ意義
　　二　資産負債
　　三　取引
　　四　合計帳簿，簿記ノ種類
第二　単式簿記
　　一　概説
　　二　帳簿及記帳法
　　　　現金出納帳，仕入帳，売上帳，日記帳，元帳
　　三　例題記帳練習
　　四　結算
　　　　棚卸表，結算表
第三　複記式簿記
　　一　概説
　　二　貸借仕訳及勘定科目ノ概念
　　三　貸借仕訳ノ練習
　　四　資産負債勘定，損益勘定及資本金勘定ノ説明
　　五　帳簿及記帳法
　　　　主要帳簿，補助帳簿
　　六　仕訳帳ノ様式及記入例
　　　　普通式（貸借二欄ヲ設クルモノ）
　　　　日記式（貸借共一欄ニ記入スルモノ）
　　　　出納帳式
　　七　元帳ノ様式及記入例
　　八　結算ノ手続
　　　　残高勘定ヲ開クモノ
　　　　残高勘定ヲ開カザルモノ
　　　　仕訳帳ヲ経由スルモノ
　　　　仕訳帳ヲ経由セザルモノ
　　九　試算表，損益表，貸借対照表
　　　　財産目録ノ調製及様式
　　一〇　例題記帳練習
　　　　自己ノ計算ニ於テスル物品売買業
　　　　他人ノ委託ニヨリテスル物品売買業
　　　　共同ノ計算ニ於テスル物品売買業
　　（注意）　例題記帳練習ハ主要帳簿ニ限ラズ補助帳簿ノ記帳方ヲモ練習セシムベシ
　　一一　単複二式ノ転換手続

第四　勘定科目及其分類
　　一　概説
　　二　資産負債ニ係ル勘定
　　　　動産不動産ニ係ル勘定
　　　　貸借金ニ係ルモノ
　　三　損益ニ係ル勘定
　　四　資本主ニ係ル勘定
第五　帳簿ノ種類及組織
　　一　取引証憑書ト帳簿
　　二　主要帳簿補助帳簿
　　三　仕訳帳ノ分割
　　四　特別桁ノ利用
　　五　総勘定元帳，補助元帳
　　六　事務ノ分掌ト帳簿ノ所属
　　　　記帳順序及引合
　　七　カード式，ルーズリーフ式，バウチャー式利用ノ範囲
　　八　例題記帳練習
　　　　仕訳帳及現金出納帳ヲ主要帳簿トナスモノ
　　　　仕訳帳，現金出納帳仕入帳，及売上帳ヲ主要帳簿トナスモノ
　　　　六桁仕訳帳ヲ用フルモノ
第六　銀行簿記
　　一　本邦現行帳式ノ由来
　　二　帳簿ノ種類及組織
　　三　勘定科目
　　四　事務取扱ノ順序及手続
　　五　例題記帳練習
　　　　本店営業ニ関スルモノ
　　　　本店ト他店トニ関スルモノ
　　　　結算及損益処分
第七　英文簿記
　　　　例題記帳練習

商業算術教授要目

一　緒論
　　商業算術ノ意義
　　普通算術ト異ル点
　　数理応用ノ観念及習慣
　　計算事実ノ表示法
二　四則軽便法
　　速算，省略算，検算
三　度量衡，貨幣及吋
四　売買検査
　　相場定，値引，風袋及減損，損益歩合
五　売買費用及店費
　　運賃，保険料，倉敷料，関税，口銭，利息算，利息割引料，当座勘定利息，交互貸借勘定利息，平均期日

六　放資
　　公債，株券，不動産，貸金，及預金等
七　按分算
　　分配清算
　　海損清算
八　外国為替
九　送状，売上計算書，勘定書
一〇　商品原価計算
一一　簿記計算
一二　年齢及年賦償還ノ大要
一三　雑題

当然ながら,「教授要目」は簿記会計の教科書を執筆するにあたってのガイドラインとしての役割を期待されるものである。「教授要目」以前と以後でどのような変化があったのかを確認するための一例として,鈴木孫彦と近藤英三の共著による教科書を見てみよう。彼らは「教授要目」が提示される以前の1909（明治42）年に『新案商業簿記』を,「教授要目」以降の1911（明治44）年に『新案商業簿記提要』を刊行している。これらを比較すると,アプローチも内容の難易度もずいぶんと異なり,同水準での学校での使用を想定していた教科書とは思えないほどその内容が変化していることがわかる。

図表4　「教授要目」公表以前と公表以降での同一著者による簿記教科書の変化

「教授要目」以前	「教授要目」以降
鈴木孫彦・近藤英三『新案商業簿記』明治42（1909）年,宝文館	鈴木孫彦・近藤英三『新案商業簿記提要』明治44(1911)年,宝文館
緒論 第一編　　　　　記録 　　第一章　財産と財産表 　　第二章　資本即営業財産と資産負債表 　　第三章　資本と資本主との関係並に資本主と営業主との関係 　　第四章　取引と資本負債表 　　第五章　取引の性質 　　第六章　貸借及貸借仕訳（仕訳の目安） 　　第七章　貸借と資産負債表 　　第八章　貸借仕訳と貸借対照表 　　第九章　仕訳帳,元帳と締切に第一記帳例題 　　第十章　勘定科目と其細目別並に第二記帳例題 　　第十一章　決算と試算表 　　第十二章　決算と棚卸 　　第十三章　決算の二種別と其手段 　　第十四章　決算手続に於ける英米法と大陸法 　　第十五章　決算報告表 　　第十六章　一般取引,特種取引（現金商品売買等）と所要帳簿 　　第十七章　預け金に関する取引仕訳と所要帳簿並に第二,第四記帳例題 　　第十八章　約束手形に関する取引と其仕訳 　　第十九章　為替手形に関する取引と其仕訳 　　第二十章　手形不渡等に関する取引と其仕訳 　　第二十一章　手形取引所要帳簿 　　第二十二章　荷為替に関する取引と其仕訳並に第五記帳例題 　　第二十三章　委託売買に関する取引と其仕訳 　　第二十四章　委託売買取引所要帳簿並に第六記帳例題 　　第二十五章　組合商品に関する取引と其仕訳 　　第二十六章　組合商品取引所要帳簿並に第七記帳例題 　　第二十七章　資本金勘定に関する取引と其仕訳 　　第二十八章　資本金勘定と純損益金との関係並に其仕訳 　　第二十九章　単式簿記 第二編　　　　　組織 　　第一章　商業帳簿に関する法律の規定は如何 　　第二章　商業帳簿は如何に設備せらるゝや 　　第三章　帳簿組織上の注意事項 　　第四章　卸売商店に於ける帳簿組織（其一） 　　第五章　卸売商店に於ける帳簿組織（其二） 　　第六章　卸売商店に於ける帳簿組織（其三） 　　第七章　小売商店に於ける帳簿組織 　　第八章　問屋に特種なる帳簿組織 　　第九章　兼業者の帳簿組織並に表式のこと 　　第十章　各種会社帳簿組織の特色	緒論 第一編　　　　　記録 　　第一章　単式簿記 　　　第一節　概説 　　　第二節　帳簿及記帳法 　　　第三節　記帳ノ心得及記帳練習例題 　　第二章　複記式簿記 　　　第一節　取引ノ性質 　　　第二節　貸借及貸借仕訳並ニ勘定科目ノ概念 　　　第三節　貸借貸借負債並ニ資産負債表 　　　第四節　資産負債勘定,損益勘定及資本金勘定 　　　第五節　帳簿及記帳法 　　　第六節　日記帳,仕訳帳,及仕訳日記帳ノ様式及記入例 　　　第七節　元帳ノ様式及記入例 　　　第八節　決算及其準備 　　　第九節　結算方法其一（残高勘定開設ノ有無） 　　　第十節　結算方法其二（仕訳帳経由ノ有無） 　　　第十一節　結算報告表 　　　第十二節　例題記帳練習其一（自己ノ計算ニ於ケル物品売買業） 　　　第十三節　例題記帳練習其二（他人ノ計算ニ於ケル物品売買業） 　　　第十四節　例題記帳練習其三（共同ノ計算ニ於ケル物品売買業） 　　　第十五節　勘定科目ノ細別 　　　第十六節　単複二式ノ転換手続 第二編　　　　　組織 　　第一章　商業帳簿ト商法ノ規定等 　　　第一節　概説 　　　第二節　取引証憑書ト帳簿 　　第二章　帳簿ノ編制及変化 　　　第一節　主要帳簿ト補助帳簿 　　　第二節　仕訳帳ノ分割及特別ノ利用 　　　第三節　総勘定元帳ト補助元帳並ニ日計表ト表式 　　第三章　事務ノ分掌ト帳簿ノ所属記帳順序及引合 　　　第二節　普通卸商店 　　　第二節　問屋営業 　　第四章　帳簿ノ設備 　　第五章　組織記帳練習例題

「教授要目」以前の教科書『新案商業簿記』では，複式簿記の説明から始まり単式簿記については後段で触れてあるだけであるが，「教授要目」以後に刊行された『新案商業簿記提要』では，「教授要目」と同じように，まず単式簿記についての解説があり簡易な様式を用いて会計記録の意義を理解させ，その後複式簿記について解説している。また，以前においては説明されている取引の内容が以後のものに比べるとその難易度が高いものであることがわかる。全般的にいって，「教授要目」以後に刊行された教科書の内容は，必ずしも完全に「教授要目」に依拠しているとはいえないが，明らかに強く影響を受けたと思われる変更箇所が多数見受けられる。

「教授要目」の影響を社会的に決定付けたのは，当時早稲田大学教授であった吉田良三[15]による『甲種商業簿記教科書（上・中・下）』（同文館1910年）の刊行である。

吉田は我が国の明治期後半から昭和期前半に至るまで会計教育において大きな影響を有した。この間に残した業績の範囲は商業簿記の領域のみにとどまらず，工業簿記・原価計算（その主著のみあげれば，『工業簿記教科書』同文館1918年，『工業会計研究』森山書店1930年，『間接費の研究』森山書店1936年），銀行簿記（主著のみ，『最新式近世銀行簿記』同文館1914年，『銀行簿記教科書』同文館1923年），会計学（主著のみ，『会計学』同文館1910年），会計監査（主著のみ，『会計監査』同文館1921年）と多岐にわたり，またそれぞれの領域での著作は多数にのぼる。

吉田のもっとも重要な業績は商業簿記教育に関するものである。非常に多数の商業簿記関連の教科書を執筆している。以下に吉田の代表的な商業簿記教科書を整理したが，中等教育課程の前期と後期，それに高等教育課程と，学校制度の教育水準別にそれぞれ適用された簿記教科書を著している。

---

15 吉田良三は1878（明治11）年に高知県で生まれ，1901（明治34）年に高等商業学校（1902（明治35）年に「東京高等商業学校」へ改称）を卒業している。1902（明治35）年に早稲田大学講師としてそのアカデミック・キャリアを出発する。1906（明治39）年に早稲田大学教授となるが，1918（大正7）年に東京商科大学付属商学専門部教授・予科教授となり，その後本科の教授となった後，1938（昭和13）年には東京商科大学定年退職後に中央大学教授となり，1944（昭和19）年に没している。

図表5　教育水準別に整理した代表的な吉田良三の商業簿記教科書

中等教育課程前期	
『簡易商業簿記教科書』同文館 初版 1907年（1931年まで改訂増補）	
対象	乙種商業学校・商業補習学校（年齢13－15歳）
中等教育課程後期	
『甲種商業簿記教科書』（上・中・下）同文館 初版 1911年（1922年まで改版重版）その後,「上巻」の内容について後継版である『甲種商業簿記教科書』（上・下）として出版。同文館 初版 1923年（1941年の5訂版まで改版）	
対象	甲種商業学校（年齢15－17歳）
高等教育課程	
『最新式近世商業簿記』同文館 初版 1914年（2回の改訂を経て1930年まで重版）その後, 後継版『商業簿記提要』を出版。同文館 初版 1934年	
対象	専門学校・高等商業学校・大学予科（年齢17－19歳）

　このように，中等以上のすべての教育課程において使用を想定した簿記書を著しているだけでなく，それらの多くが，長期にわたって版を重ねていった。これは吉田簿記書が社会に広く支持されていたことを明瞭に物語る証左である。つまり，吉田の貢献は，教科書製作を通じた簿記教育制度の確立に関して高く評価されるべきであろう。事実，この時代において我が国の簿記教育全般に関してこれほど広くかつ深く関与した者は他にはいない。吉田の簿記書は「明治大正を通じての代表的なものであった」（太田哲三1956, 36頁）という。さらに，「甲種商業が全国に四五百校くらいあつたが，その八割までが氏の教科書を使っていた」（太田哲三1956, 36頁）ということからも，吉田簿記書は少なくとも中等学校程度における簿記教科書のデファクト・スタンダードであったといってよいだろう[16]。

　このように，吉田良三とその簿記書は，我が国の中等教育課程における簿記教育に多大な影響を与えていたことが確信できる。ただし，ここまでの記述は，「教授要目」が設定される以前のことであることに注意しなければならない。

　上述のように，吉田が著した簿記教科書は，とりわけ中等教育課程後期（甲種商業学校）においてすでに我が国の実質的な標準となっていた。このような状況を背

16　だが，ここ（「甲種商業」）で使われていたとされる吉田の簿記書は『最新商業簿記』が多かったとされる。しかし，『最新商業簿記（学）』（同文館，初版1904年）はもともと，早稲田大学商科高等予科での教科書として執筆されたものであり，中等教育課程後期の教科書として使用することを想定されたものではなかったと思われる。

景としながら，1910（明治43）年に国家的な簿記会計カリキュラムとして「教授要目」が現れたのである。以下では，「教授要目」と吉田簿記書との相互関係について考察していく。

「教授要目」公表の1年後，の1911（明治44）年2月に，吉田は新しく『甲種商業簿記教科書』（以下，『甲種』）（上巻）を刊行する。中巻は同年9月，下巻は同年12月と順を追って発刊される[17]。吉田にとって，『甲種』は中等教育課程後期で使用することを前提として執筆したはじめての簿記教科書である。大学予科等での使用が想定された『最新商業簿記（学）』や中等教育課程前期に位置する乙種商業学校や商業補習学校での使用が想定された『簡易商業簿記教科書』とは，その内容や難易度の水準を異にするものである。

吉田にとって新しい簿記教科書である『甲種』の内容規定に強く影響したのは，いうまでもなく，「教授要目」である。『甲種』の冒頭（凡例）に，以下の記述がある。「本書は昨年五月文部省告示を以て公布されたる簿記教授要目に準拠し専ら甲種商業学校簿記教科書用に充つる目的にて編纂せしものなり」と。以下に『甲種』全3巻の目次を提示しよう。

---

[17] この発刊のタイミングは，学校において強化の進行に応じたものであると推察される。つまり，新学期の始まる前に上巻が出され，その後，順次，中巻，下巻と続いたのであろう。

図表6　吉田良三著『甲種商業簿記教科書』目次

吉田良三『甲種商業簿記教科書』第3版　明治45（1912）　同文館（初版　明治44（1911）年2月10日）

上巻
第一編　緒論
　一　簿記の意義
　二　資産負債
　三　取引
　四　会計帳簿
　五　簿記の種類
第二編　単記式簿記
　一　概説
　二　帳簿及記帳法
　三　結算
　　　一　棚卸表
　　　二　帳簿の締切
　　　三　結算表
　四　例題記帳練習
　第一例題
　第二例題
第三編　複記式簿記
　一　概説
　二　貸借仕訳の原理
　　　一　取引構成要素関係
　　　二　取引要素結合
　　　三　貸借
　　　四　仕訳及勘定科目
　三　勘定科目の説明
　　　一　資産負債勘定
　　　二　損益勘定
　　　三　資本金勘定
　四　貸借仕訳の練習
　五　帳簿及記帳法
　　　一　帳簿
　　　二　記帳法
　六　仕訳帳の様式及び記入例
　　　一　普通式
　　　二　日記式
　　　三　出納帳式
　七　元帳の様式及記入例
　八　結算手続
　　　一　予備手続
　　　二　普通結算手続及閉業結算手続
　　　三　結算手続に於ける英米法と大陸法との差異
　九　諸表
　　　一　試算表
　　　二　結算報告表
　十　例題記帳練習
　　　一　第一例題
　　　二　第二例題
　　　三　第三例題
　十一　単複二式の転換手続き
　商業帳簿に関する商法の規定

中巻
第四編　勘定科目及分類
　一　概説
　二　資産負債に係る勘定
　　　甲　動産不動産に係るもの
　　　乙　債権債務に係るもの
　三　損益に係る勘定
　四　資本主に係る勘定
第五編　帳簿の種類及組織
　一　取引証憑書と帳簿
　二　主要帳簿，補助帳簿
　三　帳簿の組織
　　　一　仕訳帳の分割
　　　二　特別桁の利用
　四　総勘定元帳，補助元帳
　五　事務の分掌と帳簿の所属，記帳順序及引合
　六　カード式及ルーズ，リーフ式
　　　一　カード式
　　　二　ルーズ，リーフ式
　　　三　カード式及ルーズ，リーフ式利用の範囲
　七　例題記帳練習
　　　第一例題
　　　第二例題
　　　第三例題
　　　第四例題

下巻
第六編　銀行簿記
　一　概説
　二　本邦現行帳簿式の由来
　三　勘定科目
　　　（一）資産負債に係る勘定
　　　（二）損益に係る勘定
　　　（三）資本主に係る勘定
　　　（四）直接勘定科目の起こらざる業務
　四　手形交換
　五　分課及伝票
　　　（一）分課
　　　（二）伝票
　六　帳簿の種類及組織
　　　（一）主要帳簿
　　　（二）補助帳簿
　七　事務取扱の順序手続
　八　半期決算手続
　九　例題記帳練習（本店営業に関するもの）
　十　他支店勘定整理法
　　　（一）他支店勘定
　　　（二）他支店勘定元帳記入法
　　　（三）為替尻利息
　　　（四）為替尻振替
　　　（五）支店間の取引
　十一　例題記帳練習（本店と他支店に関するもの）

吉田『甲種』の目次と「教授要目」で提示された内容は，ほぼ一致していることが明らかである。吉田自身によって本書が「教授要目」に準拠して編纂されたものであると言明していることから当然のことではあるが，他方で，「教授要目」公表後に刊行され，しかも，甲種商業学校での使用を前提とした他の簿記書のすべてが，吉田『甲種』ほど「教授要目」に準拠した内容をとっているわけではないという事実もまた確認できる[18]。

つまり，吉田『甲種』は「教授要目」とその内容に極めて高い親和性をもっていることがわかる。この事実は重要である。なぜなら，前述のように，吉田は日本の会計教育界において，とくに使用される教科書の支配の度合いにおいて，圧倒的な影響を持つ人物である。それが「教授要目」の公表後，それにほぼ完全に準拠した教科書を執筆したことで，この教科書によって教えられる簿記会計教育の内容もまた「教授要目」の実効性を色濃く映すものとなるからである。吉田の『甲種』が「教授要目」の内容を中等教育課程に普及するための媒体（vehicle）となったのである。

第6節　まとめ

近代以降，会計の技術習得に対する社会的ニーズは増進し続け，そのための機関が社会の中に急速に整備された。しかし，会計教育を担ったのは「簿記学校」と称される各種学校であり，公教育の中での会計教育の制度的整備にはいま少しの時間がかかった。中等教育課程に属する商業学校としての甲種商業学校が設置されたのが1899（明治32）年のことであるが，そこにおいては会計に関する国家的カリキュラムは存在しておらず，したがって，使用される教科書も地域や学校によって多様であり会計教育の標準化は実現していない。その後の1910（明治43）年に公表された「教授要目」は，我が国で最初に会計教育の内容を標準化するために策定されたものであった。

そして，「教授要目」それ自体の意義についてであるが，これが設定されたことによってはじめて，我が国の簿記会計の教科内容の制度的標準化の実現がはかられ

18　例えば，市川友三郎『最新商業簿記 中等教育』（宝文館1911年）や大石善四郎『実用商業簿記』（博文館1911年）などは，吉田『甲種』と同様に，「教授要目」の後に刊行されたものであるが，ともに「教授要目」への準拠の度合は吉田『甲種』と比べるとはるかに低いといわざるを得ない。

る契機となったことを明らかにした。「教授要目」は簿記会計教科に関する国家的カリキュラムであるが，これによって，実際の会計教育の内容を規定するには「教授要目」に準拠した教科書が必要となる。教科書は国家によって編成された簿記会計に関する知の体系である「教授要目」を伝達する媒体である。「教授要目」にとって幸運だったのは，当時の日本の簿記会計教育に多大な影響を有した吉田良三がほぼ完全に教授要目に従った教科書を刊行したことにある。「教授要目」に忠実に準拠して作成された吉田の『甲種』は，「教授要目」以前から吉田の簿記教科書（『最新商業簿記』など）を使用して授業を行ってきた全国の多くの甲種商業学校によって受け入れられたものと思われる。このように，制度化された教育内容である「教授要目」が学校教育制度の中で実効性を有することで，我が国の会計教育は標準化され社会の中に浸透していき，会計知識を社会制度として実現することとなったのである。

参考文献

天野郁夫（1983）『試験の社会史―近代日本の試験・教育・社会―』東京大学出版会。
天野郁夫（2005）『学歴の社会史』平凡社（新潮選書版1992年刊の再版）。
啊爾唾遥度（アルレン・シャンド）[述] 海老原済・梅浦精一 [訳]（1873）『銀行簿記精法』（巻之一〜巻之五）大蔵省。
石川　謙（1949）『古往来についての研究―上世・中世における初等教科書の発達―』講談社。
石川松太郎（1988）『往来物の成立と展開』雄松堂出版。
市川友三郎（1911）『最新商業簿記 中等教育』宝文館。
内山克己（1972）『明治前期実業教育施策史の研究――名実業教育発達史―』東海大学出版会。
梅原　徹（1988）『近世の学校と教育』思文閣出版。
江頭　彰（2011）「明治期の簿記教育における財産目録と貸借対照表の作成方法―誘導法的計算構造との関連において―」『日本簿記学会年報』第26号，99-107頁。
内山克巳（1972）『明治前期実業教育施策史の研究――名実業教育発達史―』東海大学出版会。
大石善四郎（1911）『実用商業簿記』博文館。
太田哲三（1956）『会計学の四十年』中央経済社。
小倉榮一郎（1962）『江州中井家帖合の法』ミネルヴァ書房。
河原一夫（1977）『江戸時代の帳合法』ぎょうせい。
教育史編纂会（1964/65）『明治以降教育制度発達史』全14巻，教育資料調査会（龍吟社版

1938/39年刊の重版)。

工藤栄一郎（2011a）『会計記録の基礎』中央経済社。
工藤栄一郎（2011b）「会計技術の知識化と社会化」『産業経理』第71巻第2号76-88頁。
倉沢　剛（1973）『学制の研究』講談社。
倉沢　剛（1975）『教育令の研究』講談社。
倉沢　剛（1978）『学校令の研究』講談社。
黒澤　清（1990）『日本会計制度発展史』財経詳報社。
黒田茂次郎・土館長言（1906）『明治学制沿革史』金港堂書籍。
啓成社［編］（1910）『師範学校規程並教授要目』啓成社。
国立教育研究所［編］（1973）『日本近代教育百年史 九 産業教育(1)』国立教育研究所。
兒林百合松（1918）「簿記教授要目ノ改訂ニ就イテ」『経理学研究』第2号，30-41頁。
佐藤仁壽他（1912）『実用主義 各科教授法新論』習文館他。
佐野善作（1925）『日本商業教育五十年史』東京商科大学。
鈴木孫彦・近藤英三（1909）『新案商業簿記』宝文館。
鈴木孫彦・近藤英三（1911）『新案商業簿記提要』宝文館。
玉置紀夫（1994）『日本金融史――安政の開国から高度成長前夜まで――』有斐閣。
玉置紀夫（2002）『起業家福澤諭吉の生涯――学で富み富て学び――』有斐閣。
田尻常雄・西郷齊員（1906）『最新 商業簿記教科書』商業学会。
辻本雅史［編］（2010）『知の伝達メディアの歴史研究――教育史像の再構築――』思文閣出版。
仲　新（1949）『近代教科書の成立』講談社。
長友千代治（2002）『江戸時代の図書流通』思文閣出版。
永広繁松・小本音次郎（1911）『師範学校 簿記教科書』光風館。
名古屋商業学校（1907）『商業簿記』金港堂書籍。
西川孝治郎（1971）『日本簿記史談』同文館出版。
西川孝治郎（1982）『文献解題 日本簿記学生成史』雄松堂出版。
西川　登（1993）『三井家勘定管見――江戸時代の三井家における内部会計報告制度および会計処理技法の研究――』白桃書房。
西川　登（1996）「社史に見る西洋式簿記の導入」『商経論叢』第31巻第3号，99-135頁。
西川　登（2004）「日本産業の近代化と簿記――洋式簿記法の導入と在来簿記法――」『日本簿記学会年報』第19号，38-43頁。
福澤諭吉［訳］（1873/74）『帳合之法』（初編／二編）慶應義塾出版局。
藤井康之（2008）「簿記関係各種学校の変容」，土方苑子［編］『各種学校の歴史的研究――明治東京・私立学校の原風景――』東京大学出版会，175-198頁。
古館市太郎（1910）『新撰 簿記教科書』大倉書店。
簿記学研究会（1908）『簿記世界』第10巻第7号。
星野太郎・森富治郎（1909）『商業簿記』三友書院。
細谷新治（1990/91）『商業教育の曙』（上巻／下巻）如水会。

牧野吉五郎（1968）『明治期啓蒙教育の研究』御茶の水書房。
三島為嗣（1873）『造幣簿記之法』（雄松堂により1981年に復刻）。
茂木英雄（1908）『甲種程度商業簿記教科書』同文館。
森川治人（2004）『明治期における商業教育の教育課程の形成と展開』雄松堂出版。
文部省（1875/76/77/78/79/80）『文部省第3年報〜第8年報』文部省。
文部省（1956）『産業教育七十年史』雇用問題研究会。
文部省（1972）『学制百年史』（資料編）帝国地方行政学会。
文部省実業学務局（1934）『実業教育五十年史』実業教育五十周年記念会。
吉田良三（1911）『甲種商業簿記教科書（上・中・下）』（第3版：1912年）同文館。
Burke, P.（2000）*A Social History of Knowledge: from Gutenberg to Diderot*, Oxford.（井山弘幸・木戸淳［訳］（2004）『知識の社会史』新曜社）。
Kudo, E. and H. Okano（2011）"Japan: Part One; Unitil the 1930s," in Previts, G., P. Walton and P. Wolnizer eds. *A Global History of Accounting, Financial Reporting and Public Policy: Asia and Oceania*, Bingley, pp.171-185.
Dore, R. P.（1965）*Education in Tokugawa Japan*, London.（松井弘道［訳］（1970）『江戸時代の教育』岩波書店。）

工藤　栄一郎

会計教育の定着
―大正時代から昭和時代

第1節　はじめに

　本章は，1910（明治43）年の簿記教授要目以降，主に大正期から昭和初期まで，我が国の会計基礎教育がどのようになされていたかを，小学校，中学校，師範学校，商業学校について述べることが目的である。いうまでもなく各学校での会計教育は，それぞれの施行規則または規程・教授要目（要綱）に基づきなされていた。ただし，中学校では，戦後に職業科の中に会計教育も導入されていたので，併せて述べることにする。この時期は，経済の好不況に関係なく各学校への進学者数が増大しているので，経済的な背景については触れていない。また，戦時体制に入った1935（昭和10）年頃から（とくに1943（昭和18）年10月の「教育ニ関スル戦時非常措置方策」以降）戦争終了後までは，商業より，工業が優先された関係上，通常の社会・経済状態での教育がなされていたとは思われないので，述べていない。以下小学校から順に述べていくことにする。

第2節　小学校

　1900（明治33）年8月「小學校令施行規則」第4条において，「算術ハ日常ノ計算ニ習熟セシメ生活上必須ナル知識ヲ與ヘ兼テ思考ヲ精確ナラシムルヲ以テ要旨トス」，同則第3項「……高等小學校ニ於テハ……土地ノ情況ニ依リテハ簡易ナル求積若ハ日用簿記ノ大要ヲ授ケ又ハ之ヲ併セ授クヘシ」と規程し，同則第7号表によると，第4学年毎週4時間として算術科の中で，括弧書きで日用簿記を教授すると定められていた。

　1907（明治40）年3月の「小学校令」改正により，尋常小学校の修業年限が6か年となり，高等小学校の修業年限も2年を本体とするが，必要に応じ3か年に延長が可能となった。この改正により，高等小学校に実業科目（農業・商業・手工）が，選択必修科目となった。その後，1911（明治44）年7月の「小学校令」改正により

実業科目（農業・商業）の一つを必修科目とするとして改正された[1]。

　1926（大正15）年4月の「小学校令施行規則」改正第4条第3項では「……高等小學校ニ於テハ……土地ノ情況ニ依リテハ日用簿記ノ大要ヲ授ケ又ハ之ヲ課スヘシ」として「求積若ハ」が削除され，同則第5号表によると，第2学年毎週4時間，第6号表によると，第3学年毎週男4・女3時間として算術科の中で，括弧書きで日用簿記を教授すると定められた。

　学校近代化をはかるために，現実の生活にあう教科科目，つまり土地の情況によってという限定付きではあるが，算術を教授すべしと規程した。小学校における算術教育の目的は，実質的に「生活上必須ナル智識ヲ與ヘ」ることであり，また形式的に「日常ノ計算ニ習熟セシメ」「思考ヲ精確ナラシムル」ことである。それゆえ簿記は，実質・形式の両面から，算術と同じと考えたためであろう。また1877（明治10）年代頃からペスタロッチ主義の実物による算数教育観（生徒の身の回りの実物によって数の価値を直観的に理解させ，数について確かな観念を与える考え方）は，次第にその影響がうすくなっていた。明治後期頃より日常生活の計算を重視した商業型の算術へと向かう主張が台頭してきた影響もあり，算術の中に取り入れたものと思われる。

　このような状況を，当時の会計人や会計教育者はどのように見ていたのであろうか。職業会計人の先駆者として有名な森田熊太郎（1896）は，小学校における簿記教授の価値について次のように述べている[2]。

　「小學校に於ける簿記教授の本領は日常取扱ふ金銭物品の會計整理を授け，他日之を家計に営業に應用せしむる素養をなすに在り。簿記は之を単純に云ふ時は會計整理の方法を教ふるものなれと，其間に生活営業の状態，慣例規則の如何，勤倹節用の必要を示し，又處世に欠くべからざる秩序精密敏捷信用の諸徳を講習の間に涵養せしむるを得」

　また大原信久（1904）は『小學日用簿記師範』おいて，さらに詳細に小学校における日用簿記について述べている[3]。

1　1918（大正7）年5月の臨時教育会議の答申により，同年2月「小学校令」が改正され「第二十條第三項　随意科目又ハ選択科目トナスコトヲ得」となる。
2　森田熊太郎（1896）「小學校に於ける簿記科の価値」『教育報知』，510號，5頁。
3　大原信久（1904）『小學日用簿記師範』東京簿記精修學館，1-2頁。

「日用簿記ハ財産ノ増減変化，即チ會計ノ収支顛末ヲ整然明瞭に記録スル方法ヲ講スル學科ナリ，然ラハ即チ大ハ國家ヨリ，小ハ個人ニ至ルマテ，苟モ一家ヲ有スルモノハ勿論，學生ト雖モ始終財産ノ変化ハ免レサル所ニシテ，之計記録ヲ講スル所ノ簿記學ハ何人ト雖モ修ムルタメノ必要アルナリ，小学校令施行細則第四条ニ曰ク「算術ハ日常ノ計算ニ習熟セシメ，生活上必須ナル智識ヲ與ヘ，兼テ思考ヲ精確ナラシムルヲ以テ要旨トス」ト生活上必須，日常ノ計算トハ即チ日常生活ノ会計収支ノ常態ヲ明細ニ知悉スルニ在リ，先ス之ヲ知ラント欲セハ，日用簿記ニ頼ラサルヘカサルハ數ノ免カレサル所ナリ，同條第二項ニ於テ求積若ハ日用簿記ノ大要ヲ授ケ又ハ之ヲ併セ授クヘシ，トアルハ，蓋シ世人ノ修メサル可カラサルヲ示ス所以ナリ……其方法タル多クハ商用ノ複式法ニシテ，程度ハ數學ニ於ケル求積ト相匹敵スヘキモノナリ」

しかし実際の実施情況はどうであったろうか，大原信久（1904）は当時の状況を次のように述べている[4]。

「彼ノ欧米諸国ノ，初等學校ノ制度ニ就テ鑑ミルニ，英獨米佛墺諸國ニ於テハ現ニ簿記法ノ一般ヲ授クルヤ明ナリ，佛國ノ如キハ女子小學ヲ始メ一般ノ女子ニ向ケ盛ニ簿記學ヲ授クルヲ見ル，又和蘭ニ於テ中學ノ課程ニ帳面記録法ノ大意ヲ授ク，然ルニ我邦ニ於テハ，小學ハ固ヨリ中學ニ於テスラ，尚未タ斯學ノ設ケナキハ豈悲シカラスヤ」

「然るに事實に於ては之に反し此日用簿記を授くるの準備に至りては殆んとあるなし，適々特種の商業簿記複式法あるのみにして其實行甚た稀なり，従来の複式法は其程度算術科に於ける求積と相匹敵すべきものなれば，之を了解するには頗る困難を感する所なり」

また中島正（1911）も会計教員と適切な教材が必要だとして，次のように情況を説明している[5]。

「現今一般小學校教育の任にある教員にして果して簿記の素養充分なるか果して教授に充分なる智識を供ふるかは予之を疑ふものなりされば當局者は如何なる方法に依りて實施と同時に之が教授の實行を速からしむるかの問題を想像するに難

---

[4] 同上，第二編，2頁。大原信久（1904）「小學日用簿記教育實施の急務に就て」『教育公報』，第288號，36頁。

[5] 中島正（1911）「小学校教育と簿記教授に就て」『簿記世界』，第13巻，3号，6頁。

からず」

　算術に簿記を取り入れたものの大原や中島が,「小学校令施行規則」第4条の「日用簿記の大要を授くべし」という規定の「土地ノ情況ニ依リ」が削除されないことを憂いて危惧しているとおりに,ほとんどの小学校では指導されなかったように思われる。ただ,筆者の調査したところによると,1904（明治37）年当時,滋賀県師範学校附属小学校では,学校が作成した商業科教授要目を見る限り,高等小学校で教授されていたようである（算術科目の中で簿記がどのように教授されていたかは不明である）。まさに多くの近江商人を輩出した土地だからであろう。第3学年で,売買,商店,通信及び運輸,金融,商業及び商人の教授の後,第4学年で,売買,通信及び運輸,保険,商業及び商人,取引所,商業会議所の教授項目と共に帳簿という項目で,日用簿記ではなく簡易なる商用簿記が教授されていた。具体的教授項目は次のようである[6]。

　　帳簿の必要―営業の状況,損益貸借,取引先の関係,店員の監督等,在来帳簿の
　　　　　　　　欠点,帳簿整理及び保存
　　帳簿の種類―小売帳,金銭出入帳,日記帳,仕訳帳,元帳,財産目録,貸借対照
　　　　　　　　表,記帳上の注意,簿記演習

　一般的には,師範学校の教授法における次の説明を見る限り,土地の情況に依り簿記を教授する場合は,単に帳簿の記入法のみであったと考えられる[7]。

　「商店に於いて曾計を整理せんには必ず簿記によらざるべからざるが故に,商業
　學校に於いては本事項は最も重要なる課目なるべしと雖も,小学校に於いては完
　全に教授するは事實上不可能の事に屬す。されば金錢出納帳,商品賣買帳の如き
　ものによりて簡單なる例を與へて,記入計算の方法を授け,之を實地に練習せし
　めて,大體の觀念を授くるに止むべし」

　小学校（高等小学校）の会計基礎教育は,規則上「土地ノ情況ニ依リ」ということであったので,商業の盛んな地域で商業科目を設けている学校以外には,行われていなかったと結論付けられるであろう。授業展開上,算術科の教員は,算術の授業では,筆算により行っていた。簿記は珠算を用いて計算させていた関係上,現場

6　山路一遊編（1904）『滋賀懸師範學校附屬小学校商業科教授要目』古川書店,20頁。
7　小泉又一・乙竹岩造共編（1914）『文部省検定済 師範學校教育科教科書 修正小學校各教科教授法』大日本圖書株式会社,332-333頁。

では分離して授業を行う必要があったのかもしれない。

第3節　中学校

1886（明治19）年4月の「中学校令」では，下記のように中学校を規定していた。
「第一條　中學校ハ實業ニ就カント欲シ又ハ高等ノ學校ニ入ラント欲スルモノニ須要ナル教育ヲ為ス所トス」
1899（明治32）年2月改正の「中学校令」では，中学校は次のように改正された。
「第一條　中學校ハ男子ニ須要ナル高等普通教育ヲ為スヲ以テ目的トス」
　この改正により，尋常中学校の名称が「中学校」に改称され，男子に必要な高等普通教育を行う学校となった。

　井上文相の実業教育の振興の声とともに，この改正前の1894（明治27）年3月，「尋常中学校ノ學科及其程度」により，尋常中学校の学科課程が改正され，新たに「実科」の課程が設けられた。すなわち「實業ニ就カント欲スルモノニ適切ナル教育ヲ施ス為ニ第四年級以上ニ於テ本科ノ外，分チテ實科ヲ設クルコトヲ得」という第4条が設けられた。省令説明によると，実科の課程を分化させることは，「中等教育ニシテ專ラ高等教育ノ豫備タルノ一方ニ偏傾スルノ弊ヲ救フナリ[8]」と述べ，中等教育が，高等の学校への予備教育的性格へ傾斜するのを矯正しようとした。そのため同年6月には「尋常中学校実科規程」が制定された。実科を設置できる学校を拡大し，第4学年以上だけでなく地方の情況によっては，第1学年から専ら実科の学科を授ける学校を実科中学校として設置できるとした。このように実科設置の趣旨を拡張したのは，「地方ノ情況ニ依リ諸種ノ就學生徒ニ便益ヲ與ヘ中學校教育ノ普及ヲ圖ルノ主意[9]」によるものである。しかし，わずか数校の実科中学校が設けられたに過ぎなかった。

　その後，1908（明治41）年の「中学校令施行規則」の改正において，実業に関する学科目が補習科の随意科目として加えられる以外，本格的には導入されなかった。

　しかし，1911（明治44）年の「中学校令施行規則」の改正により，中学校は，高等学校への予備教育機関ではなく，「高等普通教育を行うのが本来の使命であるから，実業に関する知能を得させるとともに，これに対する趣味をもたせ，勤労を重

8　教育史編纂会編（1939）『明治以降教育制度発達史 第3巻』竜吟社，205頁。
9　同上，206頁。

んじる美習を養成することが最も緊要なことである[10]」とされ，教授要目の中にも記述され，中学校教育の中に導入された。

あくまで，実業科目は，中学校教育の中に導入されても，随意科目として位置付けられていた。しかし1931(昭和6)年1月の「中学校令施行規則」の改正により，上級学年(3年以上)で第一種課程(卒業後すぐに就職する者を対象に実業・理科を主に教授)と第二種課程(上級学校に進学する者を対象に外国語・数学を主に教授)を編成し，どちらかを選修させる方式をとった。実業科目は，第一種課程の必修科目となった。同月その改正趣旨を文部省訓令第2号により，次のように説明している[11]。

「抑々中学校ニ於テ實業ヲ課スルハ普通教育ノ一事項トシテ實業ニ関スル常識ヲ養ヒ實際生活ヲ理解セシメ職業ノ尊重スベキ所以ヲ会得セシムルト共ニ勤勉力行ノ気風ヲ養フコトヲ旨トシ實業学校ニ於ケルガ如ク實業ヲ専門的ニ授クル趣旨ニアラザルモ将来實務ニ就カントスル者ノ為ニハ極メテ適切有用ナル修養タルヲ失ハズ」

中学校において，簿記教育が教授要目に記載されるのは，1911(明治44)年の「中学校令施行規則」の改正後である。第4学年に毎週2時間の商事要項及び商業算術において，「緒論・賣買・税關・倉庫・銀行・鉄道・海運・保険」の各項目について学習した後，第5学年に毎週2時間，簿記を教授した(図表1参照)。その内容として，「複式簿記(貸借及仕譯ノ意義・勘定科目・仕譯ノ練習・結算・例題記帳及結算練習・主要帳及補助帳ヲ用フル場合ニ於ケル帳簿及諸表ノ種類・關係・特種ノ勘定科目・例題記帳及結算練習)，單式簿記(帳簿及其ノ記入法・例題記帳練習・結算・單・複兩式ノ差異及變更ノ手續)，銀行簿記(帳簿ノ種類及組織・勘定科目・事務取扱ノ順序及手續・例題記帳練習)」の教授要目と内容が提示されている。

1931(昭和6)年2月に教授要目は改正されるが，甲(基本科目に実学を増課する第一種及基本科目に外国語を増課する第二種ノ両課程を第4学年より課する場合に於ける要目—筆者)と乙(同第一種及同第二種ノ両課程を第3学年より課する場合に於ける要目—筆者)に分けて提示されている(図表1参照)。商業の経理以外には，単式簿記を教授した後，複式簿記を教授するように提示され，項目を並列に

---

10 教育史編纂会編(1939)『明治以降教育制度発達史 第5巻』竜吟社，151頁。
11 教育史編纂会編(1939)『明治以降教育制度発達史 第7巻』竜吟社，254頁。

列挙するのではなく順序を提示した点が特徴である。項目の具体的な内容は提示されていない。ただ簿記を教授するにあたって，記帳練習に重点を置き，例題は実際取引に準拠するように留意すべきとしている。

図表1　中学校令施行規則及び中学校教授要目

1901（明治34）年3月5日					1911（明治44）年7月31日					1931（昭和6）年1月10日					
修身	國語及漢文	外國語	歷史	地理	數學	修身	國語及漢文	外國語	歷史	地理	數學	修身	公民科	國語漢文	歷史	地理	外國語
博物	物理及化學	法制及經濟	圖畫	唱歌	體操	博物	物理及化學	法制及經濟	實業〔農業商業手工〕	圖畫	唱歌	數學	理科	實業	圖畫	音樂	作業科
										體操							體操
第1條第2項「外國語ハ英語，獨語，又ハ佛語トス」 同條第3項「法制及經濟，唱歌ハ當分之ヲ缺クコトヲ得」 中学校教授要目　1902（明治35）年2月6日　文部省訓令第3號 商業の項目なし						第1條第3項「實業ハ農業，商業又手工トス」 同條第4項「法制及經濟，實業，唱歌ハ當分ノ内之ヲ缺クコトヲ得」 同條第5項「實業ハ随意科目トシ爲スコトヲ得」 第10條ノ2第1項「實業ハ實業ニ關スル知識技能ヲ得シメ兼テ實業ニ對スル趣味ト勤勞ヲ重スルノ習慣トヲ養フヲ以テ要旨トス」 同條第2項「實業ハ土地ノ情況ニ應シ簡易ナル農業，商業，又ハ手工ヲ授ケ農業ニ在リテハ實習ヲモ課スヘシ」 中学校教授要目　1911（明治44）年7月31日　文部省訓令第3號　商業 第4學年　毎週2時　商事要項及商業算術 第5學年　毎週2時　簿記 　複式簿記 　　貸借及仕譯ノ意義 　　勘定科目 　　仕譯ノ練習 　　帳簿及其ノ記入法 　　結算 　　例題記帳及結算練習 　　主要帳及補助帳ヲ用フル場合ニ於ケル帳簿及諸表ノ種類・關係 　　特種ノ勘定科目 　　例題記帳及結算練習 　單式簿記 　　帳簿及其ノ記入法 　　例題記帳練習 　　結算 　　單・複兩式ノ差異及變更ノ手續 　銀行簿記 　　帳簿ノ種類及組織 　　勘定科目 　　事務取扱ノ順序及手續 　　例題記帳練習 注意　三　簿記ハ記帳練習ニ重キヲ置キ例題ハ實際ノ取引ニ準據センコトヲカムヘシ 注意　四　商業算術及簿記ニ於ケル計算ノ際珠算ヲ練習セシムヘシ						第13條「實業ハ實業ニ關スル知識技能ヲ授ケ實際生活ヲ理解セシメ職業ノ尊重スヘキ所以ヲ知ラシメ勤勉力行ノ氣風ヲ養フヲ以テ要旨トス。實業ハ農業，工業，若シクハ商業ヲ課シ又ハ之ヲ適宜分合シテ授クヘシ」 中学校教授要目　1931（昭和6）年2月7日　文部省訓令第5號 甲（第一種及第二種ノ兩課程ヲ第4學年ヨリ課スル場合ニ於ケル要目一筆者）商業 第4學年　毎週3時乃至4時 賣買，交通，倉庫，金融，取引所，單式簿記 第5學年　毎週3時乃至6時 保險，外國貿易，商業助成機關，商業ノ經理，複式簿記 乙（第一種及第二種ノ兩課程ヲ第3學年ヨリ課スル場合ニ於ケル要目一筆者）商業 第3學年　毎週3時乃至5時 賣買，交通，倉庫 第4學年　毎週3時乃至4時 金融，取引所，保險，單式簿記 第5學年　毎週3時乃至6時 保險，外國貿易，商業助成機關，商業ノ經理，複式簿記 注意　4　簿記ヲ教授スルニハ記帳練習ニ重キヲ置キ例題ハ實際取引ニ準據セシムベク且計算ハ珠算ニ依ラシムベシ					

（出所）　筆者作成

第4節　師範学校

　1897（明治30）年10月，従前の「師範学校令」を廃して公布された「師範教育令」は，師範学校を次のように規定している。

「第一条　高等師範學校ハ師範學校尋常中學校及高等女學校ノ教員タルヘキ者ヲ養成スル所トス　女子高等師範學校ハ師範學校女子部及高等女學校ノ教員タルヘキ者ヲ養成スル所トス　師範學校ハ小學校ノ教員タルヘキ者ヲ養成スル所トス
　　前三項ニ記載シタル學校ニ於テハ順良信愛威重ノ德性ヲ涵養スルコトヲ務ムヘシ」

　1897年（明治30年）の「師範教育令」により，尋常師範学校は「師範学校」に改正された。高等師範学校及び女子高等師範学校は，東京に各1校が設置され，師範学校は，北海道及び各府県に各1校もしくは数校を設置することと改正された。「師範学校令」第1条但書規程の3つの「気質」は「徳性」に改正された。師範学校には本科と予備科が置かれ，本科を第一部・第二部に分けた。修業年限は予備科1年，本科第一部4年（1925（大正30）年から5年），本科第二部は男生徒1年，女生徒2年（4年制高等女学校卒業者）または1年（5年制高等女学校卒業）とした。予備科には，修業年限1年の高等小学校卒業者を，本科第一部は，予備科修了者または修業年限3年の高等小学校卒業者を入学させた。本科第二部（1907（明治40）年に制度化，1931（昭和6）年から2年制に移行）は，中等学校卒業者を入学させることによって師範教育を中等学校とリンクさせた。この状況は，1947（昭和22）年4月，「学校教育法」の施行により廃止されるまで存続した。

　学校が設置され，生徒数の増加に対応するため，教員の供給を増やす必要が生じた。そこで，1899（明治32）年3月の「実業教育国庫補助法」に基づく「実業学校教員養成規程」により，東京帝国大学農科大学附属農業教員養成所，東京高等商業学校附設商業教員養成所及東京高等工業学校附設工業教員養成所が設置された。1907（明治40）年9月には，「公立私立実業学校教員資格に関する規程」が制定され（のち1920（大正9）年12月，1922（大正11）年1月に改正），実業学校，実業補習学校のそれぞれの教員たることを得る者の資格が規定され，同時の告示によって実業学校の教員たることをうる者の指定が行われた。

　上述の高等師範学校・女子高等師範学校・臨時教員養成所での養成方式による中

等教員資格は，拡充されなかったため，1884（明治17）年より1948（昭和23）年まで，文検（「文部省師範学校中学校高等女学校教員検定試験」）試験制度が実施された。その試験に合格するか，または検定出願者の提出した学校卒業証明書・学力証明書等により判定する間接検定方式（無試験検定）によって，主として教員が供給された。

商業科目の教員資格は，商業科と簿記科は分離され，合格すればそれぞれの科目の教員資格が得られた。昭和初年度まで商業科と簿記科の試験委員は，下野直太郎と鹿野清次郎であり，難関試験だったようである。1912（大正元）年第26回簿記科本試験の問題は次のようであった[12]。

> 1912（大正元）年 第26回簿記科本試験問題
> 1 簿記教授に関して特に注意すべき要点
> 2 我法に於ける簿記學の発達の沿革
> 3 商品勘定の取扱に就きて

1925（大正14）年以降，数学での簿記要目は削除されているが，実業科目（商業・農業・家事）において簿記が，師範学校にて教授され，その教授要目が提示されていた。師範学校で簿記が教授され，その教授方法や教材の研究がなされていたことは，ともすれば等閑視されていたように思われる。具体的な教授項目については図表2を参照されたい。

図表2　師範学校教授要目及び師範学校規程（一部，専攻科は除く）

		1910（明治43）年5月31日 文部省訓令第13號		1925（大正14）年4月18日 文部省訓令第7號		1931（昭和6）年3月11日 文部省訓令第7號	
		本科第一部	本科第二部	本科第一部	本科第二部	本科第一部	本科第二部
男生徒ノ部		數學		數學		數學	
		第3學年 毎週3時	第1學年 毎週2時	（數學での簿記要目は削除）		（數學での簿記要目は削除）	
		算術,代數及幾何 簿記 　複式簿記 　　貸借　勘定 　　科目　帳簿 　　記入　結算 　單式簿記	算術 簿記 本科第一部ニ準ス				

12　國民教育会編輯部編（1917）『文検問題集 自一回至最近 第二輯』國民教育会，第八，4頁。

注意　五　數學科ニ於ケル簿記ハ簡易ヲ旨トシ商業科ニ於ケル簿記ニ先チテ之ヲ授クヘシ				
師範學校規程（1907（明治40）年4月17日）第14條第3項「前項（數学ハ算術，代數及幾何ヲ授ケ且教授法ヲ授クヘシ）ノ外男生徒ニ就キテハ簿記ノ大要ヲ授クヘシ」	師範學校規程第14條第3項ヲ削ル			
農業	農業		農業	
第4學年　毎週2時	第5學年　毎週2時	第1學年　毎週2時 第1學年及第2學年　增課教材　毎週2時乃至4時	第5學年　毎週2時	第1學年及第2學年　毎週2時
農業經濟　農業ノ要素　農業組織（耕種式集約程度　大小農業）　農業管理　農業簿記　農業ノ發達ニ必要ナル諸機關	農業經濟　農業ノ要素　農業組織　農業管理　農業簿記　農業ノ生産　農業政策　農村生活	本科第一部第3學年第4學年及第5學年ニ準ス	農業經營　農業簿記　農業政策　農村生活 小學校ニ於ケル農業教材ノ研究 ・第4學年及第5學年　增課教材　毎週2時乃至4時　基本教材ノ補充ヲ爲シ特ニ實習及實驗ニ重ヲ置クベシ	本科第一部男生徒ノ部ニ於ケル教材ヲ適宜斟酌シテ教授シ特ニ小學校ニ於ケル農業教授法及教材ノ研究ニ重ヲ置クベシ ・第1學年及第2學年　增課教材　毎週2時乃至4時　本科第一部男生徒ノ部ノ第4學年及第5學年ニ於ケル增課教材ニ準ズ
商業	商業		商業	
第3學年　第3期　毎週2時	第5學年　毎週2時	第1學年及第2學年　毎週2時乃至4時	第1・2學年　毎週1時 第3・4・5學年　毎週2時	第1學年及第2學年　毎週2時乃至4時
商業簿記　複式簿記　　貸借及仕譯ノ　　意義　　勘定科目　　仕譯ノ練習　　帳簿及其ノ記　　入法　　結算　　例題記帳及結　　算練習	商業簿記　單式簿記　　財産　資本　　勘定科目　　簿記入法　決　　算　例題記帳　複式簿記　　取引　貸借及　　仕譯　勘定科　　目　仕譯練　　習帳簿記　　入　決算　例　　題記帳　單複二式ノ比較　及轉換手續　　教授上ノ都　　合ニ依リ複　　式簿記ヲ前　　ニシテ單式　　簿記ヲ後ニ　　スルモ可ナ　　リ此ノ場合　　ニハ教材ヲ　　相當ニ按排　　スヘシ	本科第一部男生徒ノ部第4學年及第5學年ニ準ス	第1・2・3・4・5學年　商事要項　第4・5學年　簿記　商業實踐　小學校ニ於ケル商業教授法及教材ノ研究	商事要項　簿記　教授法及教材ノ研究 本科第一部男生徒ノ部ニ於ケル基本教材ヲ適宜斟酌シテ教授シ特ニ小學校ニ於ケル商業教授法及教材ノ研究ニ重ヲ置クベシ

	第4學年　第1學期　毎週2時 複式簿記 　主要帳及補助帳ヲ用フル場合ニ於ケル帳簿及諸表ノ種類關係 　特種ノ勘定科目例題記帳及結算練習 單式簿記 　帳簿及其ノ記入法 　結算 　單複兩式ノ差異及變更ノ手續	・第3・4學年　毎週2時　商事要項		第4學年及第5學年　増課教材　毎週2時乃至4時 商事要項 簿記 　商業簿記ノ補充 　銀行簿記 　商業實踐	第1學年及第2學年　増課教材　毎週2時乃至4時 本科第一部男生徒ノ第4學年及第5學年ニオケル増課教材ニ準ズ
	注意　三　簿記ハ記帳練習ニ重キヲ置キ又生徒ヲシテ例題ヲ作ラシムヘシ 四　商業算術及簿記ニ於ケル計算ノ際珠算ヲ練習セシムヘシ		注意　三　簿記ハ記帳練習ニ重キヲ置キ計算ノ際ハ珠算ニ依ラシムヘシ	注意　三　簿記ノ教授ハ特ニ記帳練習ニ重ヲ置クベシ	
女生徒ノ部		第5學年　毎週2時 農業 （農業經濟の中に） （農業簿記なし） 商業 　商業簿記 　男生徒ノ部ニ準ス	第2學年　毎週2時 本科第一部女生徒ノ部第5學年ニ準ス	第4學年及第5學年　増課教材　毎週2時乃至4時 農業 　耕種　土壌及肥料　養畜　養蠶　生絲　農業經營　農業簿記　小学校ニ於ケル農業教授法及教材ノ研究 商業 　本科第一部男生徒ノ部ニ於ケル基本教材ヲ適宜斟酌シテ教授スヘシ	第1學年及第2學年　増課教材 農業　商業 本科第一部女生徒ノ部第4學年及第5學年ニオケル増課教材ニ準ズ
	家事	家事	家事	家事	家事
	第4學年　毎週2時 家事經濟 家計簿記	第5學年　毎週2時 住居　食物　衣服　實習　養老及看病實習　家事經濟　家計簿記	第2學年 本科第一部第5學年ニ準ス	第5學年　毎週2時 養老　育兒　家事經濟　家庭管理　小学校ニ於ケル家事教科ノ研究	第1學年及第2學年　増課教材　毎週2時乃至4時 本科第一部第4學年及第5學年増課教材ニ準ズ

（出所）筆者作成

第5節　商業学校

1899（明治32）年2月，「商業学校通則」を廃し，「実業学校令」に基づく「商業

学校規程」が公布され，当初の第1種及び第2種ではなく甲種及び乙種の2分類に変更された。それぞれの入学資格・修業年限・予科・本科は，図表3のとおりである。

商業学校（実業学校）は，「実業学校令」に基づく「商業学校規程」の学校であり，高等商業学校は実業専門学校ともよばれ，「専門学校令」に基づく専門学校のことである。なお，実業補習学校でも実業の科目の一つとして商業科目（簿記）が教授されている。図表4は，1883（明治16）年から1933（昭和8）年までの，商業の実業専門学校・実業学校・実業補習学校の，学校数，教員数，生徒数，卒業者数を示したものである。1913（大正2）年より増大していることが明らかになるであろう。

図表3　甲種商業学校・乙種商業学校
―1899（明治32）年実業学校令による商業学校規程（文部省令第10号）―

商業学校	入学スル者ノ資格	修業年限 授業時数	豫科	専攻科 専修科
甲種	年齢十四年以上學力修業年限四箇年ノ高等小学校卒業又ハ之ト同等以上トス但外国語ヲ試験科目ニ加フルコトヲ得	三箇年トス但一箇年以内延長スルコトヲ得 毎週三十三時以内トス	豫科ヲ附設スルコトヲ得予科ニ入学スル者ノ資格八年齢十二年以上学力高等小學校第二学年修了以上ニテ之ヲ定ムヘシ	卒業ノ後特ニ商業ニ関スル一科目若クハ数科目ヲ専攻セントスル者ノ為ニ専攻科ヲ置クコトヲ得 或學科ニ限リ専修セントスル者ノ為ニ専修科ヲ設クルコトヲ得
乙種	年齢十年以上學力修業年限四箇年ノ尋常小学校卒業以上ニ於テ之ヲ定ムヘシ	三箇年以内トス 毎週三十時以内トス		

（出所）　筆者作成

図表4 実業専門学校・実業学校・実業補習学校（商業）の教育統計

	学校数			教員数			生徒数			卒業者数		
	実業専門学校	実業学校（甲/乙）	実業補習学校	実業専門学校	実業学校	実業補習学校	実業専門学校	実業学校（甲/乙）	実業補習学校	実業専門学校	実業学校（甲/乙）	実業補習学校
1883（明治16）年		5			24			269	4		7	
1893（明治26）年(注)	1	11	9	2	116	4	259	1,629	492	67	183	
1903（明治36）年	2	43/9	109	39	730	151	1,231	12,822	6,509	154	1,941	922
1913（大正2）年	6	69/34	209	75	1,158,218	209	3,008	22,695/5,345	13,821	738	3,318/1,559	7,822
1923（大正12）年	14	165/47	409	216	3,111,392	432	5,612	73,524/9,675	34,538	1,259	10,069/2,472	17,354
1931（昭和6）年	19	180/38	519	418	5,981,367	950	9,224	135,427/9,652	50,142	3,076	23,638/2,879	17,879
1932（昭和7）年	21	284/41	544	630	6,120,370	987	9,644	138,241/10,312	54,866	2,826	25,321/3,067	21,894
1933（昭和8）年	21	292/44	535	674	6,337,473	922	10,725	148,628/11,650	53,262	3,064	26,300/3,338	22,308

(注) 実業補習学校商業については1893（明治26）年ではなく1894（明治27）年の数値。
(出所) 文部省実業学務局編纂（1936）『実業教育50周年史編纂』実業教育50周年記念會、「附録」1－7頁より、筆者作成。一部削除している。

しかし，1921（大正10）年3月，「商業学校規程」の改正により甲種及び乙種の2分類は廃止された。「人をして乙種学校は甲種学校に比して劣等なる学校なりというがごとき感を抱かしめ易く入学者の心理にも悪影響を及ぼす恐れあり[13]」というのがその廃止の理由である。

　次に商業学校では，どのような学科目が設けられていたのであろうか。大正から昭和初期までの学科目とその注意点を対比したのが図表5である。普通科目の変更のうち，法制・経済科が廃止され公民科が設けられた。それは戸田正志（1937）によると「動もすれば概念的な抽象理論に奔り易く且生徒に危険思想を吹き込む機会になされたことも絶無でない」からである[14]。

図表5　商業学校の学科目—1921（大正10）年と1930（昭和5）年

商業學校規定　1921（大正10）年3月18日　文部省令第17號					商業學校規定　1930（昭和5）年4月8日　文部省令第7號				
男　　子					男　　子				
修身	國語	數學	地理	歷史	修身	公民科	國語	數學	地理
理科					歷史				
外國語	法制	經濟	體操	商事要項	理科	外國語	體操（武道ヲ含ム）	商事要項	簿記
簿記					商品				
商品	商業文	商業算術	商業實踐	商業地理	商業文	商業算術	商業地理	商業史	商業法規
商業史					商業英語				
商業法規	商業英語	タイプライチング	速記		タイプライチング	速記	實踐		
第8條第1項「但シ圖畫，工業大意其ノ他學科目ヲ加設スルコトヲ得」 第9條「商業ニ關スル學科目ハ，商事要項，簿記，商品，商業文，商業算術，商業實踐，商業地理，商業史，商業法規，商業英語，タイプライチング，速記術其ノ他必要ナル事項ヲ選擇シテ之ヲ加フベシ。前項ノ學科目中商事要項，簿記，商品，商業文，商業算術，商業實踐ハ之ヲ缺クコトヲ得ス　但シ第1條第1項第1號ノ學校（尋常小學校―筆者）中修業年限3年ノモノ，女子學校及特別ノ必要ニ依リ文部大臣ノ認可ヲ受ケタル場合ニ於テハ，商品，商業實踐ヲ課セサルコトヲ得」					第8條第2項「但シ圖畫，音樂其ノ他ノ學科目ヲ加設スルコトヲ得」 同條第3項「前2項ノ必須學科目中修身，公民科，商業ニ關スル學科目及實踐ヲ除キ特別ノ必要アルトキハ文部大臣ノ認可ヲ受ケ之ヲ缺クコトヲ得」 第9條ノ2「商業ニ関スル學科目及實踐ハ其ノ一部ヲ選擇科目トナスコトヲ得」				
女　　子					女　　子				
修身	國語	數學	地理	歷史	修身	公民科	國語	數學	地理
理科					歷史				
外國語	家事及裁縫	體操	商事要項	簿記	理科	外國語	家事及裁縫	體操	商事要項
簿記									
商品					商品				
商業文	商業算術	商業実踐	商業地理	商業史	商業文	商業算術	商業地理	商業史	商業法規
商業法規					商業英語				
商業英語	タイプライチング	速記			タイプライチング	速記	實踐		
第8條第2項「但シ圖畫，音樂其ノ他ノ學科目ヲ加設スルコトヲ得」					第8條第2項「但シ圖畫，音樂其ノ他ノ學科目ヲ加設スルコトヲ得」 第9條ノ2「商業ニ関スル學科目及實踐ハ其ノ一部ヲ選擇科目トナスコトヲ得」				

（出所）　筆者作成

13　教育史編纂会編（1939）『明治以降教育制度発達史　第7巻』竜吟社，813頁。
14　戸田正志（1937）『商業教育總論』商業教育研究會，164頁。

普通科目の後に商品,商業算術,商事要項と簿記等の商業科目が掲げられている。商業実践の科目は,1930(昭和5)年の改正により商業科目と並列に「商業科目及実践」と改正されている。実践は履修した各科目の総合統一したものであり,一個の有機的総合科目と位置付けたからであろう。簿記科の教授要目は,1910(明治43)年に設けられて以来,幾度かの改正がなされている[15]。その改正の教授要目(要綱)については,見当たらない。そのため,改正の教授要目を反映したとされる吉田良三の簿記教科書によりその変遷を見るしかないと思われるので,図表6によって各教科書の項目を列挙してみた。各項目を参照されたい。1935(昭和10)年までは,取引要素の数等以外の項目はあまり変わっていないが,それ以降,資本の概念の変更(負債性から資本性への変更)等や勘定学説等の記述が追加されるなど,それまでのものと大幅に異なっている。

15　最初の簿記教授は「甲種高等学校簿記算術教授要目」として公表された(『官報』第8059號(11),1910(明治43)年5月6日)。その後「要目」は「要綱」(1921(大正13)年『商業學校簿記教授要綱』文部省實業學務局)に変更されているが,変更(改訂)年度,回数等は明らかでない。

図表6 同一著者（吉田良三）による簿記教科書の項目の変遷

近世商業簿記 (1914 (大正3) 年初版) 同文館. (3, 11, 397p)	近世商業簿記 (1919 (大正9) 年改訂21版, 1918 (大正8) 年改訂17版) 同文館. (2, 2, 14, 410p)	近世商業簿記 (1934 (昭和9) 年72版, 1923 (大正12) 年第2回改訂卅版) 同文館. (3, 16, 448p)	商業簿記提要 (1942 (昭和17) 年122版, 1934 (昭和9) 年初版) 同文館. (2, 2, 6, 400, 11p)
第一章 總説	第一章 總説	第一章 總説	第一篇 總論
第一節 簿記の意義	第一節 簿記の意義	第一節 簿記の意義目的及効用	第一章 總説
第二節 簿記の目的	第二節 簿記の目的	第二節 簿記の種類	第二章 基礎概念
第三節 簿記の効用	第三節 簿記の効用	第三節 簿記の沿革	第二篇 複式簿記の組織
第四節 簿記の種類	第四節 簿記の種類	第二章 財産資本及損益	第三章 複式簿記の基礎
第五節 簿記の歴史	第五節 簿記の沿革	第一節 財産	第四章 勘定科目
第二章 複式記入原理	第二章 財産及資本	第二節 資本	第五章 帳簿
第一節 資産負債及財産高	第一節 資産負債	第三節 損益	第六章 決算
第二節 取引	第二節 資本及其増減	第三章 取引	第三篇 勘定科目
第三節 複式の意義	第三節 取引	第一節 取引の意義	第七章 勘定科目總説
第四節 取引構成要素及其結合関係	第一節 取引の意義	第二節 取引の種類	第八章 現金関係勘定
第五節 貸借の適用	第二節 取引の種類	第四章 複式簿記の組織	第九章 手形勘定
第六節 仕訳及勘定科目	第四章 複式簿記の數理的基礎	第一節 事業財政表示法	第十章 債權債務勘定
第三章 勘定科目の分類	第一節 財産及資本の増減と勘定口座の左右記入関係	第二節 財産及資本の増減とが勘定に依る記録法	第十一章 商品勘定
第一節 資産負債勘定	第二節 取引の複記と左右の平均	第三節 取引の複記と左右の平均	第十二章 特殊賣買勘定
第二節 損益勘定	第五章 貸借仕訳	第四節 勘定口座の決算	第十三章 固定資産勘定
第三節 資本主勘定	第一節 貸借の適用	第五章 貸借仕訳	第十四章 資本勘定
第四章 帳簿及記帳	第二節 仕訳	第一節 貸借の適用	第十五章 損益勘定

第2部　我が国における会計基礎教育の歴史

章	節	項目	章	節	項目	篇・章	項目
	第一節	帳簿		第一節	仕譯	第四篇	帳簿
	第二節	記帳		第二節	勘定科目	第十六章	帳簿總說
第五章		決算	第六章		勘定科目	第十七章	仕譯帳
	第一節	豫備手續		第一節	財産勘定	第十八章	現金出納帳
	第二節	決算の種類及手續		第二節	損益勘定	第十九章	仕入帳
	第三節	決算報告表		第三節	資本主勘定	第二十章	賣上帳
第六章		記帳練習例題及應用費用計算問題	第七章		仕譯練習問題	第二十一章	手形記入帳
第七章		帳簿組織及事務分掌		第四節	帳簿	第二十二章	元帳
	第一節	帳簿組織の變遷		第一節	帳簿の目的及其種別	第二十三章	帳簿組織
	第二節	事務の分掌と帳簿の所属		第二節	仕譯帳	第二十四章	取引證憑書と傳票
第八章		現金出納帳		第三節	元帳	第五篇	諸表
	第一節	近世簿記に於ける出納帳の性質		第四節	補助簿	第二十五章	試算表
	第二節	記帳法及轉記法		第五節	記帳心得	第二十六章	棚卸表及財産目録
	第三節	二桁現金出納帳		第六節	記帳例示	第二十七章	精算表
	第四節	現金式仕譯帳	第八章		決算	第二十八章	貸借對照表
第九章		仕入		第一節	豫備手續	第二十九章	損益計算書
	第一節	性質記帳法及轉記法		第二節	元帳締切手續	第六篇	特殊問題
	第二節	現金仕入に關する記帳法		第三節	決算報告表	第三十章	支店會計
	第三節	多桁仕入帳	第九章		記帳練習例題	第三十一章	精算及破産會計
			第十章		勘定分類法		

第十章	賣上帳	第二節	現金仕入の記帳及轉記法	第十一章	特殊財産勘定の説明
第一節	性質記帳及轉記法	第三節	多桁仕入帳	第一節	資本主勘定
第二節	現金賣に關する記帳法	第四節	返送品に係る記帳法	第二節	會社資本金勘定
第三節	多桁賣上帳	第十三章	賣上帳	第三節	會社純損益處分勘定
第四節	賣上帳の分割	第一節	掛賣に係る記帳及轉記法	第十二章	損益勘定
第十一章	返送品及戻り品に關する記帳法	第二節	現金賣に係る記帳及轉記記法	第一節	損益勘定の性質
第一節	返送品記入帳	第三節	多桁賣上帳	第二節	損益勘定の分類
第二節	戻り品記入帳	第四節	賣上帳の分割	第三節	損益が資産負債視せらゝ場合
第十二章	手形及手形取引の記帳法	第五節	戻り品に係る記帳法	第十四章	統轄勘定
第一節	手形總説	第十四章	手形仕譯帳又手形取引記帳法	第一節	統轄勘定の意義及職分
第二節	手形記入帳	第一節	手形總説	第二節	統轄勘定の便益
第三節	手形取引記帳法	第二節	手形仕譯帳	第三節	統轄勘定開始手續及具運用施設
第十三章	仕譯帳	第三節	手形取引記帳法	第四節	補助元帳の獨立平均
第一節	特殊仕譯帳	第十五章	仕譯帳	第十五章	商品勘定の分割
第二節	固有仕譯帳	第一節	特殊仕譯帳	第一節	商品勘定の構造及缺點
第三節	仕譯帳の樣式	第二節	普通仕譯帳	第二節	商品勘定の分割法
第十四章	元帳	第三節	多桁仕譯帳	第三節	商品勘定分割下に賣買損益算定法
				第三十二章	簿記學説
				第三十三章	單式簿記
				第三十四章	簿記の沿革

第2部 我が国における会計基礎教育の歴史

第一節	元帳の地位及現金出納帳との關係	第十四章	元帳	
第二節	元帳の樣式	第一節	元帳の性質及樣式	
第三節	元帳の分割	第二節	總勘定元帳と補助元帳	
第十五章	商品勘定の分割と賣買勘定	第三節	勘定口座排列順序轉記法及其時期等	
第十六章	試算表	第十七章	取引證憑書及分課制度と帳簿との關係	
第一節	試算表の發見し得る誤謬	第一節	取引證憑書と帳簿との關係	
第二節	試算表の發見し能はざる誤謬	第二節	分課制度と帳簿との關係	
第三節	殘高試算表と決算諸表との關係	第十八章	商品勘定の分割	
第十七章	決算整理事項	第十九章	試算表	
第一節	固定資産の減價消却	第一節	總説	
第二節	未拂費用の處理	第二節	試算表の發見し得る誤謬	
第三節	未經過費用の處理	第三節	試算表の發見し能はざる誤謬	
第四節	賣掛金に對する貸倒準備金	第四節	殘高試算表と決算諸表との關係	
第十八章	記帳練習例題及應用計算問題	第二十章	決算整理事項	
		第一節	商品棚卸	
第十九章	委託賣買	第二節	減價消却	
第一節	總説			

第十六章	委託賣買
第一節	總説
第二節	委託者側の記帳
第三節	受託者側の記帳
第十七章	組合射利
第一節	總説
第二節	組合商品記帳法
第十八章	手形及手形勘定
第一節	手形總説
第二節	手形勘定
第十九章	仕譯練習問題
第二十章	仕譯帳の進化及其分割
第一節	仕譯帳に特別術の利用
第二節	仕譯帳の分割
第二十一章	現金出納帳
第一節	普通現金出納帳

第二節　多桁現金出納帳	第三節　未拂費用の處理	第二節　委託者側の記帳
第三節　小口現金出納帳	第四節　未經過費用の處理	第三節　受託者側の記帳
第二十一章　仕入帳	第五節　未收利益の處理	第二十章　組合射利
第一節　記帳法及轉記法	第六節　未經過利益の處理	第一節　總説
第二節　現金仕入に係る記帳法	第七節　賣掛金に對する貸倒準備金	第二節　記帳法
第三節　返送品に係る記帳法	第二十一章　記帳例示	第二十一章　部門計算
第四節　多桁仕入帳	第二十二章　記帳例題及應用計算問題	第二十二章　會社の會計
第五節　證憑式記入法	第二十三章　勘定科目の分類	第一節　合名會社の會計
第二十二章　売上帳	第一節　科目分類法	第二節　合資會社の會計
第一節　売上帳の性質及記帳法	第二節　特殊勘定の説明	第三節　株式會社の會計
第二節　現金売上に係る記帳法	第三節　統轄勘定	第四節　株式合資會社の會計
第三節　戻り品に係る記帳法	第二十四章　委託品	第二十三章　カード式及ルーズリーフ式
第四節　多桁売上帳	第一節　總説	第一節　總説及利用の範圍
第五節　売上帳の分割	第二節　委託者側の記帳	第二節　カード式
第二十三章　手形記入帳	第三節　受託者側の記帳	第三節　ルーズリーフ式
第一節　補助簿としての手形記入帳	第二十五章　組合射利	第二十四章　單式簿記
第二節　仕譯帳としての手形記入帳	第一節　總説	第一節　帳簿及記帳
第二十五章　普通仕譯帳	第二節　記帳法	第二節　財政状態及純損益算出法
第一節　仕譯帳分割下に普通仕譯帳への記入事項	第二十六章　會社の會計	第三節　單複變更手續

第四節 単記式と複記式との比較	第一節 合名會社の會計	第二節 多桁仕譯帳	
	第二節 合資會社の會計	第二十六章 元帳	
	第三節 株式會社の會計	第一節 元帳の職分及其様式	
	第四節 株式合資會社の會計	第二節 元帳の分割	
	第二十七章 記帳練習例題	第三節 総勘定口座開設順序及轉記法其他	
	第二十八章 カード式及ルーズリーフ式	第四節 多桁元帳	
	第一節 カード式の構造及特徴	第二十七章 ルーズリーフ式カード式	
	第二節 ルーズリーフ式の構造及特徴	第一節 ルーズリーフ式及カード式	
	第三節 両式利用の範圍	第二節 カード式の構造及特徴	
	第二十九章 単記式簿記	第三節 両式の長所	
	第一節 帳簿及記帳法	第四節 両式の短所	
	第二節 資産負債表の調製及純損益金算出法	第五節 両式適用範圍	
	第三十章 単複両式の比較及轉換手續	第二十八章 試算表	
	第一節 単複両式の比較	第一節 試算表の意義及調製時期	
	第二節 単複轉換手續	第二節 試算表の種類及用途	
		第三節 試算表が發見し得る誤謬と發見し能はざる誤謬	

第四節	試算表が不平均なる時誤謬を見出す手段
第二十九章	期末整理事項
第一節	商品の棚卸
第二節	減價償却
第三節	未拂費用の整理
第四節	未經過費用の整理
第五節	未收過利益の整理
第六節	未經過利益の整理
第七節	賣掛金に對する貸倒準備金
第三十章	決算報告表
第一節	財産目録
第二節	貸借對照表
第三節	損益表
第三十一章	記帳例示及練習問題
第三十二章	單式簿記
第一節	總說
第二節	帳簿及記錄法
第三節	決算
第四節	單式簿記の缺點
第五節	單複轉換手續

(出所) 筆者作成

第6節　小括

　明治の終わりから大正・昭和の戦前までの会計教育についてまとめると次のようになるであろう。

(1)　会計教育の目的―商業教育全般として論じられることが多いが，会計教育の目的は，はたして，一般的陶冶目的なのか，あるいは職業的陶冶目的なのかである。当時は一般教育・職業教育としてではなく，ケルシェンシュタイナー（G. Kerschensteiner）の影響から訓育・陶冶が教育上議論された。実業科目の一つであった商業学校はもちろん高等小学校や中学校においても，卒業後職に就く生徒が大半であったので，後者の職業的陶冶を目的としたものであったといい得るであろう。また，明治・大正期における大原信久が主張し続けた，一般的陶冶目的つまり教養としての会計教育という発想は，戦後になるまで考えられなかった。小学校以降の学校系統を普通科と実業科とに分岐させたことに起因している。そのため，実業学校（商業学校）では，一般的陶冶を軽視した「商業の教育」に重点を置き，一般教育つまり「商人の教育」を軽視する傾向にあった。反対に普通教育の学校ではその逆の状況であった。それゆえ，初等・中等の普通教育を主とする学校の中に，実業（簿記会計）科目を導入することは，困難な状況だったと思われる。当時の商業学校の卒業後の進路において，大半は，家業等の職に就いている。なお，資料では明らかでないが，高等学校や高等商業学校へ進学希望の生徒は，たいへん苦労していたようである。そのため教育課程を一部変更して（例えば商業算術を数学として）授業を行っていたと当時の教員に聞いたことがある。

(2)　会計は科学か技術かについての議論―学校での会計教育では何を教えるのか，単に技術を教えるだけでよいのかについて議論されていた。明治期より，教科書名として，「〇〇簿記」「〇〇簿記学」の名称が用いられてきた。それは，執筆者の簿記に対する考え方が反映しているように思われる。学（Science）として教えるのか，あるいは技術（Art）として教えるのかという議論を踏まえて名付けられていたように思われる。

　吉田良三は，『最新式 近世簿記精義』の初版（1914）において次のように記述

している[16]。

> 「簿記（Book-keeping）の意義に関しては，学者により種々の定義を下し居るも，要するに営業取引を記録し，これに依って取引の永久的記録を作り，是等取引が財産上に及ぼせる結果を，出来得る限り正確，明瞭に計算処理する學術なり。其の記帳の原理，科目の分類，帳簿の組織等を研究するは所謂「學」（Science）にして，此の原理法則の下に取引を記録するは所謂「術」（Art）たるなり。」

昭和になり，太田哲三が，下記のように学か技術かの議論について，一つの結論を出し，簿記学の体系を明らかにした[17]。これ以降，学か技術かについての議論はなされなくなったようである。

> 「簿記が方法なりや學なりやの議論は陳腐な論である。たとへそれが方法であっても理論的方法が與へられ，又その原理が一般に應用し得るならば，學として存在の意義がある。……簿記學の内容をなすものは次の事項であらう。(1)貸借理論，即ち勘定理論又は簿記理論—簿記の方法，機構に関する理論的研究。(2)勘定組織論即ち各種勘定処理法の研究。(3)帳簿組織論即ち各種帳簿の關係。(4)決算諸表論即ち決算時に作成する各種の財務諸表の形式並に其の關係に就いての研究。」

しかし，簿記から会計へ移行するにつれて，会計については，「会計学」の呼称が増加し，ふたたび科学か技術かについての議論が生じているように思われる。

(3) 会計教育と簿記会計の書物—明治期には簿記教科書の出版は多くなされたが，大正期になると，説明方法や外国文献の影響を受けた研究が進んだ。1910（明治43）年出版の，ハットフィールド（H.R.Hatfield）の書物を基にした吉田良三の『會計學』は，簿記から会計へと重点が移行するきっかけにもなったと思われる。導入段階での擬人法的な説明方法は，次第になくなり，取引要素を基礎とした等式による説明方法が用いられるようになった。昭和になると，貸借対照表を用いたいわゆる貸借対照表導入法等各種の工夫した教科書が見られるようになった。1930（昭和5）年の「商工省財務諸表準則」あたりから，その解説を兼ねた会計教科書が主流を占めるようになり，学校における会計教育の内容が，以前よりさ

16　吉田良三（1914）『最新式 近世簿記精義』同文館，1頁。
17　太田哲三（1940）『改訂商業簿記』高陽書院，6頁。

らに画一化されるようになってきた。単なる記帳方法だけでは満足ができない学習者のために，また高等商業学校への入試簿記対策のための参考書として，大正から昭和初期までに大部の簿記会計の書物（銀行簿記や工業会計を除く）が刊行された。それを下記に列挙している。多くの版を重ねているのは，吉田良三と，監査への倫理の重要性を指摘したり，簿記の陰陽学説として有名な木村禎橘の書物である。前者は，各種の商業学校で採用された吉田簿記教科書の参考書ないし研究書として用いられたためと思われる。後者の書物も大部の割には，非常に多くの版を重ねている。各取引を，表によって詳細に整理したり，付録に高等商業学校の入試問題，当時の簿記会計の参考文献等が記述されており，事典代わりに用いられたと思われる。

- 古舘市太郎（1923）『實踐簿記及會計講義』尚文堂，初版，本文924頁。
- 蒲生保郷（1927）『會計學原論：會計學緒論・簿記論』大阪屋號書店，初版，本文776頁。
- 吉田良三（1933）『最新式 近世簿記精義』同文館，15版，本文845頁（初版，1914，715頁）。
- 木村禎橘（1939）『訂補簿記計理學綱要（昭和版）』寶文館，15版，本文1090頁（初版，1916，902頁）。
- 白崎豊（1940）『支配人會計學：經營指針としての規範會計學』ダイヤモンド社，初版，本文785頁。

また会計を中心に記述した下記の書物もよく読まれたようである。

- 黒澤清（1940）『會計學四訂増補版』千倉書房，本文665頁（初版，1933，268，175頁）。
- 太田哲三（1922）『会計学綱要：全』巖松堂，本文410頁。
- 太田哲三（1935）『會計學概論改訂増補』高陽書院，本文461頁（初版，1932，413頁）。

大正から昭和初期までに翻訳・刊行されたのは，次の書物である。最初のものを除けば，その後の会計教育にも多くの影響を与えたと思われる。ただ具体的な会計教育についての文献の翻訳や紹介は戦後になるまで行われていなかった。

- チャールス・エム・ヴァンクリーヴ原著；中村茂男全譯（1915）『新說改良複式簿記』同文館。

- ヨハン・フリードリッヒ・シェヤー著；林良吉譯（1925）『會計及び貸借對照表』同文館。
- アルバート・クレーア・ホツヂ，ゼームス・オスカー・マツキンセー共著；川添貞彦訳（1930）『会計学原論』全日本計理士協会出版部。
- ケスター著；沼田嘉穂譯（1932）『ケスターの貸借對照表論』森山書店。
- ケスター著；沼田嘉穂譯（1932）『合併貸借対照表論』森山書店。
- シュミット著；平井泰太郎監修；山下勝治邦譯（1934）『有機觀對照表學説』高陽書院。

(4) 高等商業学校への入試簿記—大正期から昭和にかけて高等商業学校への進学者が増加するにつれ，入試科目の一つである簿記を考慮した教育がなされるようになった。簿記の入試問題集やそれを取り入れた教科書が刊行されるようになり，入試のための簿記教授が出現する。そのことは一部の生徒に対してであったとしても，簿記会計教育の目標に，実務に就くための準備だけでなく，新たに進学準備という目的が追加されるようになったことを意味する。

　ではどのような問題が出題されていたのであろうか。一例として，1922（大正11）年3月名古屋高等商業高等学校の問題を下記に掲げておく[18]。一般的に記述式問題と仕訳・計算・作表の問題が多かったようである。このような入試対策のための会計教育は，戦後に多くの大学の一般入試科目から簿記が除外されるまで続くのである。

高等商業高等学校入試問題（1911（大正11）年3月名古屋高等商業高等学校）

第一問題　次の語の区別を，説明せよ。
　（イ）　利益配當と利息配當と
　（ロ）　資本と資本金と
　（ハ）　固定資産と不動産と
　（ニ）　決算と結算と
　（ホ）　償却と償還と
　（ヘ）　繰越金と繰延資産と

18　寶文館編輯所編（1923）『最近簿記問題詳解』寶文館，216-240頁。

> (ト) 棚卸表と財産目録と
> (チ) 仕譯帳と日記帳と
> 第二問題 帳簿組織の作成と変更に伴う必要な記録方法を説明せよ。(省略)
> 第三問題 商法上に於ける商業帳簿の範囲を問ふ。

第7節 中学校（戦後）

　戦後1945（昭和20）年8月，「戦時教育令」が廃止され，翌年には「日本国憲法」が制定され，民主国家への道を進み始めた。連合国最高司令部（GHQ）は，その部内に日本の教育について管理するため，民間情報教育局（CIE）を設置した。文部省は，この部局からの指令に基づき必要な措置を行った。1946（昭和21）年3月，第一次連合国軍最高司令部に提出された米国教育使節団報告書において，教育目的として「教育は個人を，社會の責任ある協力的成員たらしめるよう準備すべきである」[19]と述べ，職業教育については，「民主主義の防護者を創設するために，日本の教育者は，精神だけで働く人々と同様に，器具を持って働く人々に對しても敬意を払うように国民を誘導しなければならない」と述べている[20]。

　1947年（昭和22）年3月，「教育基本法」と「学校教育法」が公布され，翌月より施行された。後者において小学校と中学校の目的を次のように規定した。

　第17条「小学校は，心身の発達に応じて，初等普通教育を施すことを目的とする。」

　第35条「中学校は，小学校における教育の基礎の上に，心身の発達に応じて，中等普通教育を施すことを目的とする。」

　第36条では，「中学校における教育については，前条の目的を実現するために，次の各号に掲げる目標の達成に努めなければならない。

　　一　小学校における教育の目標をなお充分に達成して，国家及び社会の形成者として必要な資質を養うこと。

　　二　社会に必要な職業についての基礎的な知識と技能，勤労を重んずる態度及び個性に応じて将来の進路を選択する能力を養うこと。

19　米国教育使節団［編］［他］（1946）『聯合国軍最高司令部に提出されたる米国教育使節団報告書（文部省・訳）』東京都教育局教育，12頁。

20　同上書，261頁。

三　学校内外における社会的活動を促進し，その感情を正しく導き，公正な判断力を養うこと。」

　教育課程及びその取り扱いについては，学習指導要領に基づいてなされることになった。上記学校教育法第36条第二号に基づき新制中学校に，「職業科」が設置され，農業，商業，水産，工業，家庭がそれぞれ1科目として配置された。生徒はそのうち1科目又は数科目を学習することができ，その内容や取り扱いが提示された。1949（昭和24）年5月の文部省学校教育局長通達「新制中学校の教科と時間数の改正について」により「職業科」は「職業及び家庭科」に改称され，同年12月に一つの教科として「職業・家庭科」と改正された。当時中学校における会計教育が，どのような考えで，どのように行われていたかを検討することは，会計リテラシーを考える一例となるであろう。以下，それについて述べる。

　1947（昭和22）年，「学習指導要領職業科商業編（試案）」が工業，農業，水産，家庭編とともに中学校における教育課程として提示された。その前文で「士農工商」を批判し，中学校における商業教育の有用性について次のように述べている[21]。

　「中学校における商業の教育は，わが国が建設しようとする新興国家の国民の知的水準を，社会経済並に産業に関する理解程度において規定するものであって，たとえ商業以外のいかなる職業に従事するものでも，その人が社会人として経済生活を営む以上，おのおのが現在おかれている社会経済状態がどんなであるかを，理解し，会得することができるような知識・技能を与えるものである。特に，商業が生産者と消費者との間に立って，物資の配給に任じ，国民生活上必要な原料・材料及び商品の需要と供給とを調節して，国民経済を円滑ならしめ，産業を発展せしめる業務であるという，特殊性を認識させなければならない。商業があればこそ，われわれは国内はいうまでもなく，世界のあらゆる方面から，あまたの必需物資を手に入れることができ，充実した文化の香りの高い生活を営むことができるのである。商業が全くなくなった社会を考えてみるがよい。われわれの生活がどんなに困るかは想像するだも恐ろしいくらいであろう。たとえば，たった一つの交通・通信機関が全滅した，大正年間の関東の大震災のときでもほぼ想像がつくであろう」

---

[21]　文部省（1947）『学習指導要領職業科商業編（試案）』（https://www.nier.go.jp/guideline/s22ejt/index.htm）

当時,職業教育と一般教育との関係をどのように考えていたのであろうか。職業教育は,職業を通して社会の成員として寄与する人間を育てる教育であり,職業教育と一般教育は,はっきり区別できるものではなく,またただ単に個人生活準備のためだけでないのである。それゆえ一般教育と共にすべての生徒が学ぶ必要がある。一般教育も職業教育と密接に関係を持つことによってシチズンシップ（citizenship）が成立するというStruck F.T.（1945,5頁）の図1の考え方が取り入れられている[22]。このような考えから,職業教育の一つである会計教育が,中学校の「職業科」の科目の一つとして導入されたのであろう。

図表7　一般教育・職業教育・シチズンシップの相互関係

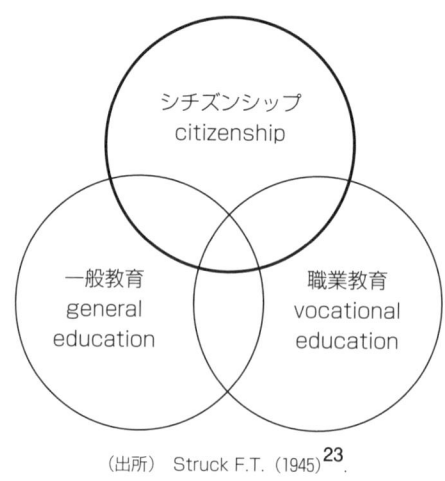

（出所）　Struck F.T.（1945）[23].

　同年,「学習指導要領職業科商業編（試案）」に基づき,中学校簿記教科書が発行されている。この教科書の存在についてはあまり知られていない。1947（昭和22）年版と1949（昭和24）年版により,その学習項目を図表8に示している。とりわけ

---

[22] 佐藤寛次（1954）「職業・家庭科教育の展開」28-29頁（職業教育協会（1954）『新版生活の喜び学習指導書（家庭生活）3』開隆堂出版）。
[23] Struck F.T.（1945）*Vocational Education For A Changing World*, John Wiley & Sons, Inc. p.5.（なお一部削除している）

後者の版は非常に簡潔明瞭で，現代でも用語等の修正をすれば使用可能な内容となっている。簿記の教科書の編修について，そのまえがきを下記のように述べている[24]。

「従来の教科書によく見られたような，意義とか目的とか原理とかを最初にかかげて，それから内容にはいってゆくという方法は，この教科書ではすて去って，そのかわり，はじめから例題によって実際の記帳を行い，それによって簿記というもののあらましが，身についてわかってから後で，原則とか意義とか効用とかを，はっきりさせる方針をとった。ちょうど，水泳を習うのに，畳の上で手足の動かし方を習ってから水にはいるのではなしに，まず水にはいって，ともかくも身体が浮くようになってから，はじめて手足の動かし方を習ってゆく方が，習うことの意味がよくわかり，実地に役にたち，そしてまた，興味もわくのと同様である。このような趣旨で編修された本書では，当然の結果として，語句はできるだけ難解なものをさけ，記述はきわめて平易な文章を用い，例題も生徒の生活に直接関係のあるものを選んだ。そのため語句の意義は多少徹底を欠くところもあろう。しかし，はじめて簿記を習う者にとっては，正確で徹底的なことを欲して，難渋するよりも，平明にして，要点をつかむことを主眼とすべきであると思われる。」

図表8　文部省著作教科書『中学簿記』

文部省著作教科書『中学簿記』 1947（昭和22）年7月発行　文部省　全84頁	文部省著作教科書『中学簿記』 1949（昭和24）年3月発行　文部省　全91頁
まえがき 1．収支計算のやり方 　1．現金の計算はどうするのか 　2．簿記とはどんなことか 　3．記帳上の注意のいろいろ 　4．企業の計算はどんなにして行われるか 2．資本計算のやり方 　1．資本や資産はどんなものか 　2．貸借対照表や損益計算書はどんなものか 3．簿記の取引とはどんなことか 　1．取引ではどんなことをするのか 　2．取引にはどんな種類があるのか	まえがき 1．記録計算の方法 　1．どんな方法があるか 　2．どれがよいか 　（練習題1，2，3） 2．取引の記録計算の方法 　1．いろいろな取引をどうして計算するか 　2．どんな方法があるか 　3．掛買・掛賣はどう記帳するか 　（練習題4，5，6） 4．勘定記入の間違いを防ぐにはどうするか 　（練習題7，8，9）

24　文部省（1949）『中学簿記』文部省，1-2頁。

3．取引の対立関係とはどんなことか
　4．勘定について
　　1．勘定ではどんなことをするのか
　　2．仕訳ではどんなことをするのか
　　3．資産勘定はどう細分されるか（その一）
　　4．資産勘定はどう細分されるか（その二）
　　5．負債勘定はどう分類されるか
　　6．資本勘定はどう分類されるか
　　7．損失勘定及利益勘定はどう分類されるか
　5．帳簿について
　　1．帳簿にはどんなものがあるか
　　2．仕訳帳とはどんな帳簿か
　　3．元帳とはどんな帳簿か
　6．決算のやり方
　　1．決算の手続き（その一）
　　2．決算の手続き（その二）
　　3．決算の手続き（その三）
　　4．決算の手続き（その四）
　　記帳練習例題（その一）
　7．その他特殊事項にはどんなことがあるか
　　1．手形取引の記帳はどうするのか
　　2．現金出納帳の特殊仕訳帳としての用い方
　　3．単式簿記とはどんな簿記か
　　4．傳票はどんなものか
　　記帳練習例題（その二）

　　記帳例題
　3．記録計算のまとめ方
　　1．どうして検算するか
　　（練習題10）
　　2．営業成績と営業の現状を表わすにはどうするか
　　3．勘定はどう始末するか
　　（練習題11）
　4．帳簿
　　1．帳簿はどうつけるか
　　（練習題12）
　　2．補助簿はどうつけるか
　　記帳練習例題（第一例題）
　5．勘定科目と勘定記入の法則
　　1．勘定科目はどう分類されるか，勘定記入の法則はどうなるか
　　（練習題13）
　　2．簿記のしくみの特長
　　3．勘定科目について特に注意する必要のあること
　　（練習題14）
　6．取　引
　　1．取引とはどんなことか
　　2．取引はどう分類されるか
　　3．取引の対立関係をまとめてみるとどうなるか
　　（練習題15）
　7．決　算
　　1．決算はどんな順序で行われるか
　　（練習題16，17）
　　記帳練習例題（第二例題）
　8．簿記の意義と効用
　　1．手形取引の記帳
　　（練習題18）
　　2．記帳の能率を上げるにはどうすればよいか
　　（練習題19，20，21）
　　3．傳票について
　　記帳練習例題（第三例題）

（出所）　筆者作成

　その後，指導要領は改正され，1951（昭和26）年，「中学校学習指導要領職業・家庭科編（試案）」が刊行される。その第2節に「職業・家庭科」の目標を次のように規定している[25]。

　「職業・家庭科の目標は，家庭および社会の一員として，その家庭や社会の発展

25　文部省（1951）『中学校学習指導要領職業・家庭科編（試案）』（https://www.nier.go.jp/guideline/s26joh/index.htm）

のために力を合わせることの意義を自覚し，それに必要な知識・技能・態度を身につけ，みずからの能力に応じた分野を受け持って，その力をじゅうぶんに発揮するようになることにあるが，これをさらに細かく分けてみると次のようになる。
1．実生活に役だつ仕事をすることの重要さを理解する。
2．実生活に役だつ仕事についての基礎的な知識・技能を養う。
3．協力的な明るい家庭生活・職業生活のあり方を理解する。
4．家庭生活・職業生活についての社会的，経済的な知識・理解を養う。
5．家庭生活・職業生活の充実・向上を図ろうとする態度を養う。
6．勤労を重んじ，楽しく働く態度を養う。
7．仕事を科学的，能率的に，かつ安全に進める能力を養う。
8．職業の業態および性能についての理解を深め，個性や環境に応じて将来の進路を選択する能力を養う。」

この改訂では，職業・家庭科の教育内容を，1．仕事，2．技能，3．技術に関する知識・理解，4．家庭生活・職業生活についての社会的，経済的な知識・理解，の4つの項目からなりたつとし，その上に立って職業教育を具体的に展開している。この要領に参画し指導的立場を発揮したとみられる海後宗臣よると，この要領の考え方は世界に先駆けたものと評している[26]。職業の分類や仕事内容は異なっているが，現在米国が行っているキャリア教育と考え方が類似している。各生徒が次の4分類，6項目以上にわたって学ぶように計画することとしている。

第1類　栽培・飼育・漁・食品加工
第2類　手技工作・機械操作・製図
第3類　文書事務・経営記帳・計算
第4類　調理・衛生保育

現在とは社会の変化により仕事の内容が異なっているが，会計（要領では第3類「経営記帳」と呼称している）の仕事に焦点をあてながらその内容の一部を紹介しよう。まず技能の違いに基づいて会計（経営記帳）の仕事を分類列挙する（図表9参照）。この分類は啓発的経験の広さを考える場合に基準になる。次に技能及び技術に関する知識・理解の観点から，各仕事に含まれる技能，及び技術に関する知

---

[26] 海後宗臣（1945）「中学校の職業科改革の進路」39-40頁（職業教育協会（1954）『新版　生活の喜び学習指導書（家庭生活）3』開隆堂）。

識・理解を小項目ごとに掲げる（図表10参照）。最後に，上記教育内容4の家庭生活・職業生活についての社会的，経済的な知識・理解（家庭生活のありかた・家族関係・家庭経済・衣食住の計画・管理・家庭と保育・能率と休養・わが国の産業と職業・各種産業における職業人・雇用と職業の安定・個性と適職）を加味したものが図表11である。会計（経営記帳）を要領では，当時の状況を反映して，都市商業地域男子向き課程として扱っている。留意点として，「この課程における教育内容の大きな特色は，取り上げられる仕事が農耕や手技工作のような直接生産的なものが少なく，紙の上や頭の中で処理する仕事が多いということである。したがって単元構成を誤ると抽象的で無味乾燥となり，実生活と遊離した学習活動となる危険がある。そこでこの地域の生徒の興味や関心，社会の必要の中から仕事をとらえ，これを生活に即して有機的に総合すると同時に，各単元を通してそれぞれの仕事が体系づけられていなければならない」と述べている[27]。

その後1958（昭和33）年の指導要領の改正により，中学校から商業（会計）が除外された。なぜなのであろうか。当時，中学校の技術科学習指導要領の内容作成委員会の委員長だった細谷俊夫が「技術・家庭科の成立期を回顧し，今後の「技術教育」を考える」の対談で，その理由を次のように述べている[28]。

「……商業を代表して参加しておられた中野9中の校長さんは，商業が少しも考慮されないと困っておられましたが，全くその方の立場を考えるとお気の毒でした」

家庭科は，「職業科」の名称に反対し，家庭科を配慮するように要望した結果，「職業・家庭科」と改称された。その後，科学技術振興を教科名にということで，1958（昭和33）年の「技術科」に決定した時も，家庭科のいわゆる政治的な要望ないし圧力で「技術・家庭科」に変更がなされたと述べられている。どうも商業科は，中学校への導入に対して強い要望をしなかったため，蚊帳の外に置かれ，中学校から商業（会計）教育は消えたようである。

27　文部省（1951）『中学校学習指導要領職業・家庭科編（試案）』日本職業指導協会，96頁。
28　細谷俊夫（1974）「―細谷俊夫先生に聞く―技術・家庭科の成立期を回顧し，今後の「技術教育」を考える」『技術教育』No.264, 514頁。

図表9　会計（経営記帳）の仕事[29]

大項目	中項目	小項目	例
経営記帳	記帳	日常取引記入帳	こづかい帳・家計簿・現金出納帳・仕入れ帳・売上げ帳・商品有高帳・仕入れ先元帳・得意先元帳・仕訳帳・総勘定元帳
		決算諸表	試算表・たな卸表・損益計算書・貸借対照表
		伝票	入金伝票・出金伝票・振替伝票・仕入れ伝票・売上げ伝票
		その他	物品管理簿・労力日記帳・経費明細帳
	経営管理	生産管理	経営の計画，仕事の計画，作付け計画，施肥計画，道具の管理，原料・材料の準備
		家庭管理	時間の配分，労力の配分，仕事の計画
		仕入	需要の調査，仕入れ先の調査，注文，代金の支払
		販売	販路の調査，広告宣伝，商品の取扱，物品の輸送
		保管	図書の保管，物品の保管，たな卸処分
		金融	預金・貸付・かわせ・投資
	応接	電話	電話の受け方・かけ方
		応対	取次ぎ・紹介，お客の扱い
		給仕	お茶の進め方，お使い・食卓給仕

図表10　大項目　　経営記帳[30]

中項目	小項目	技能	技術に関する知識・理解
記帳	日常取引記入帳簿	1. 現金を受け取ったり支払ったりしたときの記録のしかた 2. 文字や数字の書き方 3. 線の引き方 4. 誤記や誤字のあったときの訂正のしかた 5. 次ページへ続く場合の記入のしかた 6. 品物を受け入れたり引き渡したりしたときの記録のしかた 7. 他人との貸借関係の記入のしかた 8. 仕訳のしかた 9. 転記のしかた	1. 帳簿の種類と様式 2. 取引とはどんなことか 3. 勘定とはどんなことか 4. 仕訳とはどんなことか 5. 仕訳帳はどんな役目をもっているか 6. 元帳はどんな役目をもっているか 7. 帳簿の保管と保存

29　文部省（1951）『中学校学習指導要領職業・家庭科編（試案）』日本職業指導協会，8-9頁。
30　同上書，34-35頁。

決算諸表		1. 試算表の作り方 2. たな卸し表の作り方 3. 補助簿の締切り方 4. 仕訳帳の締切り方 5. 元帳の締切り方 6. 損益計算書の作り方 7. 貸借対照表の作り方	1. 決算の目的と順序 2. 試算表に貸借平均の原則がどのように表われてくるか 3. たな卸しとはどんなことか 4. 減価償却とはどんなことか 5. 損益計算書とはどんなものか 6. 貸借対照表とはどんなものか 7. 事業において経理はどのようにたいせつであるか
伝 票		1. 伝票の記入のしかた 2. 伝票の整理のしかた	1. 伝票の効用 2. 伝票の種類 3. 伝票と帳簿との関係
そ の 他		1. 物品管理簿の記入のしかた 2. 労力日記帳の記入のしかた 3. 費用明細表の記入のしかた	1. 物品の分類と管理 2. 労賃の種類と計算のしかた 3. 費用の分類

図表11 家庭生活・職業生活(第3類)についての社会的,経済的な知識・理解を示す表[31]

	類	第 3 類			社会的,経済的知識・理解
	単元・項目	文書事務	経営記帳	計算	
第1学年	1. 学校の美化				
	2. 身のまわりのしまつ		・日常取引記入帳簿(こづかい帳)	珠算(加法・減法)	・家庭と保育(1)(2) ・衣食住の計画管理(1)(2)
	3. 家庭生活への協力		・日常取引記入帳簿(家計簿)	珠算(加法・減法)	・家庭生活のあり方(1)(2)(3) ・家族関係(1)(2)(3) ・衣食住の計画管理(5)(6)(7)
	4. 店の手伝い	・通信文(電報文・あいさつ状・メモ) ・取引関係書類(領収書)	・日常取引記入帳簿(現金出納帳・電話のかけ方・うけ方) ・給仕(お使い)	・珠算(加減法・乗除法・暗算・歩合算)	・わが国の産業と職業(1)
第2学年	1. 店開き	・通信文(案内文) ・謄写(謄写印刷)			・わが国の産業と職業(1)(2)(3)

---

31 文部省(1951)『中学校学習指導要領職業・家庭科編(試案)』日本職業指導協会,100−113頁。なお,表中の社会的・経済的知識・理解のかっこ番号の内容については省略している。同書43−44頁を参照されたい。

学年	単元	通信・書類	帳簿・伝票等	計算	関連事項
	2．仕入れ	取引関係書類（注文書・郵便為替・振替貯金）	・日常取引記入帳簿（仕入帳） ・伝票（仕入れ・出金） ・仕入れ（仕入先の調査・注文・代金の支払）	・珠算・暗算（加減乗除法・度量衡算）	・家庭経済(4)(5) ・わが国の産業と職業(4)
	3．販売	通信文（広告文）・取引関係書類（見積書・納品書・請求書）	・日常取引記入帳簿（売上帳） ・伝票（売上・入金） ・販売（広告宣伝・商品の取り扱い） ・応対（お客の扱い）	・珠算・暗算（加減乗除法・売買計算） ・金銭登録器	・各種産業における職業人(1)(2)
	4．店の記帳		・日常取引記入帳簿（現金出納帳・仕入帳・仕入先元帳・売上帳・得意先元帳・商品有高帳） ・伝票（入金・出金・振替・仕入れ・売上）	・珠算・暗算（加減乗除法・度量衡算・売買計算）	・個性と適職(1)(2) ・各種産業における職業人(3)(4)
第3学年	1．商店の経営	・通信文（照会文） ・謄写（謄写印刷）	・日常取引記入帳簿（仕訳帳・元帳） ・管理（仕事の計画） ・仕入れ（需要の調査） ・販売（販路の調査） ・保険（保険の契約） ・応対（取次の紹介）		・家庭経済(1)(2)(3) ・能率と休養(1)(2)(3) ・各種産業における職業人(1)
	2．運送と保管	・取引関係書類（貨物運送状・送り状・寄託申込書）	・日常取引記入帳簿（仕訳帳・総勘定元帳） ・伝票（入庫・出庫） ・保管（図書の保管・物品の保管・物品の輸送）	・珠算（加減乗除法・度量衡算）	・わが国の産業と職業(1)(2)(3)(4)
	3．銀行の利用	・取引関係書類（小切手・為替手形・約束手形・借用証書）	・日常取引記入帳簿（現金当座預金出納帳・仕訳帳・総勘定元帳） ・伝票（入金・出金・振替） ・金融（預金・貸付・為替）	・珠算・暗算（加減乗除法・歩合算・利息算・貨幣算）	・家庭経済(1)(2)(3)(4)

	4. 帳簿の整理		・日常取引記入帳簿（仕訳帳・総勘定元帳） ・決算諸表（試算表・損益計算書・棚卸表・貸借対照表）	・珠算・暗算（加減乗除法・歩合算・利息算・貨幣算・度量衡算）	・各種産業における職業人(2)
	5. わたくしたちの将来		・履歴書		・各種産業における職業人(3)(4)(5) ・雇用と職業の安定(1)(2)(3)(4) ・個性と適職(1)(2)(3)(4)
選択の時間	1．記帳 （2 珠算 3 速記または英文タイプライティング 4 バザーや学校売店の経営は省略）	主眼―この単元ではいわゆる複式簿記の方法によって，例題の記帳をなし，最後に帳簿の締切から決算表の作成まで行うことができる能力を養うことが主眼である。しかも必修の時間においても，選択の時間においても本学年では記帳に重点を置いていることはすでに述べたことである。このために例題はあらゆる場合のものを選び，また実際生活に即したものを選ぶようにしたい。したがって第1例題，第2例題と継続するものを選び，学習するうちにいつのまにか，生徒がおのずから商店の経営者になって，損益の生ずる原因がどこに存するかなどを探究するような興味を起させたいものである。また資産や負債の内容についても自然に研究するようにしむけたい。決算のしかたについてはじゅうぶんこの単元で理解させることが肝要である。なお第3単元（速記または英文タイプライティング―筆者）を学習して余剰の時間が生じた場合などは，本単元に振り替えることが最も適当な方法であろう。			

第8節 まとめ

　本章では，主に大正期から昭和初期まで，学校の種類別に，我が国の会計基礎教育がどのようになされていたかについて述べてきた。小学校では，商業地域以外では会計教育は，ほとんどなされていなかったと思われる。中学校では，当初に上級学校への進学目的の学校と性格付けてしまったため，中学校の実科課程以外は行われていなかったと推測される。師範学校では，実務家養成ではなく教員養成という意味を持って行われており，師範学校用の簿記教科書を見る限り，深く入り込んだ授業ではなかったように思われる。商業学校で，会計教育が行われていることは，いうまでもないことであるが，高等商業学校への入試の科目に簿記があったことも会計教育を向上・推進させるきっかけになっていたことも忘れてはならないであろう。また戦後間もない頃，新制中学校の職業科目の一つとして，会計教育がなされ，教科書も作成されていた。その後「技術・家庭科」の科目になったときに，会計（商業）教育が中学校科目から消えてしまった。その経過を見るに，会計教育を推進するためには，政治的な力も必要とされるであろう。

島本　克彦

第3部

我が国学習指導要領に見る会計基礎教育的要素

第1章
会計基礎教育に関する考え方

　日本公認会計士協会は，2017（平成29）年7月11日に「会計基礎教育の推進に関する基本方針」を公表し，その中で「広く国民が社会で活躍していくための会計の基礎的な素養（会計リテラシー）を身に付けるための会計基礎教育」[1]の必要性が指摘され，初等・中等・高等教育における会計リテラシー教育並びに生涯教育としての会計リテラシー教育のあり方が問われている。

　そこでは，会計基礎教育や会計リテラシー教育という用語の具体的な内容は示されていない。それらの用語は小学校から社会人までを包摂した会計教育を表現する言葉として用いられ，学校区分，年代，社内教育等，時代や環境によって意味が異なることから，その用語をあえて定義していないことが拝察される。ここでは，初等教育及び中等教育における会計基礎教育がどのように実践されているのかを明らかにするため，文部科学省が公表している学習指導要領を取り上げ，その中で会計基礎教育がいかに定められているのかについて調査した結果を提示するものである。

　まず，会計とは一定のルールに従った取引の分類・記録・集計・報告の仕組みであると定義すると，高等学校の商業科を除き，そのような仕組みが体系的に教授されていないことは周知のところである。しかしながら，学習指導要領の調査を通じて，会計基礎教育の基礎をどのように捉えるかによって，初等教育及び中等教育においても会計リテラシーに関する教育が実践されていることが明らかとなったのである。すなわち，会計基礎教育の基礎とは，企業会計を学習するための前提であると理解するならば，後述するように，小学校の「算数」や「家庭」等の科目において会計リテラシー教育がすでに長年にわたって行われてきていると解釈することができるのである。

　付言すれば，企業会計とは経済活動の認識・測定プロセスであると理解するとき，企業の経済活動に生起する事象を取引として認識し，それを貨幣額で測定して仕訳帳・元帳へ記録し，期末における記録の集計や評価を介して財務諸表を作成する一

---

[1] 日本公認会計士協会（2017）「会計基礎教育の推進に関する基本方針」，1頁。

連の手続が会計行為であると表現することができる。企業経営者は，それらの会計情報を活用して経営改善や事業投資の意思決定を行う。さらに，上場企業の場合，会計監査を経て外部の株主へ財務諸表を報告するステップが加わる。

　上述の会計の営為は，それを平易に表現すれば，身の回りにあるモノを数で表現し，それを生活に役立てる営みであると喩えることができる。身の回りに生じている出来事を数で表現し，それを分類して，加減乗除の手法を用いて，数的結果を得るという手続が，小学校の算数で低学年から高学年へかけて体系的に教授されている。それは，まさに，会計リテラシーそのものであり，小学校から中学校，さらには高等学校へと計数管理の能力の養成が行われているのである。また，小学校の5・6年で提供される「家庭」の中では，生徒が消費者として健全な買い物ができるようになるための内容が盛り込まれている。それは，予算制約の中でどのように消費意思決定を行うかを教授するものであり，「算数」と同様に「家庭」においても会計リテラシー教育が行われていると解されるのである。

　そこで，以下の第2章と第3章では，そのような観点から，小学校から高等学校までの学習指導要領を取り上げ，日本における初等教育と中等教育における会計基礎教育の現状を明らかにしていきたい。

浦崎　直浩

小学校・中学校における会計基礎教育
―学習指導要領の調査

第1節 小学校「算数」における会計基礎教育

　小学校における会計基礎教育においては，周知のように，企業会計等の名称を用いた教育はなされていない。しかし，小学校学習指導要領の各教科の内容を調査すると，算数（第1学年から第6学年）と家庭（第5学年及び第6学年のみ配当）において企業会計の学習につながる関連した内容が提供されていることが判明した。そこで，本章では，算数に焦点をあて，学習指導要領で提示されている内容が会計基礎教育とどのような関わりを有しているかを明らかにするものである。執筆にあたっては，現行の平成20（2008）年の学習指導要領と平成29（2017）年3月に改訂された学習指導要領のそれぞれの内容を抜粋し，会計的な関連からその教授内容がどのような意味を有するものであるかを指摘している。

　「図表1」は，平成20年と平成29年の算数の学習指導要領の構成を比較したものである。いずれにおいても，まず，算数という教科の全体の目標が提示され，その目標に基づいて各学年の目標と内容が提示されている。平成29年3月に公表された各学年の構成で変わったところは，平成20年の「C　図形」が平成29年では「B　図形」と繰り上がり，「B　量と測定」が平成29年では「C　測定」となっている。また，平成20年の「D　数量関係」は平成29年では「D　データの活用」となり，平成20年の「3　内容の取扱い」が平成29年ではなくなっている。

図表1　小学校学習指導要領「算数」の構成の比較（平成20年と平成29年）

平成20年「算数」	平成29年「算数」
全体の目標 各学年 　1　目標 　2　内容 　　A　数と計算 　　B　量と測定 　　C　図形 　　D　数量関係 　3　内容の取扱い	全体の目標 各学年 　1　目標 　2　内容 　　A　数と計算 　　B　図形 　　C　測定 　　D　データの活用

「図表2」は，現行の小学校学習指導要領「算数」の内容を学年毎に抜粋し，各学年の指導要領の内容が，会計的な観点から見たときに，どのような意味を有するものであるかを指摘したものである。

図表2　小学校学習指導要領（平成20（2008）年3月）「算数」

学年等	内容	会計的に読み直すことができる視点
全体目標	算数的活動を通して，数量や図形についての基礎的・基本的な知識及び技能を身に付け，日常の事象について見通しをもち筋道を立てて考え，表現する能力を育てるとともに，算数的活動の楽しさや数理的処理のよさに気付き，進んで生活や学習に活用しようとする態度を育てる。	1．会計的計算の基礎・応用 2．会計的写像の基礎・応用
第1学年	【目標】 目標(2)　具体物を用いた活動などを通して，量とその測定についての理解の基礎となる経験を重ね，量の大きさについての感覚を豊かにする。 目標(4)　具体物を用いた活動などを通して，数量やその関係を言葉，数，式，図などに表したり読み取ったりすることができるようにする。 【内容】 A　数と計算 (1)　ものの個数を数えることなどの活動を通して，数の意味について理解し，数を用いることができるようにする。 　ア　ものとものとを対応させることによって，ものの個数を比べること。	1．写像の基礎，事実関係の数量的把握 2．測定手続の選択 3．計算の基礎 4．収益費用の対応の基礎

	イ　個数や順番を<u>正しく数えたり表したりするこ</u>と。 　　エ　<u>一つの数をほかの数の和や差としてみるなど，ほかの数と関係付けてみること</u>。 (2)　<u>加法及び減法の意味について理解し，それらを用いることができるようにする</u>。 B　量と測定 (1)　大きさを比較するなどの活動を通して，<u>量とその測定についての理解の基礎</u>となる経験を豊かにする。 　　イ　<u>身の回りにあるものの大きさを単位</u>として，その幾つ分かで大きさを比べること。 D　数量関係 (1)　<u>加法及び減法が用いられる場面を式に表したり，式を読み取ったりすることができるようにする</u>。 (2)　ものの個数を絵や図などを用いて表したり読み取ったりすることができるようにする。	5．取引における数量の把握の基礎 6．収益と費用の差の理解の基礎 7．会計測定の基礎 8．準同型写像の基礎（林檎3個・蜜柑2個の合計） 9．勘定記入の基礎，加算的減算 10．取引を五要素に当てはめる基礎
第2学年	【目標】 目標(1)　具体物を用いた活動などを通して，数についての感覚を豊かにする。数の意味や表し方についての理解を深めるとともに，<u>加法及び減法についての理解を深め，用いることができるようにする。また，乗法の意味について理解し，その計算の仕方を考え，用いることができるようにする</u>。 目標(2)　具体物を用いた活動などを通して，<u>長さや体積などの単位と測定について理解できるようにし，量の大きさについての感覚を豊かにする</u>。 目標(4)　具体物を用いた活動などを通して，<u>数量やその関係を言葉，数，式，図，表，グラフなどに表したり読み取ったりすることができるようにする</u>。 【内容】 A　数と計算 (1)　数の意味や表し方について理解し，数を用いる能力を伸ばす。 　　ア　<u>同じ大きさの集まりにまとめて数えたり，分類して数えたりすること</u>。 　　イ　<u>4位までについて，十進位取り記数法による数の表し方及び数の大小や順序</u>について理解すること。 　　ウ　<u>数を十や百を単位としてみるなど，数の相対的な大きさ</u>について理解すること。	1．数量と価格の乗算による取引の把握の基礎 2．会計的測定の単位の基礎 3．取引を五要素に当てはめ勘定記入する基礎 4．取引の勘定認識・分類の基礎 5．会計計算の基礎 6．F/Sの表示単位の基礎

	エ　一つの数をほかの数の積としてみるなど，ほかの数と関係付けてみること。 　　オ　1/2，1/4など簡単な分数について知ること。 (2) 加法及び減法についての理解を深め，それらを用いる能力を伸ばす。 　　ウ　加法及び減法に関して成り立つ性質を調べ，それを計算の仕方を考えたり計算の確かめをしたりすることに生かすこと。 (3) 乗法の意味について理解し，それを用いることができるようにする。 B　量と測定 (1) 長さについて単位と測定の意味を理解し，長さの測定ができるようにする。 (2) 体積について単位と測定の意味を理解し，体積の測定ができるようにする。 (3) 時間について理解し，それを用いることができるようにする。 D　数量関係 (3) 身の回りにある数量を分類整理し，簡単な表やグラフを用いて表したり読み取ったりすることができるようにする。	7．取引の金額が数量×価格であることの理解の基礎 8．単位当たりの計算の基礎 9．検証作業の基礎 10．単位と数量の乗算による価格の把握の基礎 11．繊維など長さ単位で販売する商製品の価格計算の基礎 12．液体商製品の価格計算の基礎 13．作業時間の把握の基礎 14．取引の勘定認識・分類の基礎
第3学年	【目標】 目標(1) 加法及び減法を適切に用いることができるようにするとともに，乗法についての理解を深め，適切に用いることができるようにする。また，除法の意味について理解し，その計算の仕方を考え，用いることができるようにする。さらに，小数及び分数の意味や表し方について理解できるようにする。 目標(2) 長さ，重さ及び時間の単位と測定について理解できるようにする。 目標(4) 数量やその関係を言葉，数，式，図，表，グラフなどに表したり読み取ったりすることができるようにする。 【内容】 A　数と計算 (1) 整数の表し方についての理解を深め，数を用いる能力を伸ばす。 　　ア　万の単位について知ること。 　　イ　10倍，100倍，の大きさの数及びその表し方について知ること。	1．会計的加算・減算・乗算の応用，除算の基礎 2．長さ，重さ，時間による取引の認識の基礎 3．会計記録の活用の基礎 4．F/Sの表示単位の基礎 5．倍数の基礎

ウ 数の相対的な大きさについての理解を深めること。	6．企業規模の比較の基礎
(2) 加法及び減法の計算が確実にできるようにし，それらを適切に用いる能力を伸ばす。	
ウ 加法及び減法に関して成り立つ性質を調べ，それを計算の仕方を考えたり計算の確かめをしたりすることに生かすこと。	7．会計的な加算・減算の理解．例えば売上高から売上原価を引けば売上総利益が計算される
(3) 乗法についての理解を深め，その計算が確実にできるようにし，それを適切に用いる能力を伸ばす。	
ウ 乗法に関して成り立つ性質を調べ，それを計算の仕方を考えたり計算の確かめをしたりすることに生かすこと。	8．会計的な乗算の理解，例えば商品の購入単価に個数を掛けると仕入価額が計算される
(4) 除法の意味について理解し，それを用いることができるようにする。	
イ 除法と乗法や減法との関係について理解すること。	9．例えば，減価償却費・減価償却累計額の計算，B/Sにおける固定資産の表示の基礎
(5) 小数の意味や表し方について理解できるようにする。	
ア 端数部分の大きさを表すのに小数を用いること。また，小数の表し方及び1/10の位について知ること。	10．金額未満の計算の基礎
イ 1/10の位までの小数の加法及び減法の意味について理解し，計算の仕方を考え，それらの計算ができること。	11．金額未満の端数の処理の基礎
(6) 分数の意味や表し方について理解できるようにする。	
B 量と測定	
(1) 長さについての理解を深めるとともに，重さについて単位と測定の意味を理解し，重さの測定ができるようにする。	12．液体資源・鉱物資源の測定の基礎
(2) 長さや重さについて，およその見当を付けたり，目的に応じて単位や計器を適切に選んで測定したりできるようにする。	13．測定尺度の選択の基礎
(3) 時間について理解できるようにする。	
ア 秒について知ること。	
イ 日常生活の中で必要となる時刻や時間を求めること。	14．作業時間の把握の基礎
D 数量関係	
(1) 除法が用いられる場面を式に表したり，式を読み取ったりすることができるようにする。	15．減価償却のその他除法による会計的測定の基礎
(2) 数量の関係を表す式について理解し，式を用いることができるようにする。	
ア 数量の関係を式に表したり，式と図を関連付けたりすること。	16．原価計算，原価管理の基礎

	(3) 資料を分類整理し，表やグラフを用いて分かりやすく表したり読み取ったりすることができるようにする。	17．会計記録の活用・経営意思決定の基礎
第4学年	【目標】 目標(1) 除法についての理解を深め，適切に用いることができるようにする。また，小数及び分数の意味や表し方についての理解を深め，小数及び分数についての加法及び減法の意味を理解し，それらの計算の仕方を考え，用いることができるようにする。さらに，概数について理解し，目的に応じて用いることができるようにする。	1．単位当たり計算の基礎
	目標(2) 面積の単位と測定について理解し，図形の面積を求めることができるようにするとともに，角の大きさの単位と測定について理解できるようにする。	2．土地等の測定の基礎
	目標(4) 数量やその関係を言葉，数，式，図，表，グラフなどに表したり調べたりすることができるようにする。	3．会計記録の応用の基礎
	【内容】 A　数と計算 (1) 整数が十進位取り記数法によって表されていることについての理解を深める。 　ア　億，兆の単位について知り，十進位取り記数法についてまとめること。	4．会計的表示単位の基礎
	(2) 概数について理解し，目的に応じて用いることができるようにする。 　ウ　目的に応じて四則計算の結果の見積りをすること。	5．予測計算の基礎
	(3) 整数の除法についての理解を深め，その計算が確実にできるようにし，それを適切に用いる能力を伸ばす。 　エ　除法に関して成り立つ性質を調べ，それを計算の仕方を考えたり計算の確かめをしたりすることに生かすこと。	6．計算結果の検証の基礎
	(4) 整数の計算の能力を定着させ，それを用いる能力を伸ばす。 (5) 小数とその加法及び減法についての理解を深めるとともに，小数の乗法及び除法の意味について理解し，それらを用いることができるようにする。 (6) 分数についての理解を深めるとともに，同分母の分数の加法及び減法の意味について理解し，それらを用いることができるようにする。 B　量と測定	

	(1) 面積について単位と測定の意味を理解し，面積を計算によって求めることができるようにする。 (2) 角の大きさについて単位と測定の意味を理解し，角の大きさの測定ができるようにする。 D　数量関係 (1) 伴って変わる二つの数量の関係を表したり調べたりすることができるようにする。 　ア　変化の様子を折れ線グラフを用いて表したり，変化の特徴を読み取ったりすること。 (2) 数量の関係を表す式について理解し，式を用いることができるようにする。 　イ　公式についての考え方を理解し，公式を用いること。 (3) 四則に関して成り立つ性質についての理解を深める。 　ア　交換法則，結合法則，分配法則についてまとめること。 (4) 目的に応じて資料を集めて分類整理し，表やグラフを用いて分かりやすく表したり，特徴を調べたりすることができるようにする。 　ア　資料を二つの観点から分類整理して特徴を調べること。 　イ　折れ線グラフの読み方やかき方について知ること。	7．土地等の測定の基礎 8．管理会計の基礎，変動費と固定費の把握等 9．定額法等の減価償却計算の基礎 10．会計的分類・集計の計算の基礎 11．損益分岐点分析の基礎，売上高の変化と変動費・固定費の変化の有無の理解の基礎
第5学年	【目標】 目標(1)　整数の性質についての理解を深める。また，小数の乗法及び除法や分数の加法及び減法の意味についての理解を深め，それらの計算の仕方を考え，用いることができるようにする。 目標(4)　数量の関係を考察するとともに，百分率や円グラフなどを用いて資料の特徴を調べることができるようにする。 【内容】 A　数と計算 (1) 整数の性質についての理解を深める。 (2) 記数法の考えを通して整数及び小数についての理解を深め，それを計算などに有効に用いることができるようにする。 (3) 小数の乗法及び除法の意味についての理解を深め，それらを用いることができるようにする。 (4) 分数についての理解を深めるとともに，異分母の分数の加法及び減法の意味について理解し，それらを用いることができるようにする。 B　量と測定	1．会計的測定の理解 2．百分率貸借対照表等，規模の相対的理解の基礎

	(1) 図形の面積を計算によって求めることができるようにする。 　ア　三角形，平行四辺形，ひし形及び台形の面積の求め方を考えること。 (2) 体積について単位と測定の意味を理解し，体積を計算によって求めることができるようにする。 　ア　体積の単位（立方センチメートル（cm³），立方メートル（m³））について知ること。 　イ　立方体及び直方体の体積の求め方を考えること。 (3) 量の大きさの測定値について理解できるようにする。 　ア　測定値の平均について知ること。 (4) 異種の二つの量の割合としてとらえられる数量について，その比べ方や表し方を理解できるようにする。 　ア　単位量当たりの大きさについて知ること。 D　数量関係 (1) 表を用いて，伴って変わる二つの数量の関係を考察できるようにする。 　ア　簡単な場合について，比例の関係があることを知ること。 (2) 数量の関係を表す式についての理解を深め，簡単な式で表されている関係について，二つの数量の対応や変わり方に着目できるようにする。 (3) 百分率について理解できるようにする。 (4) 目的に応じて資料を集めて分類整理し，円グラフや帯グラフを用いて表したり，特徴を調べたりすることができるようにする。	3．土地・建物等の測定の基礎 4．鉱物資源，石油その他液体資源等の測定の基礎 5．生産効率性等の把握の基礎 6．単位当たりの収穫量・生産量等の生産性の把握の基礎 7．損益分岐点分析の基礎，変動費と固定費の関係など 8．損益分岐点分析の基礎，変動費と固定費の関係など 9．百分率貸借対照表の基礎 10．経営管理に必要な内部会計情報の基礎
第6学年	【目標】 目標(1)　分数の乗法及び除法の意味についての理解を深め，それらの計算の仕方を考え，用いることができるようにする。 目標(2)　円の面積及び角柱などの体積を求めることができるようにするとともに，速さについて理解し，求めることができるようにする。	1．会計データの活用の基礎 2．時間当たりの生産性等の生産効率の把握の基礎

	目標(4) 比や比例について理解し，数量の関係の考察に関数の考えを用いることができるようにするとともに，文字を用いて式に表すことができるようにする。また，資料の散らばりを調べ統計的に考察することができるようにする。	3．生産効率等の生産管理の基礎
	【内容】 A　数と計算 (1) 分数の乗法及び除法の意味についての理解を深め，それらを用いることができるようにする。 (2) 小数及び分数の計算の能力を定着させ，それらを用いる能力を伸ばす。 B　量と測定 (1) <u>身の回りにある形について，その概形をとらえ，およその面積などを求めることができるようにする。</u>	4．製品設計などデザインと原価管理の基礎
	(2) <u>図形の面積を計算によって求めることができるようにする。</u> 　ア　円の面積の求め方を考えること。	同4．
	(3) <u>図形の体積を計算によって求めることができるようにする。</u> 　ア　角柱及び円柱の体積の求め方を考えること。	同4．
	(4) <u>速さについて理解し，求めることができるようにする。</u>	同2．
	(5) メートル法の単位の仕組みについて理解できるようにする。 D　数量関係 (1) <u>比について理解できるようにする。</u>	同3．
	(2) <u>伴って変わる二つの数量の関係を考察することができるようにする。</u>	同3．
	ア　比例の関係について理解すること。また，式，表，グラフを用いてその特徴を調べること。 　イ　比例の関係を用いて，問題を解決すること。 　ウ　反比例の関係について知ること。	5．生産量と変動費の増加の関係 6．損益分岐点の計算の基礎 7．生産効率の把握の基礎
	(3) 数量の関係を表す式についての理解を深め，式を用いることができるようにする。	8．会計データの活用の基礎
	(4) 資料の平均や散らばりを調べ，統計的に考察したり表現したりすることができるようにする。 　ア　資料の平均について知ること。 　イ　度数分布を表す表やグラフについて知ること。	9．生産管理の基礎
	(5) 具体的な事柄について，起こり得る場合を順序よく整理して調べることができるようにする。	10．売掛金の年令調べの基礎

「図表3」は，平成29年改訂の小学校学習指導要領「算数」の内容を学年毎に抜粋し，各学年の指導要領の内容が，会計的な観点から見たときに，どのような意味

を有するものであるかを指摘したものである。平成29年改訂の学習指導要領の特徴は，端的にいって，リテラシーの本質である知識と技能を骨格として，算数に関する知識（knowledge）を習得し，その知識を活用する技能（competence）を養成することを明示したことにあるといってよい。さらに，会計リテラシーにつながる数学的思考力・判断力・表現力等を身に付けることが強調されている。その内容は，会計基礎教育そのものであり，会計リテラシー教育が「算数」という教科の中で実践されることを読み取ることができるのである。

図表３　小学校学習指導要領（平成29（2017）年３月）「算数」

学年等	内容	会計的に読み直すことができる視点
全体目標	目標：数学的な見方・考え方を働かせ，数学的活動を通して，数学的に考える資質・能力を次のとおり育成することを目指す。 (1) 数量や図形などについての基礎的・基本的な概念や性質などを理解するとともに，日常の事象を数理的に処理する技能を身に付けるようにする。 (2) 日常の事象を数理的に捉え見通しをもち筋道を立てて考察する力，基礎的・基本的な数量や図形の性質などを見いだし統合的・発展的に考察する力，数学的な表現を用いて事象を簡潔・明瞭・的確に表したり目的に応じて柔軟に表したりする力を養う。 (3) 数学的活動の楽しさや数学のよさに気付き，学習を振り返ってよりよく問題解決しようとする態度，算数で学んだことを生活や学習に活用しようとする態度を養う。	1．会計的計算の基礎 2．会計的分類の基礎 3．取引の組織的記録の基礎 4．会計データの活用の基礎
第１学年	【目標】 目標(2)　ものの数に着目し，具体物や図などを用いて数の数え方や計算の仕方を考える力，ものの形に着目して特徴を捉えたり，具体的な操作を通して形の構成について考えたりする力，身の回りにあるものの特徴を量に着目して捉え，量の大きさの比べ方を考える力，データの個数に着目して身の回りの事象の特徴を捉える力などを養う。	1．会計的測定の基礎

【内容】
A　数と計算
(1) 数の構成と表し方に関する数学的活動を通して，次の事項を身に付けることができるよう指導する。
　ア　次のような知識及び技能を身に付けること。
　　(ｱ) <u>ものとものとを対応させることによって，ものの個数を比べること。</u>　　　　　　　　2．収益費用の対応の基礎
　　(ｲ) <u>個数や順番を正しく数えたり表したりすること。</u>　　　　　　　　　　　　　　　　　3．会計的計算の基礎
　　(ｴ) <u>一つの数をほかの数の和や差としてみるなど，ほかの数と関係付けてみること。</u>　　　4．収益と費用の差の理解の基礎
　　(ｳ) <u>具体物をまとめて数えたり等分したりして整理し，表すこと。</u>　　　　　　　　　　　5．取引の分類・記録の基礎
　イ　次のような思考力，判断力，表現力等を身に付けること。
　　(ｱ) <u>数のまとまりに着目し，数の大きさの比べ方や数え方を考え，それらを日常生活に生かすこと。</u>　　　　　　　　　　　　　　　　　　　　6．勘定間の会計の理解の基礎
(2) 加法及び減法に関する数学的活動を通して，次の事項を身に付けることができるよう指導する。
　ア　次のような知識及び技能を身に付けること。
　　(ｱ) <u>加法及び減法の意味について理解し，それらが用いられる場合について知ること。</u>　　7．会計測定の基礎
　イ　次のような思考力，判断力，表現力等を身に付けること。
　　(ｱ) <u>数量の関係に着目し，計算の意味や計算の仕方を考えたり，日常生活に生かしたりすること。</u>　　　　　　　　　　　　　　　　　　　8．会計リテラシーの本質
C　測定
(1) 身の回りのものの大きさに関わる数学的活動を通して，次の事項を身に付けることができるよう指導する。
　ア　次のような知識及び技能を身に付けること。
　　(ｱ) <u>長さ，広さ，かさなどの量を，具体的な操作によって直接比べたり，他のものを用いて比べたりすること。</u>　　　　　　　　　　　　　　　9．会計測定の基礎
　　(ｲ) <u>身の回りにあるものの大きさを単位として，その幾つ分かで大きさを比べること。</u>　　10．準同型写像の基礎（林檎3個・蜜柑2個合計いくつ）
　イ　次のような思考力，判断力，表現力等を身に付けること。
　　(ｱ) <u>身の回りのものの特徴に着目し，量の大きさの比べ方を見いだすこと。</u>　　　　　　11．会計測定の基礎
D　データの活用
(1) 数量の整理に関わる数学的活動を通して，次の事項を身に付けることができるよう指導する。
　ア　次のような知識及び技能を身に付けること。

		(ア) ものの個数について，簡単な絵や図などに表したり，それらを読み取ったりすること。 イ　次のような思考力，判断力，表現力等を身に付けること。 　(ア) データの個数に着目し，身の回りの事象の特徴を捉えること。	12．勘定記入の基礎 13．会計的認識の基礎
第2学年	【目標】 目標(1)　数の概念についての理解を深め，計算の意味と性質，基本的な図形の概念，量の概念，簡単な表とグラフなどについて理解し，数量や図形についての感覚を豊かにするとともに，加法，減法及び乗法の計算をしたり，図形を構成したり，長さやかさなどを測定したり，表やグラフに表したりすることなどについての技能を身に付けるようにする。		1．数量と価格の乗算による取引の把握の基礎
	目標(2)　数とその表現や数量の関係に着目し，必要に応じて具体物や図などを用いて数の表し方や計算の仕方などを考察する力，平面図形の特徴を図形を構成する要素に着目して捉えたり，身の回りの事象を図形の性質から考察したりする力，身の回りにあるものの特徴を量に着目して捉え，量の単位を用いて的確に表現する力，身の回りの事象をデータの特徴に着目して捉え，簡潔に表現したり考察したりする力などを養う。		2．会計的測定の単位の基礎，会計的認識の基礎 3．会計的認識・測定の基礎
	目標(3)　数量や図形に進んで関わり，数学的に表現・処理したことを振り返り，数理的な処理のよさに気付き生活や学習に活用しようとする態度を養う。		4．会計リテラシーの基礎
	【内容】 (1)　数の構成と表し方に関わる数学的活動を通して，次の事項を身に付けることができるよう指導する。 ア　次のような知識及び技能を身に付けること。 　(ア) 同じ大きさの集まりにまとめて数えたり，分類して数えたりすること。 　(イ) 4位数までについて，十進位取り記数法による数の表し方及び数の大小や順序について理解すること。 　(ウ) 数を十や百を単位としてみるなど，数の相対的な大きさについて理解すること。 　(エ) 一つの数をほかの数の積としてみるなど，ほかの数と関係付けてみること。 　(オ) 簡単な事柄を分類整理し，それを数を用いて表すこと。		5．取引の勘定認識・分類の基礎 6．会計計算の基礎 7．F/Sの表示単位の基礎 8．取引の金額が数量×価格であることの理解の基礎 9．取引の認識，勘定分類の基礎

㋕　1/2，1/3など簡単な分数について知ること。	10．会計的除算の基礎
イ　次のような思考力，判断力，表現力等を身に付けること。	
㋐　<u>数のまとまりに着目し，大きな数の大きさの比べ方や数え方を考え，日常生活に生かすこと</u>。	同4．
(2)　加法及び減法に関わる数学的活動を通して，次の事項を身に付けることができるよう指導する。	
ア　次のような知識及び技能を身に付けること。	
イ　次のような思考力，判断力，表現力等を身に付けること。	
㋐　<u>数量の関係に着目し，計算の仕方を考えたり計算に関して成り立つ性質を見いだしたりするとともに，その性質を活用して，計算を工夫したり計算の確かめをしたりすること</u>。	11．会計的認識・測定の基礎
(3)　乗法に関わる数学的活動を通して，次の事項を身に付けることができるよう指導する。	
ア　次のような知識及び技能を身に付けること。	
イ　次のような思考力，判断力，表現力等を身に付けること。	
㋐　<u>数量の関係に着目し，計算の意味や計算の仕方を考えたり計算に関して成り立つ性質を見いだしたりするとともに，その性質を活用して，計算を工夫したり計算の確かめをしたりすること</u>。	同11．
㋑　<u>数量の関係に着目し，計算を日常生活に生かすこと</u>。	同4．
C　測定	
(1)　量の単位と測定に関わる数学的活動を通して，次の事項を身に付けることができるよう指導する。	
ア　次のような知識及び技能を身に付けること。	
㋐　<u>長さの単位（ミリメートル（mm），センチメートル（cm），メートル（m））及びかさの単位（ミリリットル（ml），デシリットル（dl），リットル（l））について知り，測定の意味を理解すること</u>。	12．繊維など長さ単位で販売する商製品の価格計算の基礎，液体商製品の価格計算の基礎
㋑　<u>長さ及びかさについて，およその見当を付け，単位を適切に選択して測定すること</u>。	13．測定属性の選択の基礎
イ　次のような思考力，判断力，表現力等を身に付けること。	
㋐　<u>身の回りのものの特徴に着目し，目的に応じた単位で量の大きさを的確に表現したり，比べたりすること</u>。	同11．
(2)　時刻と時間に関わる数学的活動を通して，次の事項を身に付けることができるよう指導する。	

	ア 次のような知識及び技能を身に付けること。 　(ア) 日，時，分について知り，それらの関係を理解すること。	14．作業時間の把握の基礎
	イ 次のような思考力，判断力，表現力等を身に付けること。 　(ア) 時間の単位に着目し，時刻や時間を日常生活に生かすこと。	同14．
	D　データの活用 (1) データの分析に関わる数学的活動を通して，次の事項を身に付けることができるよう指導する。 　ア　次のような知識及び技能を身に付けること。 　　(ア) 身の回りにある数量を分類整理し，簡単な表やグラフを用いて表したり読み取ったりすること。	同5．
	イ 次のような思考力，判断力，表現力等を身に付けること。 　(ア) データを整理する観点に着目し，身の回りの事象について表やグラフを用いて考察すること。	同5．
第3学年	【目標】 目標(1)　数の表し方，整数の計算の意味と性質，小数及び分数の意味と表し方，基本的な図形の概念，量の概念，棒グラフなどについて理解し，数量や図形についての感覚を豊かにするとともに，整数などの計算をしたり，図形を構成したり，長さや重さなどを測定したり，表やグラフに表したりすることなどについての技能を身に付けるようにする。	1．会計的技能の基礎
	目標(2)　数とその表現や数量の関係に着目し，必要に応じて具体物や図などを用いて数の表し方や計算の仕方などを考察する力，平面図形の特徴を図形を構成する要素に着目して捉えたり，身の回りの事象を図形の性質から考察したりする力，身の回りにあるものの特徴を量に着目して捉え，量の単位を用いて的確に表現する力，身の回りの事象をデータの特徴に着目して捉え，簡潔に表現したり適切に判断したりする力などを養う。	2．会計的認識・測定の基礎
	目標(3)　数量や図形に進んで関わり，数学的に表現・処理したことを振り返り，数理的な処理のよさに気付き生活や学習に活用しようとする態度を養う。	3．会計リテラシーの基礎
	【内容】 A　数と計算 (1) 整数の表し方に関わる数学的活動を通して，次の事項を身に付けることができるよう指導する。	

ア 次のような知識及び技能を身に付けること。	
(ア) 万の単位について知ること。	4．会計的表示の基礎
(イ) 10倍，100倍，1000倍，の大きさの数及びそれらの表し方について知ること。	同4．
(ウ) 数の相対的な大きさについての理解を深めること。	5．F/Sの表示単位の基礎
イ 次のような思考力，判断力，表現力等を身に付けること。	
(ア) <u>数のまとまりに着目し，大きな数の大きさの比べ方や表し方を考え，日常生活に生かすこと。</u>	同3．
(2) 加法及び減法に関わる数学的活動を通して，次の事項を身に付けることができるよう指導する。	
イ 次のような思考力，判断力，表現力等を身に付けること。	
(ア) <u>数量の関係に着目し，計算の仕方を考えたり計算に関して成り立つ性質を見いだしたりするとともに，その性質を活用して，計算を工夫したり計算の確かめをしたりすること。</u>	6．会計的認識・測定の基礎
(3) 乗法に関わる数学的活動を通して，次の事項を身に付けることができるよう指導する。	
イ 次のような思考力，判断力，表現力等を身に付けること。	
(ア) <u>数量の関係に着目し，計算の仕方を考えたり計算に関して成り立つ性質を見いだしたりするとともに，その性質を活用して，計算を工夫したり計算の確かめをしたりすること。</u>	同6．
(4) 除法に関わる数学的活動を通して，次の事項を身に付けることができるよう指導する。	
ア 次のような知識及び技能を身に付けること。	
(ウ) <u>除法と乗法や減法との関係について理解すること。</u>	7．会計的計算の基礎
イ 次のような思考力，判断力，表現力等を身に付けること。	同6．
(ア) <u>数量の関係に着目し，計算の意味や計算の仕方を考えたり，計算に関して成り立つ性質を見いだしたりするとともに，その性質を活用して，計算を工夫したり計算の確かめをしたりすること。</u>	
(イ) <u>数量の関係に着目し，計算を日常生活に生かすこと。</u>	同3．
(5) 小数とその表し方に関わる数学的活動を通して，次の事項を身に付けることができるよう指導する。	
イ 次のような思考力，判断力，表現力等を身に付けること。	

(ア)　数のまとまりに着目し，小数でも数の大きさを比べたり計算したりできるかどうかを考えるとともに，小数を日常生活に生かすこと。	同3．
(6)　分数とその表し方に関わる数学的活動を通して，次の事項を身に付けることができるよう指導する。	
ア　次のような知識及び技能を身に付けること。	
(ウ)　簡単な場合について，分数の加法及び減法の意味について理解し，それらの計算ができることを知ること。	同7．
イ　次のような思考力，判断力，表現力等を身に付けること。	
(ア)　数のまとまりに着目し，分数でも数の大きさを比べたり計算したりできるかどうかを考えるとともに，分数を日常生活に生かすこと。	同3．
(7)　数量の関係を表す式に関わる数学的活動を通して，次の事項を身に付けることができるよう指導する。	
ア　次のような知識及び技能を身に付けること。	
(ア)　数量の関係を表す式について理解するとともに，数量を□などを用いて表し，その関係を式に表したり，□などに数を当てはめて調べたりすること。	8．減価償却法等の理解の基礎
イ　次のような思考力，判断力，表現力等を身に付けること。	
(ア)　数量の関係に着目し，数量の関係を図や式を用いて簡潔に表したり，式と図を関連付けて式を読んだりすること。	同2．
C　測定	
(1)　量の単位と測定に関わる数学的活動を通して，次の事項を身に付けることができるよう指導する。	
ア　次のような知識及び技能を身に付けること。	
(ア)　長さの単位（キロメートル（km））及び重さの単位（グラム（g），キログラム（kg））について知り，測定の意味を理解すること。	9．会計測定の基礎
(イ)　長さや重さについて，適切な単位で表したり，およその見当を付け計器を適切に選んで測定したりすること。	10．測定手続の選択の基礎
イ　次のような思考力，判断力，表現力等を身に付けること。	
(ア)　身の回りのものの特徴に着目し，単位の関係を統合的に考察すること。	11．会計的準同型写像の基礎
(2)　時刻と時間に関わる数学的活動を通して，次の事項を身に付けることができるよう指導する。	
イ　次のような思考力，判断力，表現力等を身に付けること。	

第2章　小学校・中学校における会計基礎教育―学習指導要領の調査

99

		(ｱ) 時間の単位に着目し，時刻や時間の求め方について考察し，日常生活に生かすこと。 D　データの活用 (1) データの分析に関わる数学的活動を通して，次の事項を身に付けることができるよう指導する。 　ア　次のような知識及び技能を身に付けること。 　　　(ｱ) 日時の観点や場所の観点などからデータを分類整理し，表に表したり読んだりすること。 　　　(ｲ) 棒グラフの特徴やその用い方を理解すること。 　イ　次のような思考力，判断力，表現力等を身に付けること。 　　　(ｱ) データを整理する観点に着目し，身の回りの事象について表やグラフを用いて考察して，見いだしたことを表現すること。	12．作業時間の把握の基礎 13．会計記録の基礎，仕訳帳の歴史的記録・元帳の分類記録の基礎 同13．
第４学年	【目標】 目標(1)　小数及び分数の意味と表し方，四則の関係，平面図形と立体図形，面積，角の大きさ，折れ線グラフなどについて理解するとともに，整数，小数及び分数の計算をしたり，図形を構成したり，図形の面積や角の大きさを求めたり，表やグラフに表したりすることなどについての技能を身に付けるようにする。 目標(2)　数とその表現や数量の関係に着目し，目的に合った表現方法を用いて計算の仕方などを考察する力，図形を構成する要素及びそれらの位置関係に着目し，図形の性質や図形の計量について考察する力，伴って変わる二つの数量やそれらの関係に着目し，変化や対応の特徴を見いだして，二つの数量の関係を表や式を用いて考察する力，目的に応じてデータを収集し，データの特徴や傾向に着目して表やグラフに的確に表現し，それらを用いて問題解決したり，解決の過程や結果を多面的に捉え考察したりする力などを養う。 目標(3)　数学的に表現・処理したことを振り返り，多面的に捉え検討してよりよいものを求めて粘り強く考える態度，数学のよさに気付き学習したことを生活や学習に活用しようとする態度を養う。 【内容】 A　数と計算 (1) 整数の表し方に関わる数学的活動を通して，次の事項を身に付けることができるよう指導する。 　ア　次のような知識及び技能を身に付けること。	1．会計的計算の基礎 2．会計的認識・測定の基礎 3．会計リテラシーの基礎

	(ｱ)　億，兆の単位について知り，十進位取り記数法についての理解を深めること。	４．会計的表示の基礎
	イ　次のような思考力，判断力，表現力等を身に付けること。	
	(ｱ)　数のまとまりに着目し，大きな数の大きさの比べ方や表し方を統合的に捉えるとともに，それらを日常生活に生かすこと。	同３．
	(2)　概数に関わる数学的活動を通して，次の事項を身に付けることができるよう指導する。	
	ア　次のような知識及び技能を身に付けること。	
	(ｱ)　概数が用いられる場合について知ること。	５．会計的計算・表示の基礎
	(ｲ)　四捨五入について知ること。	同５．
	(ｳ)　目的に応じて四則計算の結果の見積りをすること。	同５．
	イ　次のような思考力，判断力，表現力等を身に付けること。	
	(ｱ)　日常の事象における場面に着目し，目的に合った数の処理の仕方を考えるとともに，それを日常生活に生かすこと。	同３．
	(3)　整数の除法に関わる数学的活動を通して，次の事項を身に付けることができるよう指導する。	
	ア　次のような知識及び技能を身に付けること。	
	(ｳ)　除法について，次の関係を理解すること。 　　　　（被除数）＝（除数）×（商）＋（余り）	６．会計的除算の基礎
	(ｴ)　除法に関して成り立つ性質について理解すること。	
	イ　次のような思考力，判断力，表現力等を身に付けること。	
	(ｱ)　数量の関係に着目し，計算の仕方を考えたり計算に関して成り立つ性質を見いだしたりするとともに，その性質を活用して，計算を工夫したり計算の確かめをしたりすること。	７．会計的認識・測定，検証作業の基礎
	(4)　小数とその計算に関わる数学的活動を通して，次の事項を身に付けることができるよう指導する。	
	イ　次のような思考力，判断力，表現力等を身に付けること。	
	(ｱ)　数の表し方の仕組みや数を構成する単位に着目し，計算の仕方を考えるとともに，それを日常生活に生かすこと。	同３．・７．
	(5)　分数とその加法及び減法に関わる数学的活動を通して，次の事項を身に付けることができるよう指導する。	
	イ　次のような思考力，判断力，表現力等を身に付けること。	

(ｲ) 数を構成する単位に着目し，大きさの等しい分数を探したり，計算の仕方を考えたりするとともに，それを日常生活に生かすこと。	同3．・7．
(6) 数量の関係を表す式に関わる数学的活動を通して，次の事項を身に付けることができるよう指導する。	
ア 次のような知識及び技能を身に付けること。	
(ｲ) 公式についての考え方を理解し，公式を用いること。	8．減価償却法等の理解の基礎
イ 次のような思考力，判断力，表現力等を身に付けること。	
(ｱ) 問題場面の数量の関係に着目し，数量の関係を簡潔に，また一般的に表現したり，式の意味を読み取ったりすること。	同7．
(7) 計算に関して成り立つ性質に関わる数学的活動を通して，次の事項を身に付けることができるよう指導する。	
ア 次のような知識及び技能を身に付けること。	
(ｱ) 四則に関して成り立つ性質についての理解を深めること。	同7．
イ 次のような思考力，判断力，表現力等を身に付けること。	
(ｱ) 数量の関係に着目し，計算に関して成り立つ性質を用いて計算の仕方を考えること。	同7．
C 変化と関係	
(1) 伴って変わる二つの数量に関わる数学的活動を通して，次の事項を身に付けることができるよう指導する。	
ア 次のような知識及び技能を身に付けること。	
(ｱ) 変化の様子を表や式，折れ線グラフを用いて表したり，変化の特徴を読み取ったりすること。	9．会計データを用いた経営管理の基礎
イ 次のような思考力，判断力，表現力等を身に付けること。	
(ｱ) 伴って変わる二つの数量を見いだして，それらの関係に着目し，表や式を用いて変化や対応の特徴を考察すること。	10．損益分岐点分析の基礎，変動費・固定費の関係など
(2) 二つの数量の関係に関わる数学的活動を通して，次の事項を身に付けることができるよう指導する。	
ア 次のような知識及び技能を身に付けること。	
(ｱ) 簡単な場合について，ある二つの数量の関係と別の二つの数量の関係とを比べる場合に割合を用いる場合があることを知ること。	同10． 11．百分率貸借対照表の基礎
イ 次のような思考力，判断力，表現力等を身に付けること。	

	(ア) 日常の事象における数量の関係に着目し，図や式などを用いて，ある二つの数量の関係と別の二つの数量の関係との比べ方を考察すること。 D　データの活用 (1) データの収集とその分析に関わる数学的活動を通して，次の事項を身に付けることができるよう指導する。 　ア　次のような知識及び技能を身に付けること。 　　(ア) データを二つの観点から分類整理する方法を知ること。 　イ　次のような思考力，判断力，表現力等を身に付けること。 　　(ア) 目的に応じてデータを集めて分類整理し，データの特徴や傾向に着目し，問題を解決するために適切なグラフを選択して判断し，その結論について考察すること。	12．貸借対照表・損益計算書等の企業間比較の基礎 13．取引の勘定認識・分類の基礎 同13． 14．経営管理に必要な内部会計情報の基礎
第5学年	【目標】 目標(1)　整数の性質，分数の意味，小数と分数の計算の意味，面積の公式，図形の意味と性質，図形の体積，速さ，割合，帯グラフなどについて理解するとともに，小数や分数の計算をしたり，図形の性質を調べたり，図形の面積や体積を求めたり，表やグラフに表したりすることなどに必要な技能を身に付けるようにする。	1．会計的計算の基礎
	目標(2)　数とその表現や計算の意味に着目し，目的に合った表現方法を用いて数の性質や計算の仕方などを考察する力，図形を構成する要素や図形間の関係などに着目し，図形の性質や図形の計量について考察する力，伴って変わる二つの数量やそれらの関係に着目し，変化や対応の特徴を見いだして，二つの数量の関係を表や式を用いて考察する力，目的に応じてデータを収集し，データの特徴や傾向に着目して表やグラフに的確に表現し，それらを用いて問題解決したり，解決の過程や結果を多面的に捉え考察したりする力などを養う。	2．会計データ活用の基礎
	目標(3)　数学的に表現・処理したことを振り返り，多面的に捉え検討してよりよいものを求めて粘り強く考える態度，数学のよさに気付き学習したことを生活や学習に活用しようとする態度を養う。	3．会計リテラシーの基礎

【内容】
A　数と計算
(1) 整数の性質及び整数の構成に関わる数学的活動を通して，次の事項を身に付けることができるよう指導する。
　イ　次のような思考力，判断力，表現力等を身に付けること。
　　(ｱ)　<u>乗法及び除法に着目し，観点を決めて整数を類別する仕方を考えたり，数の構成について考察したりするとともに，日常生活に生かすこと。</u>　　4．会計的分類の基礎

(2) 整数及び小数の表し方に関わる数学的活動を通して，次の事項を身に付けることができるよう指導する。
　イ　次のような思考力，判断力，表現力等を身に付けること。
　　(ｱ)　<u>数の表し方の仕組みに着目し，数の相対的な大きさを考察し，計算などに有効に生かすこと。</u>　　5．企業規模，財務比率の良否の比較の基礎

(3) 小数の乗法及び除法に関わる数学的活動を通して，次の事項を身に付けることができるよう指導する。
　イ　次のような思考力，判断力，表現力等を身に付けること。
　　(ｱ)　<u>乗法及び除法の意味に着目し，乗数や除数が小数である場合まで数の範囲を広げて乗法及び除法の意味を捉え直すとともに，それらの計算の仕方を考えたり，それらを日常生活に生かしたりすること。</u>　　6．減価償却，減損処理，年金会計につながる計算の基礎

(4) 分数に関わる数学的活動を通して，次の事項を身に付けることができるよう指導する。
　イ　次のような思考力，判断力，表現力等を身に付けること。
　　(ｱ)　<u>数を構成する単位に着目し，数の相等及び大小関係について考察すること。</u>　　7．原価計算，財務分析等の計算の基礎
　　(ｲ)　<u>分数の表現に着目し，除法の結果の表し方を振り返り，分数の意味をまとめること。</u>　　8．会計的除算の基礎

(5) 分数の加法及び減法に関わる数学的活動を通して，次の事項を身に付けることができるよう指導する。
　イ　次のような思考力，判断力，表現力等を身に付けること。
　　(ｱ)　<u>分数の意味や表現に着目し，計算の仕方を考えること。</u>

(6) 数量の関係を表す式に関わる数学的活動を通して，次の事項を身に付けることができるよう指導する。

ア 次のような知識及び技能を身に付けること。 　(ア)　数量の関係を表す式についての理解を深めること。	9．減価償却等の理解の基礎
イ 次のような思考力，判断力，表現力等を身に付けること。 　(ア)　二つの数量の対応や変わり方に着目し，簡単な式で表されている関係について考察すること。	10．損益分岐点の理解の基礎，売上高と変動費，変動費と固定費の関係など
C　変化と関係 (1)　伴って変わる二つの数量に関わる数学的活動を通して，次の事項を身に付けることができるよう指導する。 　ア 次のような知識及び技能を身に付けること。 　　(ア)　簡単な場合について，比例の関係があることを知ること。	同10．
イ 次のような思考力，判断力，表現力等を身に付けること。 　　(ア)　伴って変わる二つの数量を見いだして，それらの関係に着目し，表や式を用いて変化や対応の特徴を考察すること。	同10．
(2)　異種の二つの量の割合として捉えられる数量に関わる数学的活動を通して，次の事項を身に付けることができるよう指導する。 　ア 次のような知識及び技能を身に付けること。 　　(ア)　速さなど単位当たりの大きさの意味及び表し方について理解し，それを求めること。	同7．
イ 次のような思考力，判断力，表現力等を身に付けること。 　　(ア)　異種の二つの量の割合として捉えられる数量の関係に着目し，目的に応じて大きさを比べたり表現したりする方法を考察し，それらを日常生活に生かすこと。	11．単位当たりの収穫量・生産量等の生産性の把握の基礎
(3)　二つの数量の関係に関わる数学的活動を通して，次の事項を身に付けることができるよう指導する。 　ア 次のような知識及び技能を身に付けること。 　　(ア)　ある二つの数量の関係と別の二つの数量の関係とを比べる場合に割合を用いる場合があることを理解すること。	同10．11．
(イ)　百分率を用いた表し方を理解し，割合などを求めること。	12．百分率貸借対照表の基礎
イ 次のような思考力，判断力，表現力等を身に付けること。 　　(ア)　日常の事象における数量の関係に着目し，図や式などを用いて，ある二つの数量の関係と別の二つの数量の関係との比べ方を考察し，それを日常生活に生かすこと。	13．貸借対照表・損益計算書等の企業間比較の基礎

		D　データの活用 (1)　データの収集とその分析に関わる数学的活動を通して，次の事項を身に付けることができるよう指導する。 　ア　次のような知識及び技能を身に付けること。 　　(イ)　データの収集や適切な手法の選択など統計的な問題解決の方法を知ること。 　イ　次のような思考力，判断力，表現力等を身に付けること。 　　(ア)　目的に応じてデータを集めて分類整理し，データの特徴や傾向に着目し，問題を解決するために適切なグラフを選択して判断し，その結論について多面的に捉え考察すること。 (2)　測定した結果を平均する方法に関わる数学的活動を通して，次の事項を身に付けることができるよう指導する。 　ア　次のような知識及び技能を身に付けること。 　　(ア)　平均の意味について理解すること。 　イ　次のような思考力，判断力，表現力等を身に付けること。 　　(ア)　概括的に捉えることに着目し，測定した結果を平均する方法について考察し，それを学習や日常生活に生かすこと。	14．複式簿記の原理に基づく会計データの活用の基礎 15．経営管理に必要な内部会計情報の基礎 16．生産効率等の把握の基礎 同16．
第6学年	【目標】 目標(1)　分数の計算の意味，文字を用いた式，図形の意味，図形の体積，比例，度数分布を表す表などについて理解するとともに，分数の計算をしたり，図形を構成したり，図形の面積や体積を求めたり，表やグラフに表したりすることなどについての技能を身に付けるようにする。 目標(2)　数とその表現や計算の意味に着目し，発展的に考察して問題を見いだすとともに，目的に応じて多様な表現方法を用いながら数の表し方や計算の仕方などを考察する力，図形を構成する要素や図形間の関係などに着目し，図形の性質や図形の計量について考察する力，伴って変わる二つの数量やそれらの関係に着目し，変化や対応の特徴を見いだして，二つの数量の関係を表や式，グラフを用いて考察する力，身の回りの事象から設定した問題について，目的に応じてデータを収集し，データの特徴や傾向に着目して適切な手法を選択して分析を行い，それらを用いて問題解決したり，解決の過程や結果を批判的に考察したりする力などを養う。	1．会計データの活用の基礎 2．会計的技能の応用の基礎	

目標(3) 数学的に表現・処理したことを振り返り，多面的に捉え検討してよりよいものを求めて粘り強く考える態度，数学のよさに気付き学習したことを生活や学習に活用しようとする態度を養う。	3．会計リテラシーの基礎
【内容】 A　数と計算 (1)　分数の乗法及び除法に関わる数学的活動を通して，次の事項を身に付けることができるよう指導する。 (2)　数量の関係を表す式に関わる数学的活動を通して，次の事項を身に付けることができるよう指導する。 　ア　次のような知識及び技能を身に付けること。 　　(ｱ)　数量を表す言葉や□，△などの代わりに，a，xなどの文字を用いて式に表したり，文字に数を当てはめて調べたりすること。	4．会計データを活用して事業投資や生産管理の意思決定を行う基礎
イ　次のような思考力，判断力，表現力等を身に付けること。 　　(ｱ)　問題場面の数量の関係に着目し，数量の関係を簡潔かつ一般的に表現したり，式の意味を読み取ったりすること。	5．会計データを活用した課題解決の基礎
C　変化と関係 (1)　伴って変わる二つの数量に関わる数学的活動を通して，次の事項を身に付けることができるよう指導する。 　ア　次のような知識及び技能を身に付けること。 　　(ｱ)　比例の関係の意味や性質を理解すること。 　　(ｲ)　比例の関係を用いた問題解決の方法について知ること。 　　(ｳ)　反比例の関係について知ること。	6．損益分岐点の理解の基礎，売上高と変動費，変動費と固定費の関係など
イ　次のような思考力，判断力，表現力等を身に付けること。 　　(ｱ)　伴って変わる二つの数量を見いだして，それらの関係に着目し，目的に応じて表や式，グラフを用いてそれらの関係を表現して，変化や対応の特徴を見いだすとともに，それらを日常生活に生かすこと。	同6．
(2)　二つの数量の関係に関わる数学的活動を通して，次の事項を身に付けることができるよう指導する。 　ア　次のような知識及び技能を身に付けること。 　　(ｱ)　比の意味や表し方を理解し，数量の関係を比で表したり，等しい比をつくったりすること。 　イ　次のような思考力，判断力，表現力等を身に付けること。	7．経営分析，財務分析の基礎

	(ア) 日常の事象における数量の関係に着目し，図や式などを用いて数量の関係の比べ方を考察し，それを日常生活に生かすこと。	8．会計リテラシーの基礎
	D データの活用 (1) データの収集とその分析に関わる数学的活動を通して，次の事項を身に付けることができるよう指導する。 　ア 次のような知識及び技能を身に付けること。 　　(ア) 代表値の意味や求め方を理解すること。	9．統計的課題解決の基礎
	(イ) 度数分布を表す表やグラフの特徴及びそれらの用い方を理解すること。	同9．
	(ウ) 目的に応じてデータを収集したり適切な手法を選択したりするなど，統計的な問題解決の方法を知ること。	10．経営管理に必要な内部会計情報の基礎
	イ 次のような思考力，判断力，表現力等を身に付けること。 　　(ア) 目的に応じてデータを集めて分類整理し，データの特徴や傾向に着目し，代表値などを用いて問題の結論について判断するとともに，その妥当性について批判的に考察すること。	同10．
	(2) 起こり得る場合に関わる数学的活動を通して，次の事項を身に付けることができるよう指導する。 　ア 次のような知識及び技能を身に付けること。 　　(ア) 起こり得る場合を順序よく整理するための図や表などの用い方を知ること。	11．売掛金の評価や引当経理等，会計的見積の基礎
	イ 次のような思考力，判断力，表現力等を身に付けること。 　　(ア) 事象の特徴に着目し，順序よく整理する観点を決めて，落ちや重なりなく調べる方法を考察すること。	12．会計的な発生事象の評価の基礎

第2節　小学校「家庭」における会計基礎教育

　小学校においては，「算数」の他に第5学年及び第6学年において提供される「家庭」において会計基礎教育に関連する内容が教授されている。「図表4」は，「家庭」の学習指導要領について会計基礎教育に関連する内容を抜粋し，その内容が会計的にどのような意味を持っているのかを示している。学習指導要領から抜粋した項目からわかるように，小学校の生徒が，消費者として行動するための基礎的な知識を教授し，その知識を活用することができるようにすることが目的となっている。

図表4　小学校学習指導要領「家庭」

改訂年	内容	会計的に読み直すことができる視点
平成20年 (2008)	第5学年及び第6学年のみ 【目標】 目標(1)　衣食住や家族の生活などに関する実践的・体験的な活動を通して，自分の成長を自覚するとともに，家庭生活への関心を高め，その大切さに気付くようにする。 目標(2)　日常生活に必要な基礎的・基本的な知識及び技能を身に付け，身近な生活に活用できるようにする。 目標(3)　自分と家族などとのかかわりを考えて実践する喜びを味わい，家庭生活をよりよくしようとする実践的な態度を育てる。 【内容】 A　家庭生活と家族 B　日常の食事と調理の基礎 C　快適な衣服と住まい D　身近な消費生活と環境 (1)　物や金銭の使い方と買物について，次の事項を指導する。 　ア　物や金銭の大切さに気付き，計画的な使い方を考えること。 　イ　身近な物の選び方，買い方を考え，適切に購入できること。 (2)　環境に配慮した生活の工夫について，次の事項を指導する。 　ア　自分の生活と身近な環境とのかかわりに気付き，物の使い方などを工夫できること。	1．お金の使い方に関する理解 2．予算制約の中での消費意思決定の基礎 3．資産調達に際しての代替案選択の意思決定の基礎 4．ステークホルダーの理解の基礎
平成29年 (2017)	第5学年及び第6学年のみ 【目標】 目標：生活の営みに係る見方・考え方を働かせ，衣食住などに関する実践的・体験的な活動を通して，生活をよりよくしようと工夫する資質・能力を次のとおり育成することを目指す。 (1)　家族や家庭，衣食住，消費や環境などについて，日常生活に必要な基礎的な理解を図るとともに，それらに係る技能を身に付けるようにする。 (2)　日常生活の中から問題を見いだして課題を設定し，様々な解決方法を考え，実践を評価・改善し，考えたことを表現するなど，課題を解決する力を養う。	1．日常生活におけるPDCAサイクルの実践

(3) 家庭生活を大切にする心情を育み，家族や地域の人々との関わりを考え，家族の一員として，生活をよりよくしようと工夫する実践的な態度を養う。 【内容】 A　家族・家庭生活 B　衣食住の生活 C　消費生活・環境 　次の(1)及び(2)の項目について，課題をもって，持続可能な社会の構築に向けて身近な消費生活と環境を考え，工夫する活動を通して，次の事項を身に付けることができるよう指導する。 (1) 物や金銭の使い方と買物 　ア　次のような知識及び技能を身に付けること。 　　(ｱ) <u>買物の仕組みや消費者の役割が分かり，物や金銭の大切さと計画的な使い方について理解すること。</u> 　　(ｲ) <u>身近な物の選び方，買い方を理解し，購入するために必要な情報の収集・整理が適切にできること。</u> 　イ　<u>購入に必要な情報を活用し，身近な物の選び方，買い方を考え，工夫すること。</u> (2) 環境に配慮した生活 　ア　<u>自分の生活と身近な環境との関わりや環境に配慮した物の使い方などについて理解すること。</u> 　イ　<u>環境に配慮した生活について物の使い方などを考え，工夫すること。</u>	2．売買契約の基礎を教授，予算制約の中での消費意思決定の基礎 3．資産調達に際しての代替案選択の意思決定基礎 4．株式投資の基礎，資産調達に際しての代替案選択の意思決定基礎 5．ステークホルダーの理解の基礎，サステナビリティの基礎 6．ステークホルダーの理解の基礎，サステナビリティの実践

　平成20（2008）年の学習指導要領では，お金の使い方に関して「日常生活に必要な基礎的・基本的な知識及び技能を身に付け，身近な生活に活用できるようにする」ことが目標とされ，「予算制約の中での消費意思決定の基礎」，「資産調達に際しての代替案選択の意思決定の基礎」，「ステークホルダーの理解の基礎」などに関連する事柄が教授されている。平成29（2017）年の学習指導要領では，「日常生活の中から問題を見いだして課題を設定し，様々な解決方法を考え，実践を評価・改善し，考えたことを表現するなど，課題を解決する力」を養成することが目標とされている。これは生徒が日常生活におけるPDCAサイクルの実践ができるようになることを明示したものであると理解できる。さらに，その目標に関連して生徒が消費者として行動する際に会計基礎教育に関連する内容として次のような事項が教授

されている。
① 売買契約の基礎を教授，予算制約の中での消費意思決定の基礎
② 資産調達に際しての代替案選択の意思決定基礎
③ 株式投資の基礎，資産調達に際しての代替案選択の意思決定基礎
④ ステークホルダーの理解の基礎，サステナビリティの基礎
⑤ ステークホルダーの理解の基礎，サステナビリティの実践

上記の項目のうち①と②に関連して，実際の教科書の内容を転載したものが「図表5」から「図表7」である。それらの図表は，開隆堂出版が2015（平成27）年2月5日に発行した『小学校わたしたちの家庭科5・6』（2014（平成26）年2月20日・文部科学省検定済）から引用したものである。「図表5」に示す消費意思決定の事前判断の前置きとして，私たちの家庭生活は，家族が働いて得た収入で生計がなりたち，安心して家族が生活できるように計画を立ててお金を使い，収入と支出がつり合うように心がけ，支出超過とならないようにすることが必要であると説明している。つまり，予算制約の中で資金を活用することが肝要であると指摘している（前掲教科書，52頁）。

図表5　予算制約を考慮した消費意思決定の事前判断

本当に必要か	必要だ	買うかどうかを考える ※家族に相談する ※買ったあとのことも考える	買おう	お金がある	買う	買い物の計画を立てる
				お金が足りない	条件が整ったら買う ①お金をためる ②安くなるまで待つ ③立てかえてもらう	
	必要じゃないけどほしい		買わない	①修理して使う ②借りる ③ゆずってもらう		
	必要ない		買わない			

（出所）『小学校わたしたちの家庭科5・6』開隆堂出版，2015（平成27）年，53頁の図をもとに筆者作成。

それを前提として，生徒が必要な物やほしい物があるとき，自分にとってどのくらい必要か，同じような物を持っていないか，それまで使っていた物を修理して使うことができないか，借りたりゆずってもらったりする方法はないか，消費意思決定における事前判断のフローが「図表5」のとおり示されている。それは，まさに，

営利企業における事業投資の意思決定と全く同一の判断であるといえる（前掲教科書，53頁）。

予算制約を考慮した消費意思決定の事前判断に基づいて，消費の計画立案と代替案の選択を示したものが「図表6」である。その図表の中の1の「計画を立てる」の中では，何を買うか，予算はいくらか，いつ買うか，どこで買うか，そして購入対象物に関する情報を収集し，複数の代替案（品物）の中からどれを選ぶか，品物をよく確かめて選択することが示されている。

図表6　消費意思決定の事前判断に基づく計画立案と代替案の選択

決める	1　計画を立てる		2　品物を選ぶ
	計画メモをつくる	情報を集める	品物をよく確かめて選ぶ
買う必要があるかよく考えて買う物をきめる ※図表5の予算制約を考慮した消費意思決定の事前判断を参照	①どのような物を買うか ②予算はいくらか ③いつ買うか 　1）今すぐ 　2）お金をためてから 　3）やすくなるまで待つ ④どこで買うか	①パンフレット，雑誌，ちらし，インターネット等から情報を得る ②家族や友だちから評判を聞く ③実物を見てみる	品物や表示，マークをよく見て，わからないことは店の人に聞く ①使う目的に合っているか ②予算に合っているか ③長く使えるか，丈夫か ④大きさ，入る量はよいか ⑤環境への配慮があるか

（出所）『小学校わたしたちの家庭科5・6』開隆堂出版，2015（平成27）年，54頁の表をもとに筆者作成。

「図表7」は，代替案の選択により品物を購入し，その代金を支払って品物とレシートを受け取り記録をつけること，品物を大事に使うこと，品物の品質や満足度などを評価することが示されている。図表5から図表7における消費活動における思考のプロセスは，消費活動におけるPDCAサイクルを表現したものであり，企業における事業投資意思決定のプロセスと全く同一であるといえる。このように，小学校の家庭科では会計リテラシー教育が消費者の立場からより具体的に行われていることがわかるのである。ただし，残念ながら，記録の付け方に関する説明はなされていなかった。

図表7　消費意思決定における品物の代金の支払い・活用・評価

3　買う・支払う	4　使う	5　ふり返る
品物を受け取ってお金を払う	使い方を工夫する	買い物をふり返る
①代金を払う ②レシートをもらう ③品物を受け取る ④記録する	①むだなく最後まで使う ②長持ちするように使う	①買い物の仕方はよかったか ②品質は満足か ③値段は満足か ④使いやすいか ⑤どのように活用したか

(出所)『小学校わたしたちの家庭科5・6』開隆堂出版，2015（平成27）年，55頁の表をもとに筆者作成。

第3節　中学校における会計基礎教育

(1)　職業・商業における会計基礎教育

　中学校における会計基礎教育は，小学校とは異なり，企業会計に関する具体的な手続について学ぶ内容となっている。以下は，第二次世界大戦後の1951（昭和26）年から2017（平成29）年までの中学校学習指導要領の改訂時における職業・商業教育の内容を抜粋したものである。昭和26（1951）年の学習指導要領では「職業・家庭」において，昭和33（1958）年の学習指導要領では「商業」において会計基礎教育が提供されている。前者の「職業・家庭」は昭和22（1947）年の学習指導要領において独立科目であった農業・工業・商業・水産を「職業」に統合したものであるが，昭和33（1958）年の学習指導要領から「商業」として復活している。

　なお，「商業」における会計基礎教育は，昭和52（1977）年の中学校学習指導要領の改訂時から廃止され，その廃止措置が平成29（2017）年の中学校学習指導要領まで継続されている。しかし，後述するように，平成29（2017）年の中学校学習指導要領の「社会」の公民的分野において企業会計に関連する内容について教授することが「中学校学習指導要領解説　社会編」において言及されている。

①　昭和26（1951）年　中学校学習指導要領「職業・家庭」（選択教科）
第1章第2節　職業・家庭科の目標
　1．実生活に役だつ仕事をすることの重要さを理解する。
　2．実生活に役だつ仕事についての基礎的な知識・技能を養う。

3．協力的な明るい家庭生活・職業生活のあり方を理解する。
4．家庭生活・職業生活についての社会的，経済的な知識・理解を養う。
5．家庭生活・職業生活の充実・向上を図ろうとする態度を養う。
6．勤労を重んじ，楽しく働く態度を養う。
7．仕事を科学的，能率的に，かつ安全に進める能力を養う。
8．職業の業態および性能についての理解を深め，個性や環境に応じて将来の進路を選択する能力を養う。

第2章第1節　仕事

大項目・経営記帳，中項目・記帳

小項目

① 日常取引記入帳

こづかい帳・家計簿・現金出納帳・仕入れ帳・売上げ帳・商品有高帳・仕入れ先元帳・得意先元帳・仕訳帳・総勘定元帳

② 決算諸表

試算表・たな卸表・損益計算書・貸借対照表

③ 伝票

入金伝票・出金伝票・振替伝票・仕入れ伝票・売上げ伝票

④ その他

物品管理簿・労力日記帳・経費明細帳

② 昭和33（1958）年　中学校学習指導要領「商業」（選択教科）

第1　目標

1　商業に関する基礎的な知識と技能を習得させる。
2　事務や経営管理に関する実務を能率的に行う能力と態度を養う。
3　経済生活を合理的に営む態度を養う。

内容

B　経　理

1　簿記の基礎的な知識，技能を習得させ，経理を明確に処理する能力と態度を養う。

(1)　金銭収支の記帳

記帳の必要性，記帳の一般原則，現金出納帳の記録，預金や貸借の記録，伝票の利用。
 (2)　商品売買の記帳
　　仕入帳・売上帳・商品有高帳の記録，伝票の利用。
 (3)　仕訳と勘定科目
　　仕訳の原則，勘定科目の種類，仕訳帳・元帳の記録。
 (4)　決算と財務諸表
　　帳簿の締切，試算表・たな卸表・貸借対照表・損益計算書の作成。
 (5)　税務
　　税金の計算，青色申告。

③　昭和44（1969）年　中学校学習指導要領「商業」（選択教科）
第1　目標
　商業や事務に関する基礎的，実務的な知識と技術を習得させ，日常生活や職業生活に必要な実務を能率的，合理的に処理する能力と態度を養う。
第2　各分野の目標および内容
B　経　理
　1　目　標
　　経理に関する基礎的な知識を習得させ，これを日常生活や職業生活に役だてる能力と態度を養う。
　2　内　容
　　(1)　金銭収支の記録
　　　ア　現金出納の記録
　　　イ　預金出納の記録
　　(2)　貸借の記録
　　　ア　貸し借りの記録
　　　イ　返済の記録
　　(3)　収支予算
　　　ア　収支予算の立て方
　　　イ　収支計算書の作り方

(4) 決算報告書の見方
　　ア　勘定科目
　　イ　貸借対照表
　　ウ　損益計算書
　　エ　財産目録

④　昭和52（1977）年以降の学習指導要領

昭和52（1977）年　学習指導要領
　選択教科としての「商業」が廃止された。
平成元（1989）年　学習指導要領
　選択教科としての「商業」は廃止措置のままである。
平成10（1998）年　学習指導要領
　選択教科としての「商業」は廃止措置のままである。
平成20（2008）年　学習指導要領
　選択教科としての「商業」は廃止措置のままである。
平成29（2017）年　学習指導要領
　選択教科としての「商業」は廃止措置のままである。

(2)　社会における会計基礎教育

　既述のように，中学校における会計基礎教育は，昭和52（1977）年までの学習指導要領において「職業・家庭」または「商業」という選択教科の中で行われてきたが，昭和52（1977）年の改訂時からそれが廃止されてきた。しかし，平成29（2017）年の中学校学習指導要領の改訂により「社会」の公民的分野において企業会計に関わる内容が教授されることになった。今後の学習指導要領改訂に関するスケジュールによれば，企業会計に関する内容は2021年から教授される予定となっている。

　「社会」の中の公民的分野は，次のAからDの領域で構成されている。

　A　私たちと現代社会
　B　私たちと経済
　　(1)　市場の働きと経済
　　(2)　国民の生活と政府の役割

C　私たちと政治
D　私たちと国際社会の諸課題

会計基礎教育に関わる企業会計という用語は学習指導要領の中では明示されていないが，B(1)との関連で学習指導要領解説（137頁）の中で「図表8」のとおり指摘されている。

図表8　中学校「社会」の公民的分野における会計基礎教育の必要性

> 起業について触れるとともに，経済活動や起業などを支える金融などの働きについて取り扱うこと（内容の取扱い）については，少子高齢化，情報化，グローバル化など社会の変化に伴って，今後新たな発想や構想に基づいて財やサービスを創造することの必要性が一層生じることが予想される中で，社会に必要な様々な形態の起業を行うことの必要性に触れること，経済活動や起業などを支える金融などの働きが重要であることについて取り扱うことを意味している。
> 　その際，効率と公正などに着目したり関連付けたりして，これまで我が国の経済活動を支えてきた個人や企業の取組を受け継ぎつつ，今後様々な形態の起業が市場の拡大や多様化を促し，新たな雇用を創出することが予測されていることについて多面的・多角的に考察し，表現できるようにすることが大切である。また，資金の流れや企業の経営の状況などを表す企業会計の意味を考察することを通して，企業を経営したり支えたりすることへの関心を高めるとともに，利害関係者への適正な会計情報の提供及び提供された会計情報の活用が求められていること，これらの会計情報の提供や活用により，公正な環境の下での法令等に則った財やサービスの創造が確保される仕組みとなっていることを理解できるようにすることも大切である。

（出所）『中学校学習指導要領解説　社会編』文部科学省，2017年6月，137頁。

上記の引用箇所の下線部から知られるように，そこでの要点は次の3点にある。
① 資金の流れや企業の経営の状況などを表す企業会計の意味を考察することを通して，企業を経営したり支えたりすること
② 利害関係者への適正な会計情報の提供及び提供された会計情報の活用が求められていること
③ 会計情報の提供や活用により，公正な環境の下での法令等に則った財やサービスの創造が確保される仕組みとなっていること

ただし，企業会計や会計情報がどのような内容となっているかについての具体的な指摘はなく，今後の検定教科書の執筆や現場の教師に委任されている。

(3) その他の教科における会計基礎教育

　中学校の学習指導要領では，職業または商業の中で具体的な会計基礎教育が定められてきたことから，数学の具体的な内容については，紙幅の制約からそれを詳細に調査することは避けて，平成20（2008）年と平成29（2017）年の数学の各学年における目標を比較した。「図表9」からわかるように，数学の目標の内容は小学校の課程における算数の内容を発展させたもので，企業会計を実践する際の基礎知識の習得が行われているといえる。

図表9　中学校学習指導要領「数学」における会計基礎教育に関連する目標

平成20年・学習指導要領	平成29年・学習指導要領
【第1学年の目標】 (3) 具体的な事象を調べることを通して，比例，反比例についての理解を深めるとともに，関数関係を見いだし表現し考察する能力を培う。 (4) 目的に応じて資料を収集して整理し，その資料の傾向を読み取る能力を培う。	【第1学年の目標】 (2) 数の範囲を拡張し，数の性質や計算について考察したり，文字を用いて数量の関係や法則などを考察したりする力，図形の構成要素や構成の仕方に着目し，図形の性質や関係を直観的に捉え論理的に考察する力，数量の変化や対応に着目して関数関係を見いだし，その特徴を表，式，グラフなどで考察する力，データの分布に着目し，その傾向を読み取り批判的に考察して判断したり，不確定な事象の起こりやすさについて考察したりする力を養う。 (3) 数学的活動の楽しさや数学のよさに気付いて粘り強く考え，数学を生活や学習に生かそうとする態度，問題解決の過程を振り返って検討しようとする態度，多面的に捉え考えようとする態度を養う。
【第2学年の目標】 (3) 具体的な事象を調べることを通して，一次関数について理解するとともに，関数関係を見いだし表現し考察する能力を養う。 (4) 不確定な事象を調べることを通して，確率について理解し用いる能力を培う。	【第2学年の目標】 (2) 文字を用いて数量の関係や法則などを考察する力，数学的な推論の過程に着目し，図形の性質や関係を論理的に考察し表現する力，関数関係に着目し，その特徴を表，式，グラフを相互に関連付けて考察する力，複数の集団のデータの分布に着目し，その傾向を比較して読み取り批判的に考察して判断したり，不確定な事象の起こりやすさについて考察したりする力を養う。

【第3学年の目標】	【第3学年の目標】
(3) 具体的な事象を調べることを通して，関数y＝axについて理解するとともに，関数関係を見いだし表現し考察する能力を伸ばす。 (4) 母集団から標本を取り出し，その傾向を調べることで，母集団の傾向を読み取る能力を培う。	(2) 数の範囲に着目し，数の性質や計算について考察したり，文字を用いて数量の関係や法則などを考察したりする力，図形の構成要素の関係に着目し，図形の性質や計量について論理的に考察し表現する力，関数関係に着目し，その特徴を表，式，グラフを相互に関連付けて考察する力，標本と母集団の関係に着目し，母集団の傾向を推定し判断したり，調査の方法や結果を批判的に考察したりする力を養う。 (3) 数学的活動の楽しさや数学のよさを実感して粘り強く考え，数学を生活や学習に生かそうとする態度，問題解決の過程を振り返って評価・改善しようとする態度，多様な考えを認め，よりよく問題解決しようとする態度を養う。

図表10　中学校学習指導要領解説における数学の学習活動の意義

　数学的な見方・考え方を働かせた学習活動は，数学的に考える資質・能力を育成する多様な機会を与えるとともに，数学や他教科の学習，日常や社会において問題を論理的に解決していく場面などでも広く生かされるものである。また，「数学的な見方・考え方」は，自然現象のみならず，成分の含有量により年代測定をする考古学，糖分量により癌を発見する核医学，為替レートで経済状況を予測する経済学など，様々な分野で活用されている。このように，「数学的な見方・考え方」は，身近な生活のみならず，社会における賢明な意思決定や判断を行っていく上で必要不可欠な資質・能力を身に付ける際に有効に働くものである。素数が活用された暗号化技術がクレジットカードやインターネット通販など日常生活のみならずグローバル社会における情報セキュリティを確保するための基盤となっているなど，初等的な数学的な見方・考え方であってもグローバルな社会において重大な役割を果たしている。したがって，数学の学習において数学的な見方・考え方を働かせる機会を意図的に設定することが重要であり，数学や他教科の学習を通して，数学的な見方・考え方も更に豊かなものになると考えられる。

（出所）『中学校学習指導要領解説　数学編』文部科学省，2017年7月，22頁。

　また，平成29（2017）年に改訂された中学校学習指導要領「数学」の学習指導要領解説によれば，「図表10」に示すように数学的な見方・考え方を働かせた学習活

動は，数学的に考える資質・能力を育成する多様な機会を与えるとともに，数学や他教科の学習，日常や社会において問題を論理的に解決していく場面などでも広く生かされ，「数学的な見方・考え方」は，身近な生活のみならず，社会における賢明な意思決定や判断を行っていく上で必要不可欠な資質・能力を身に付ける際に有効に働くものであることが指摘されている。この点で，数学の学習は広く会計基礎教育の一環をなすものとして理解することができる。

「図表11」は，算数・数学の学習過程を概念的に図式化したものである。その図の【現実の世界】の過程は，日常生活や社会の事象を数理的に捉え，数学的に表現・処理し，問題を解決し，解決過程を振り返り得られた結果の意味を考察する過程を意味する。その過程は，企業会計における経済活動の認識・測定の過程に通じるものであり，具体的にいえば経済活動における事象としての取引を資産・負債・資本・収益・費用という財務諸表（事象の写体）の構成要素のいずれかとして分類し，複式簿記と呼ばれる組織的な記録の方法を用いて，すなわち勘定（構成要素の下位概念）という集合概念を用いて記録して取引を数学化（数値化）していく。そのような意味において，算数・数学の学習は，会計基礎教育の一環として捉えることができる。

図表11　算数・数学の学習過程の概念図

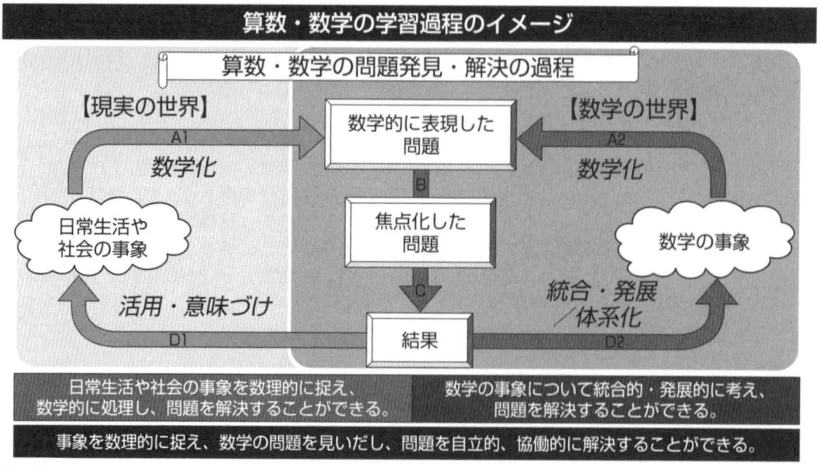

算数・数学の学習過程のイメージ

算数・数学の問題発見・解決の過程

【現実の世界】　　　　　　　　　　　　　　　　【数学の世界】

日常生活や社会の事象　→（A1 数学化）→　数学的に表現した問題　←（A2 数学化）←　数学の事象

B　焦点化した問題

C　結果

活用・意味づけ　　　　　　　　　　　　　　　統合・発展／体系化

D1：日常生活や社会の事象を数理的に捉え，数学的に処理し，問題を解決することができる。

D2：数学の事象について統合的・発展的に考え，問題を解決することができる。

事象を数理的に捉え，数学の問題を見いだし，問題を自立的，協働的に解決することができる。

（出所）『中学校学習指導要領解説　数学編』文部科学省，2017年7月，23頁。

また，中学校学習指導要領「技術・家庭」の家庭分野における学習目標を整理したものが，「図表12」である。現行の平成20(2008)年学習指導要領の目標によれば，小学校の「家庭」と同様に消費者の立場から消費経済を学ぶことが中心に置かれている。そこでは，予算制約の中でどのように消費の意思決定を行うのかについて学ぶことに重点が置かれている。さらに，平成29(2017)年の学習指導要領では，金銭の管理の重要性が明示的に謳われている。それらの教育目標からわかるように，中学校の家庭分野においても会計基礎教育が実践されていることが理解できる。

図表12　中学校学習指導要領「技術・家庭」における家庭分野の目標

平成20年・学習指導要領	平成29年・学習指導要領
1　目標 　　衣食住などに関する実践的・体験的な学習活動を通して，生活の自立に必要な基礎的・基本的な知識及び技術を習得するとともに，家庭の機能について理解を深め，これからの生活を展望して，課題をもって生活をよりよくしようとする能力と態度を育てる。	1　目標 　　生活の営みに係る見方・考え方を働かせ，衣食住などに関する実践的・体験的な活動を通して，よりよい生活の実現に向けて，生活を工夫し創造する資質・能力を次のとおり育成することを目指す。 (1)　家族・家庭の機能について理解を深め，家族・家庭，衣食住，消費や環境などについて，生活の自立に必要な基礎的な理解を図るとともに，それらに係る技能を身に付けるようにする。 (2)　家族・家庭や地域における生活の中から問題を見いだして課題を設定し，解決策を構想し，実践を評価・改善し，考察したことを論理的に表現するなど，これからの生活を展望して課題を解決する力を養う。 (3)　自分と家族，家庭生活と地域との関わりを考え，家族や地域の人々と協働し，よりよい生活の実現に向けて，生活を工夫し創造しようとする実践的な態度を養う。
2　内容 A　家族・家庭と子どもの成長 B　食生活と自立 C　衣生活・住生活と自立 D　身近な消費生活と環境 　(1)　家庭生活と消費について，次の事項を指導する。 　　ア　自分や家族の消費生活に関心をもち，消費者の基本的な権利と責任について理解すること。	2　内容 A　家族・家庭生活 B　衣食住の生活 C　消費生活・環境 　　次の(1)から(3)までの項目について，課題をもって，持続可能な社会の構築に向けて考え，工夫する活動を通して，次の事項を身に付けることができるよう指導する。 　(1)　金銭の管理と購入 　　ア　次のような知識及び技能を身に付けること。

イ　販売方法の特徴について知り，生活に必要な物資・サービスの適切な選択，購入及び活用ができること。
(2) 家庭生活と環境について，次の事項を指導する。
　　ア　自分や家族の消費生活が環境に与える影響について考え，環境に配慮した消費生活について工夫し，実践できること。

　　　㋐　購入方法や支払い方法の特徴が分かり，計画的な金銭管理の必要性について理解すること。
　　　㋑　売買契約の仕組み，消費者被害の背景とその対応について理解し，物資・サービスの選択に必要な情報の収集・整理が適切にできること。
　　イ　物資・サービスの選択に必要な情報を活用して購入について考え，工夫すること。
(2) 消費者の権利と責任
　　ア　消費者の基本的な権利と責任，自分や家族の消費生活が環境や社会に及ぼす影響について理解すること。
　　イ　身近な消費生活について，自立した消費者としての責任ある消費行動を考え，工夫すること。
(3) 消費生活・環境についての課題と実践
　　ア　自分や家族の消費生活の中から問題を見いだして課題を設定し，その解決に向けて環境に配慮した消費生活を考え，計画を立てて実践できること。

　　　　　　　　　　　　　　　　浦崎　直浩

第3章

高等学校普通科における会計基礎教育

　周知のように，高等学校の専門学科においては，教科「商業」において，「簿記」「財務会計Ⅰ」「財務会計Ⅱ」「原価計算」「管理会計」等の具体的な企業会計教育が行われている。本章では，平成21（2009）年の高等学校指導要領をとりあげ，高等学校普通科で会計基礎教育に関連する内容の有無について調査した結果を提示する。「図表1」は，会計基礎教育に関連する内容を取り扱っている教科と科目を示したものである。以下においては，それぞれの科目の目標と会計基礎教育に関連する内容を抜粋し表形式で整理している。下線部が会計基礎教育に関わる内容として理解できるものである。

図表1　会計基礎教育に関連する教科と科目

教科	科目
公民	現代社会，倫理，政治・経済
数学	数学Ⅰ，数学Ⅱ，数学Ⅲ，数学A，数学B，数学活用
家庭	家庭基礎，家庭総合，生活デザイン
情報	社会と情報，情報の科学

図表2　現代社会

内容	企業会計的に読み直すことができる視点
1　目標 　人間の尊重と科学的な探究の精神に基づいて，広い視野に立って，現代の社会と人間についての理解を深めさせ，現代社会の基本的な問題について主体的に考察し公正に判断するとともに自ら人間としての在り方生き方について考察する力の基礎を養い，良識ある公民として必要な能力と態度を育てる。	企業と社会の関わりの理解
2　内容 （1）私たちの生きる社会 　現代社会における諸課題を扱う中で，社会の在り方を考察する基盤として，幸福，正義，公正などについて理解させるとともに，現代社会に対する関心を高め，いかに生きるかを主体的に考察することの大切さを自覚させる。	社会正義と企業の使命に関する理解

123

内容	企業会計的に読み直すことができる視点
(2) 現代社会と人間としての在り方生き方 　エ　現代の経済社会と経済活動の在り方 　　　現代の経済社会の変容などに触れながら，<u>市場経済の機能と限界</u>，政府の役割と財政・租税，金融について理解を深めさせ，経済成長や景気変動と国民福祉の向上の関連について考察させる。また，雇用，労働問題，社会保障について理解を深めさせるとともに，<u>個人や企業の経済活動における役割と責任</u>について考察させる。 3　内容の取扱い 　エの「市場経済の機能と限界」については，<u>経済活動を支える私法に関する基本的な考え方</u>についても触れること。「金融」については，<u>金融制度や資金の流れの変化</u>などにも触れること。また，「個人や企業の経済活動における役割と責任」については，<u>公害の防止と環境保全</u>，消費者に関する問題などについても触れること。	企業の経済活動を取り巻く様々な制度環境の認識 市場経済の機能と限界に関する私法・金融の機能の理解，環境問題に対する個人と企業の責任の把握

図表3　倫理

内容	企業会計的に読み直すことができる視点
1　目標 　人間尊重の精神と生命に対する畏敬の念に基づいて，青年期における自己形成と人間としての在り方生き方について理解と思索を深めさせるとともに，人格の形成に努める実践的意欲を高め，<u>他者と共に生きる主体としての自己の確立を促し，良識ある公民として必要な能力と態度</u>を育てる。 2　内容 (3) 現代と倫理 　　現代に生きる人間の倫理的課題について思索を深めさせ，自己の生き方の確立を促すとともに，<u>よりよい国家・社会を形成し，国際社会に主体的に貢献しようとする人間としての在り方生き方</u>について自覚を深めさせる。 　イ　現代の諸課題と倫理 　　　生命，環境，家族，地域社会，情報社会，文化と宗教，国際平和と人類の福祉などにおける倫理的課題を自己の課題とつなげて探究する活動を通して，論理的思考力や表現力を身に付けさせるとともに，現代に生きる人間としての在り方生き方について自覚を深めさせる。	共生社会における自己の確立と企業人のあり方 社会的存在としての企業の理解 現在社会における企業の使命とビジネス倫理

図表4　政治・経済

内容	企業会計的に読み直すことができる視点
1　目標 　広い視野に立って，民主主義の本質に関する理解を深めさせ，現代における政治，経済，国際関係などについて客観的に理解させるとともに，それらに関する諸課題について主体的に考察させ，公正な判断力を養い，良識ある公民として必要な能力と態度を育てる。	企業環境としての政治，経済，国際関係の客観的な理解
2　内容 (2)　現代の経済 　現代の日本経済及び世界経済の動向について関心を高め，日本経済のグローバル化をはじめとする経済生活の変化，現代経済の仕組みや機能について理解させるとともに，その特質を把握させ，経済についての基本的な見方や考え方を身に付けさせる。	企業活動のグローバル化の意味と経済活動の変化の理解
ア　現代経済の仕組みと特質 　　経済活動の意義，国民経済における家計，企業，政府の役割，市場経済の機能と限界，物価の動き，経済成長と景気変動，財政の仕組みと働き及び租税の意義と役割，金融の仕組みと働きについて理解させ，現代経済の特質について把握させ，経済活動の在り方と福祉の向上との関連を考察させる。	企業と現代経済（家計，企業，政府，市場経済，財政，租税，金融等）の仕組みの理解
イ　国民経済と国際経済 　　貿易の意義，為替相場や国際収支の仕組み，国際協調の必要性や国際経済機関の役割について理解させ，グローバル化が進む国際経済の特質について把握させ，国際経済における日本の役割について考察させる。	国際貿易，為替相場，国際協調に関する理解の促進
(3)　現代社会の諸課題 　政治や経済などに関する基本的な理解を踏まえ，持続可能な社会の形成が求められる現代社会の諸課題を探究する活動を通して，望ましい解決の在り方について考察を深めさせる。	
ア　現代日本の政治や経済の諸課題 　　少子高齢社会と社会保障，地域社会の変貌と住民生活，雇用と労働を巡る問題，産業構造の変化と中小企業，農業と食料問題などについて，政治と経済とを関連させて探究させる。	産業構造の変化，中小企業の役割の理解
イ　国際社会の政治や経済の諸課題 　　地球環境と資源・エネルギー問題，国際経済格差の是正と国際協力，人種・民族問題と地域紛争，国際社会における日本の立場と役割などについて，政治と経済とを関連させて探究させる。	地球環境の諸問題，サステナビリティの理解

図表5　数学活用

内容	企業会計的に読み直すことができる視点
1　目標 　数学と人間とのかかわりや数学の社会的有用性についての認識を深めるとともに，事象を数理的に考察する能力を養い，数学を積極的に活用する態度を育てる。	経済活動の認識・測定の基礎
2　内容 (1)　数学と人間の活動 　　数学が人間の活動にかかわってつくられ発展してきたことやその方法を理解するとともに，数学と文化とのかかわりについての認識を深める。 　ア　数や図形と人間の活動 　　　数量や図形に関する概念などと人間の活動や文化とのかかわりについて理解すること。	企業活動の写像の基礎
イ　遊びの中の数学 　　　数理的なゲームやパズルなどを通して論理的に考えることのよさを認識し，数学と文化とのかかわりについて理解すること。	測定と文化の理解
(2)　社会生活における数理的な考察 　　社会生活において数学が活用されている場面や身近な事象を数理的に考察するとともに，それらの活動を通して数学の社会的有用性についての認識を深める。	経済活動を貨幣数値で測定した会計数値の利用
ア　社会生活と数学 　　　社会生活などの場面で，事象を数学化し考察すること。	企業活動の写像とその応用
イ　数学的な表現の工夫 　　　図，表，行列及び離散グラフなどを用いて，事象を数学的に表現し考察すること。	会計数値の応用
ウ　データの分析 　　　目的に応じてデータを収集し，表計算用のソフトウェアなどを用いて処理しデータ間の傾向をとらえ予測や判断をすること。	会計数値の応用と予測能力

図表6　家庭

内容	企業会計的に読み直すことができる視点
第1　家庭基礎 1　目標 　人の一生と家族・家庭及び福祉，衣食住，消費生活などに関する基礎的・基本的な知識と技術を習得させ，家庭や地域の生活課題を主体的に解決するとともに，生活の充実向上を図る能力と実践的な態度を育てる。 2　内容 (2)　生活の自立及び消費と環境	企業における調達意思決定の基礎

自立した生活を営むために必要な衣食住，消費生活や生活における経済の計画に関する基礎的・基本的な知識と技術を習得させ，環境に配慮したライフスタイルについて考えさせるとともに，主体的に生活を設計することができるようにする。	企業の活動計画立案の基礎
エ　消費生活と生涯を見通した経済の計画 　　　消費生活の現状と課題や消費者の権利と責任について理解させ，適切な意思決定に基づいて行動できるようにするとともに，生涯を見通した生活における経済の管理や計画について考えることができるようにする。	消費者の安全と権利の保護，適切な経済的意思決定の基礎
オ　ライフスタイルと環境 　　　生活と環境とのかかわりについて理解させ，持続可能な社会を目指してライフスタイルを工夫し，主体的に行動できるようにする。	サステナビリティに関する理解の促進と行動
カ　生涯の生活設計 　　　生涯を見通した自己の生活について考えさせるとともに，主体的に生活を設計できるようにする。	持続可能な社会の確立の基礎

第2　家庭総合
1　目標
　人の一生と家族・家庭，子どもや高齢者とのかかわりと福祉，消費生活，衣食住などに関する知識と技術を総合的に習得させ，家庭や地域の生活課題を主体的に解決するとともに，生活の充実向上を図る能力と実践的な態度を育てる。

	個人生活の基盤設計と地域社会との関わり

2　内容

(3)　生活における経済の計画と消費 　　生活における経済の計画，消費者問題や消費者の権利と責任などについて理解させ，現代の消費生活の課題について認識させるとともに，消費者としての適切な意思決定に基づいて，責任をもって行動できるようにする。	消費者の権利・責任と企業行動
ア　生活における経済の計画 　　　生活と社会とのかかわりについて理解させ，生涯を見通した生活における経済の管理や計画の重要性について認識させる。	個人の生涯生活の見通しと管理の重要性
イ　消費行動と意思決定 　　　消費行動における意思決定の過程とその重要性について理解させ，消費者として主体的に判断できるようにする。	消費行動における意思決定の重要性と主体的判断
ウ　消費者の権利と責任 　　　消費生活の現状と課題，消費者問題や消費者の自立と支援などについて理解させ，消費者としての権利と責任を自覚して行動できるようにする。	消費者の権利・責任と企業行動
(5)　生涯の生活設計 　　生活設計の立案を通して，生涯を見通した自己の生活について主体的に考えることができるようにする。	個人の生涯生活の見通しと管理の重要性
ア　生活資源とその活用 　　　生活の営みに必要な金銭，生活時間などの生活資源についての理解を深め，有効に活用することの重要性について認識させる。	予算制約の中での個人生活の資源の活用
イ　ライフスタイルと生活設計	

内容	企業会計的に読み直すことができる視点
自己のライフスタイルや将来の家庭生活と職業生活の在り方について考えさせるとともに，生活資源を活用して生活を設計できるようにする。	生涯生活における職業のあり方と生活設計
第3　生活デザイン 1　目標 　　人の一生と家族・家庭及び福祉，消費生活，衣食住などに関する知識と技術を体験的に習得させ，家庭や地域の生活課題を主体的に解決するとともに，生活の充実向上を図る能力と実践的な態度を育てる。	個人生活の基盤設計と地域社会との関わり
2　内容 ⑵　消費や環境に配慮したライフスタイルの確立 　　自立した生活を営むために必要な消費生活や生活における経済の計画に関する知識と技術を習得させ，環境に配慮したライフスタイルについて考えさせるとともに，主体的に生活を設計することができるようにする。	自立した生活を営むための知識と技術の習得
ア　消費生活と生涯を見通した経済の計画 　　　消費生活の現状と課題や消費者の権利と責任について理解させ，適切な意思決定に基づいて行動できるようにするとともに，生涯を見通した生活における経済の管理や計画について考えることができるようにする。	消費行動における意思決定の重要性と主体的判断
イ　ライフスタイルと環境 　　　生活と環境とのかかわりについて理解させ，持続可能な社会を目指したライフスタイルを工夫し，主体的に行動できるようにする。	持続可能な社会の実現と参加
ウ　生涯の生活設計 　　　生涯を見通した自己の生活について考えさせるとともに，主体的に生活を設計できるようにする。	生涯生活を見据えた生活設計

図表7　情報

内容	企業会計的に読み直すことができる視点
第1　社会と情報 1　目標 　　情報の特徴と情報化が社会に及ぼす影響を理解させ，情報機器や情報通信ネットワークなどを適切に活用して情報を収集，処理，表現するとともに効果的にコミュニケーションを行う能力を養い，情報社会に積極的に参画する態度を育てる。	テクノロジーを活用した経済活動の把握
2　内容 ⑵　情報通信ネットワークとコミュニケーション 　ア　コミュニケーション手段の発達 　　　コミュニケーション手段の発達をその変遷と関連付けて理解させるとともに，通信サービスの特徴をコミュニケーションの形態とのかかわりで理解させる。	テクノロジーと企業コミュニケーションの関係
イ　情報通信ネットワークの仕組み	

情報通信ネットワークの仕組みと情報セキュリティを確保するための方法を理解させる。	ICTと情報セキュリティの確保
ウ　情報通信ネットワークの活用とコミュニケーション 　　　　情報通信ネットワークの特性を踏まえ，効果的なコミュニケーションの方法を習得させるとともに，情報の受信及び発信時に配慮すべき事項を理解させる。	テクノロジーを活用した企業コミュニケーションの配慮事項
(3)　情報社会の課題と情報モラル 　　ア　情報化が社会に及ぼす影響と課題 　　　　情報化が社会に及ぼす影響を理解させるとともに，望ましい情報社会の在り方と情報技術を適切に活用することの必要性を理解させる。	健全な情報社会に寄与する企業の行動
イ　情報セキュリティの確保 　　　　個人認証と暗号化などの技術的対策や情報セキュリティポリシーの策定など，情報セキュリティを高めるための様々な方法を理解させる。	情報セキュリティと顧客情報の保全
ウ　情報社会における法と個人の責任 　　　　多くの情報が公開され流通している現状を認識させるとともに，情報を保護することの必要性とそのための法規及び個人の責任を理解させる。	個人情報の保護
(4)　望ましい情報社会の構築 　　ア　社会における情報システム 　　　　情報システムの種類や特徴を理解させるとともに，それらが社会生活に果たす役割と及ぼす影響を理解させる。	情報システムの特徴と社会生活の関わり
イ　情報システムと人間 　　　　人間にとって利用しやすい情報システムの在り方，情報通信ネットワークを活用して様々な意見を提案し集約するための方法について考えさせる。	テクノロジーを活用したマーケティング活動
ウ　情報社会における問題の解決 　　　　情報機器や情報通信ネットワークなどを適切に活用して問題を解決する方法を習得させる。	テクノロジーを活用した問題解決
第2　情報の科学 1　目標 　情報社会を支える情報技術の役割や影響を理解させるとともに，情報と情報技術を問題の発見と解決に効果的に活用するための科学的な考え方を習得させ，情報社会の発展に主体的に寄与する能力と態度を育てる。	テクノロジーの役割とその活用の基礎
2　内容 (2)　問題解決とコンピュータの活用 　　ア　問題解決の基本的な考え方 　　　　問題の発見，明確化，分析及び解決の方法を習得させ，問題解決の目的や状況に応じてこれらの方法を適切に選択することの重要性を考えさせる。	テクノロジーを活用した問題発見・解決能力の養成
イ　問題の解決と処理手順の自動化 　　　　問題の解法をアルゴリズムを用いて表現する方法を習得させ，コンピュータによる処理手順の自動実行の有用性を理解させる。	テクノロジーを活用した問題解決の自動化
ウ　モデル化とシミュレーション	

モデル化とシミュレーションの考え方や方法を理解させ，実際の問題解決に活用できるようにする。	モデル化とシミュレーションによる問題解決
(3) 情報の管理と問題解決 　ア　情報通信ネットワークと問題解決 　　　問題解決における情報通信ネットワークの活用方法を習得させ，情報を共有することの有用性を理解させる。	問題解決における情報通信ネットワークの活用
イ　情報の蓄積・管理とデータベース 　　　情報を蓄積し管理・検索するためのデータベースの概念を理解させ，問題解決にデータベースを活用できるようにする。	データベースの仕組みの理解とその応用
ウ　問題解決の評価と改善 　　　問題解決の過程と結果について評価し，改善することの意義や重要性を理解させる。	テクノロジーを活用した問題解決結果の評価
(4) 情報技術の進展と情報モラル 　ア　社会の情報化と人間 　　　社会の情報化が人間に果たす役割及ぼす影響について理解させ，情報社会を構築する上での人間の役割を考えさせる。	情報化社会における企業の役割の理解の基礎
イ　情報社会の安全と情報技術 　　　情報社会の安全とそれを支える情報技術の活用を理解させ，情報社会の安全性を高めるために個人が果たす役割と責任を考えさせる。	情報社会の安全の理解とその取組
ウ　情報社会の発展と情報技術 　　　情報技術の進展が社会に果たす役割及ぼす影響を理解させ，情報技術を社会の発展に役立てようとする態度を育成する。	テクノロジーの進展と社会の発展のつながりの理解と貢献

浦崎　直浩

第4部

海外における会計基礎教育の状況

第 1 章

概　観

　我々は海外の学校における会計教育の実態を調査した。その一つが，2016（平成28）年3月に完成した科学研究費研究成果報告書『会計リテラシーの普及と定着に関する総合的研究』（研究代表者柴健次。以下，「科研報告書」という。）であった。その報告書においては，工藤栄一郎，浦崎直浩，島本克彦の3氏（いずれも本書の執筆者）がイタリア，韓国，中国，オーストラリア，フィリピン，カンボジア，アメリカの主に大学の会計教育の実態を記述した。その後，日本公認会計士協会から委託を受け，科研報告書を見直して委託調査報告書（2018（平成30）年3月）に収めた。そこでは，アメリカ，イギリス，イタリア，ドイツ，オーストラリア，中国，フィリピン，韓国を収録した。科研報告書にないドイツを加え，資料の少ないカンボジアを削除した。さらに，イギリスについては現地訪問の機会がないためWEBから確認できる範囲での記述を行った。

　我々の調査は網羅的でないので断定的な見解を示すことはできない。収録した国以外にも我々の仲間である会計研究者から聞いたところも含めて推定してみると，我が国の学習指導要領に類似する基準等があるということ，しかし，初等・中等教育の段階から会計教育に力を入れている国はあまりないこと，がわかった。職業高校を設置している国ではその段階で会計教育がスタートするが，職業高校を経ないで大学に入学してくる学生に対しては大学での授業が会計学と接する最初の機会である。また，我が国会計教育の特徴ともいえる簿記教育に関連しては，ドイツやスペインも簿記教育が盛んなようであるが，一般に低調であることがわかった。複式簿記の発祥の地イタリアにおいても簿記教育に熱心ではないということは驚きであった。

　以上を踏まえて，我々の調査を初等・中等教育における会計基礎教育という観点から本書への収録を検討した。その結果，島本氏が担当したアメリカの状況に関する記述は参照すべきであると考えた。アメリカでは18世紀初頭から中等教育で簿記教育が始まって以来，会計教育に関する長い歴史がある。そこで，本部第2章にアメリカの会計教育を収めることにした。ついで，浦崎氏が報告した「韓国中央大学

校における教養会計科目（必修）の実践例」も参考に値すると考えた。初等・中等教育における会計基礎教育という観点から見ると韓国の大学における実践例は対象外となると思われる。しかしながら，会計基礎教育の素養のない大学生に対して同大学が実践する1年次教養必修科目は他の大学に見られない特徴ある事例であり，我が国高等学校普通科，あるいは大学教養課程での会計基礎教育を考える上で参考になると考えた。そこで，本部第3章に韓国の中央大学校の実践例を含めることにした。

以上を除く諸外国の会計教育の実態については，日本公認会計士協会のWEBサイトから我々の委託調査報告書『会計基礎教育に関する実態等の調査報告書』を参照できるので，そちらを参照されたい。そのURLは次のとおりである。

https://jicpa.or.jp/news/information/2018/20180531hsw.html

柴　健次

第2章 アメリカ

第1節　学校制度

　本章は，アメリカ（以下，「米国」という。）の中等学校において会計リテラシーはどのように実施されているかを明らかにすることを目的としている。図表1は，米国の学校系統図を示したものである[1]。

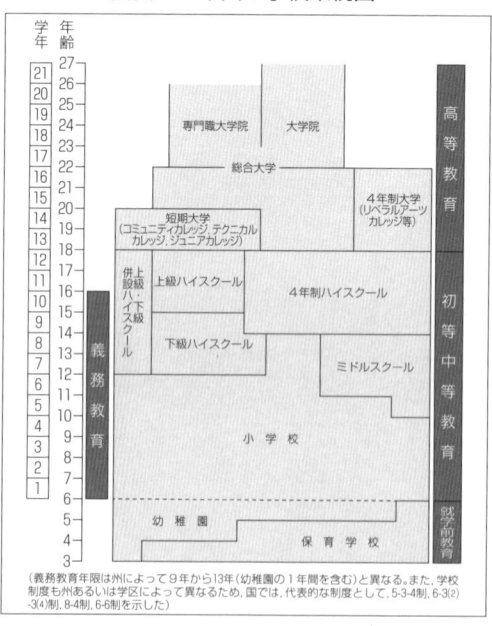

図表1　米国の学校系統図[2]

（義務教育年限は州によって9年から13年（幼稚園の1年間を含む）と異なる。また，学校制度も州あるいは学区によって異なるため，国では，代表的な制度として，5-3-4制, 6-3(2)-3(4)制, 8-4制, 6-6制を示した）

1　本章は，筆者が基盤研究(a)「会計リテラシーの普及と定着に関する総合的研究」（2013～2015年度，代表者・柴健次（関西大学教授））の研究分担者として執筆した研究成果報告書に基づいている。参考文献は報告書，108－113頁参照。

2　文部科学省ＨＰ『世界の学校体系（北米）』http://www.mext.go.jp/component/b_menu/other/__icsFiles/afieldfile/2017/10/02/1396854_001.pdf（アクセス日：2018年2月8日）

第2節　中等学校の会計教育と教育組織

　米国において中等学校の会計教育は，1709年初頭，Bostonにおいて，航海術，測量術という他の職業科目とともに私立中等学校で簿記科目（Bookkeeping Courses）として提供されたのがその始まりだといわれている。1821年，Bostonで最初の公立高等学校「The English Classical School for Boys」が設立され，2年後の1823年に簿記が，そのカリキュラムに追加された。そして，Massachusetts 州議会は，1827年に，簿記を必要科目と定めた[3]。その後長い間，科目名として「簿記（Bookkeeping）」と呼ばれていた。しかし，1960年頃からその科目名称について異論が出され，「簿記会計（Bookkeeping and Accounting）」を経て，現在は「会計（Accounting）」という名称が使われている。

　中等学校及びカレッジレベルの会計教育を議論している組織として，1962年に発足した「全米ビジネス教育協会（The National Business Education Association）」（以下，「NBEA」という。）がある。1878年ビジネス教師協会として発足した組織がその前身である。会員となっている会計を含むビジネス科目担当教師の会費で運営されている。ビジネス教育について問題が発生すれば，政策提言（現在まで100）を発表したり，政府，各種学会，各種専門職団体，各種企業団体等との意見交流や連携を図っている。公表物として，機関紙「Business Education Forum」の発行，ビジネス教育のトピックな問題に焦点をあてた「Keying In」，年報の発行，ビジネス教育のアイデア集，後で述べる全米ビジネス教育スタンダードの発行等，アカデミックな研究活動や広報活動を行っている。別組織として，全米ビジネス教師教育協会（The National Association for Business Teacher Education）があり，年報と「ビジネス教師教育カリキュラムとプログラムスタンダード」（Business Teacher Education Curriculum Guide and Program Standards）を発行している。他に中等学校等の会計教育を議論している組織として，「キャリア・テクニカル教育協会のビジネス部門（The Business Education Division of the Association for

---

[3] Hosler, M. M., B. J. Schmidt, C.L. Jennings, and S. J.B. Wanous (2000) *A Chronology of Business Education in the United States 1635—2000*, The National Business Education Association., pp.3-4.

Career and Technical Education）」[4]，「国際ビジネス教育協会（The International Society for Business Education）」，「Delta Pi Epsilon」等がある。

米国では，中等レベルの会計リテラシーは，上記の教員の組織・協会が中心になって議論されている。近年になっては，「米国公認会計士協会（The American Institute of Certified Public Accountants，以下，「AICPA」という。）」が，会計人口を増やし，有能な生徒を取り込むという意図をもって積極的にさまざまな活動を行っている。しかし，会計科目は，職業教育（キャリア教育）のうちの一科目と位置付けられているので，職業教育（キャリア教育）の影響を受けている。そこでまずその動向（1980年以降）を簡単に要約する。そして，全米ビジネス教師教育協会が公表し，教科書や教育に影響を与えている全米ビジネス教育スタンダード（会計）を紹介し，米国中等学校会計教育の現状を以下に述べる。なお，本章の構成の全体図を図表2に示しておくことにする。

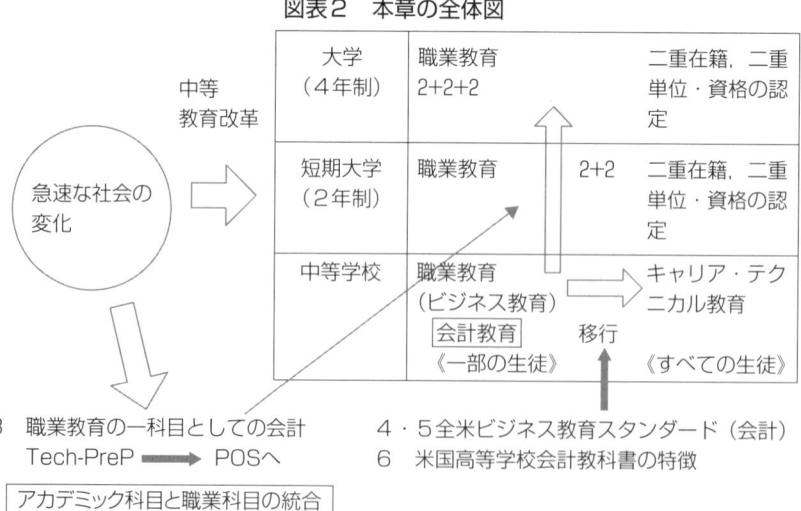

図表2　本章の全体図

---

[4] 当初は1926年米国職業学会（The American Vocational Association）として設立された。理由は明らかでないが，1998年に名称変更してキャリア・テクニカル教育学会（The Association for Career and Technical Education）として現在に至っている。

第3節 職業教育（キャリア教育）の一科目としての会計（1980年以降）

　会計科目は，職業教育（キャリア教育）のうちの一科目と位置付けられているので，まず米国職業教育（キャリア教育）の動向（1980年以降）を簡単に要約することから述べる。

　1983年レーガン政権のもとで連邦教育省ベル（T.H. Bell）長官の諮問による教育の卓越性に関する全米審議会報告書「危機に立つ国家（Nation at Risk）」が発表された。大学や職場への準備ができていない生徒の増加に対応して，教育の卓越性を図るため，卒業要件の引き上げを掲げ，その目標実現のために，アカデミック科目を増やし，学内テスト等の導入を図った。翌1984年「カール・D・パーキンス職業教育法（Carl D. Perkins Vocational Education Act of 1984, Public Law 98－524）」が制定された。この法律によって学校教育段階における職業教育のあり方を変えるために，「不利な立場におかれた者」（とくに低所得世帯の家族等）に対して，総合的なキャリア・ガイダンス・カウンセリング・プログラムとして連邦予算を配分した。

　このような教育政策により，また教育現場におけるカウンセラーによるアカデミック科目の履修への誘導もあり，各中等学校において，選択科目であるビジネス（職業）科目を設ける学校が減少した。このような状況は，ビジネス（職業）教育の教師にとって，大恐慌時代以来の大きな危機の再来であり，職場で生きていけるかが問題となった[5]。1960年後半頃から，ごみ捨て場の科目といわれてきた会計等のビジネス（職業）科目はさらに苦しい状況になっていた。しかし，アカデミック科目を増やし，結果的にビジネス（職業）科目を減らす政策を行っても，大多数の生徒の要求を満たすことにはならなかった。一方職場ではOA化が進みつつあり，社会変化のスピードも増してきたため，今までの知識とスキルでは対応できなくなりつつあった。そこで，高度の専門的な知識やスキルを必要とする産業界等の要求もあり，修学年限の延長を考えた。しかし生徒の経済的負担を考慮すると4年制大学への準備には困難を伴った。そこで学費の安いカレッジを活用し，中程度の知識と

5　大恐慌時代の簿記教育の状況については，Landrum, M. L.（1952）"Vocational Bookkeeping Has Many General Educational Values," *The Balance Sheet*, Vol. 58, Feb., p. 244)，島本克彦（2015）『簿記教育の諸問題』関西学院大学出版会，13頁。

スキルを必要とした，いわゆるテクニシャン（オフィスサービスや銀行，保険等の技術的労働者）の養成を企図したのである。そのための中等教育の改革を目指し，アーティキュレーションへの取組を図ったのである。そこで1990年に「カール・D・パーキンス職業及び応用テクノロジー教育修正法（The Carl D. Perkins Vocational and Applied Techonology Education Act Amendments of 1990, Public Law 101-392)」として法整備し，そのテック・プレップ（Tech-PreP）に関する第3章により，いわゆる2+2（各州の教育システムの違いから2+2に限定されない）として，職業教育の充実を企図し，アカデミック科目と職業科目の統合へと取り組みがなされたのである。テック・プレップは，中等教育と中等後教育との両方のプログラムを結び付ける，いわゆる二重在籍，二重単位・資格の認定を可能にするシステムである。しかし1990年の「カール・D・パーキンス職業及び応用テクノロジー教育修正法」では，対象が高校からカレッジに進む50％程度の高校生に限定されていたが，1994年の「学校から職業への移行機会法（The School-to-Work Opportunities Act（STWOA）of 1994, Public Law 103-239)」で改定され，すべての生徒に適用されるようになった。学校における学習（School-Based Learning, キャリア開発，カウンセリングなど），職場における学習（Work-Based Learning, コオペラティブ教育，就労体験，ジョブシャドウイングなど），学校・職場の両者を結合させる学習が，進学希望の生徒に対しても提案され，各州・学区で取り組まれた。この法律は2001年10月までの時限立法であったため，1998年に「カール・D・パーキンス職業及びテクニカル教育修正法（The Carl D. Perkins Vocational and Technical Education Act Amendments of 1998, Public Law 105-332)」が制定され，すべてのアカデミック科目と職業科目の統合に基づく高度な知識やスキルを身に付けさせることにより，学校から職場への円滑な移行が企図されたのである。学士課程までプログラムは拡大され，いわゆる2+2+2プログラムと称されるようになった。さらに2006年，「カール・D・パーキンス・キャリア・テクニカル教育改善法（The Carl D. Perkins Career and Technical Education Improvement Act of 2006, Public Law 109-270, Perkins IVと略される)」として，各生徒が望むキャリアにおいて，アカデミック科目とそれに関連した専門的知識・スキル（例えばビジネス知識とスキル）との統合を促進させた。それは中等学校からカレッジ段階への進学と現在あるいは将来の専門職キャリアの準備を行うために必要とされたか

らである。法律名称もVocationalからCareerへ変更され，これ以降Vocationalという用語は次第に使用されなくなっている。

2006年のPerkins Ⅳのテック・プレップ（Tech-PreP）プログラムでは，単にアカデミック科目と職業科目を統合するだけで，学力の向上になっていないということで任意になり，代わりにプログラム・オブ・スタディ（POS；Progams of Study）が導入された。生徒をカレッジとキャリアパスに向けて移行させるのを，学校が援助する，一つのアカデミック及びキャリア計画のことである。主な内容として，アカデミック科目と職業科目との統合カリキュラムであること，中等学校で履修する授業がどのようにキャリアと結び付くのか（学習との系統性），中等学校後のカレッジ等との二重単位が取得できること，職業資格が取得できることが掲げられている。またそのために，新たな3R（Rigor―学習の質重視，Relevance―現実世界との関連，Relationship―学習環境整備のための連携）が導入され重視されている。

図表3は，職業教育（キャリア教育）の年代別変遷について，後に述べる全米ビジネス教育等の年代を併記して簡単にまとめたものである。

図表3　職業教育（キャリア教育）の年代別変遷等

年	法　律	内　容	対　象	その他
1984	「カール・D・パーキンス職業教育法」	職業教育予算の重点的配分。	不利な立場におかれた者	
1990	「カール・D・パーキンス職業及び応用テクノロジー教育修正法」	アカデミック科目と職業科目の統合。プログラム修了後の資格として，準学士ないし2年制資格を掲げる。	高校からカレッジに進む生徒	
1991				SCANSレポート
1994	「学校から職業への移行機会法」（2001年まで）	アカデミック科目と職業科目の統合。	すべての生徒	
1995				全米ビジネス教育スタンダード（初版）
1998	「カール・D・パーキンス職業及びテクニカル教育修正法」	アカデミック科目と職業科目の統合。プログラム修了後の資格として，学士まで拡大する。	すべての生徒	
2001				全米ビジネス教育スタンダード（2版）
2002				落ちこぼれゼロ法
2006	「カール・D・パーキンスキャリア及びテクニカル教育改善法」	アカデミック科目と職業科目の統合。同上。VocationalからCareerへ名称変更。	すべての生徒	Tech-PrepからPOSへ
2007				全米ビジネス教育スタンダード（3版）
2009				21世紀スキルのためのパートナーシップ
2013				全米ビジネス教育スタンダード（4版）

（出所）　筆者作成

なお，上に述べたテック・プレップの具体的内容として，Ohio州の「ファイナンスキャリアへの道―会計」の例を，下記図表4及び図表5として掲げている。またPOSの枠組みの例については，Minnesota州のキャリア分野，クラスター及びパスウェイ表並びに会計パスウェイを，下記図表6及び図表7として掲げているので，参照されたい。

図表4　ファイナンスキャリアへの道（その1）

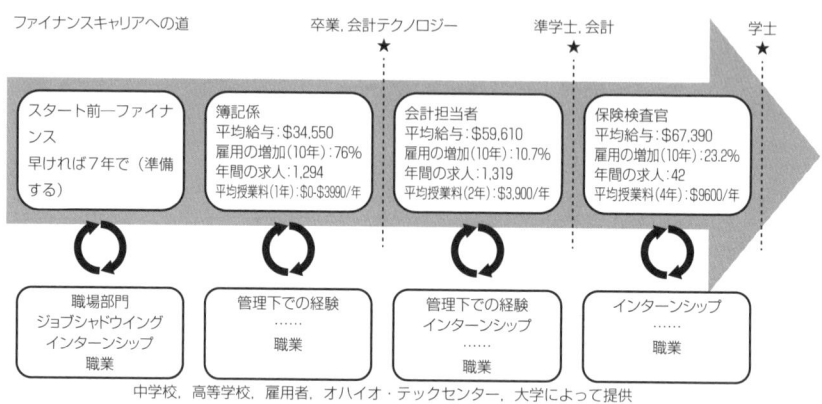

（注）　Data reflects 2014 Ohio labor statistics and public institutions of higher education for 2013-2014. For specific tuition costs, visit ohiohighered.org.

図表5 ファイナンスキャリアへの道（その2）

ファイナンスキャリアへの道　中等学校への道：ファイナンス　　　中等学校後のプログラム：会計
中等学校及び中等学校後の単位とコースの例示　（注）コース名と配列は学校によって異なる

中等学校	7 8	英語Ⅰ	代数学Ⅰ		物理化学	社会科	美術	ビジネス基礎	
	9 10	英語Ⅱ	幾何学		生物学	世界史	保険(.5) 体育(.5)	ファイナンス基礎	世界言語
	11	英語Ⅲ	代数学Ⅱ		科学	米国史	財務会計	コーポレート ファイナンス	世界言語
	12	英語Ⅳ	三角法 微積分学		物理学	米国政治学	マネジメント 原理	ファイナンス キャプストーン	
中等学校後	1学年 前期	英語	代数学	財務会計	ソフトウェア アプリケーション	ミクロ 経済学			
	1学年 後期	パブリック スピーキング	ビジネス 統計学	管理会計入門	マクロ 経済学	コンピュータ 会計システム			
	2学年 前期	中級会計学Ⅰ	原価計算	連邦税	ビジネス 入門	マーケティング マネジメント	自然/ 物理化学		
	2学年 後期	中級会計学Ⅱ	管理会計 ファイナンス	監査	ビジネス法	会計選択科目	芸術及び 人文科学選択科目		

高等学校キャリア・テクニカルプログラムコース
（実習問題をふくむ）中等学校後の単位修得のための高等学校コース及びそれに対する中等学校後コース
必須科目
推奨選択科目

(出所) 図表4，5は下記より引用。
(http://education.ohio.gov/getattachment/Topics/Career-Tech/Career-Connections/Career-Pathways/Business-management_11-2014.pdf.aspx)

図表6　Minnesota州キャリア分野，クラスター及びパスウェイ表

基礎的な知識とスキル	キャリア分野	キャリアクラスター16	キャリアパスウェイ
仕事をしたり，カレッジへの準備の土台を示す。 行動・問題解決・批判的思考・雇用可能性・市民性・倫理・キャリア発達・誠実性・チームワーク・法的責任・学問的基礎・テクノロジーの応用・コミュニケーション・安全・健康と環境・リーダーシップ・技術リテラシー・文化的能力・生涯学習・経済的安定性・組織とグローバルシステム・創造性・イノベーション	・ビジネス，経営管理 ・農業，食物，天然資源 ・アート，コミュニケーション，情報システム ・健康科学 ・エンジニアリング，製造，テクノロジー ・人的サービス	・ファイナンス ・マーケティング ・ビジネス，経営管理 ・ホスピタリティーと観光 ・農業，食物，天然資源 ・アート，オーディオ／ビデオ技術，コミュニケーション ・情報テクノロジー ・健康科学 ・輸送，流通，ロジスティクス ・建設 ・製造 ・科学，テクノロジー，エンジニアリング，数学 ・法律，公共の安全，つながり，警備 ・政府，行政 ・教育と訓練	・会計 ・銀行業務 ・企業金融 ・証券と投資 ・保険 ＊ファイナンス以外は省略

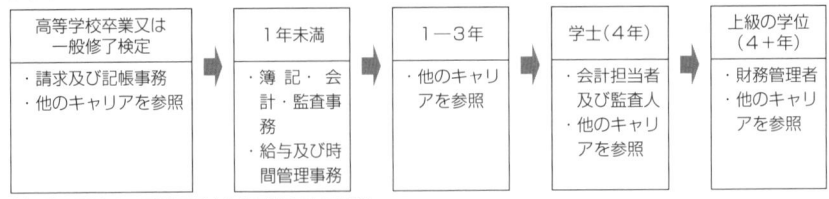

(出所) 図表6，7は下記より筆者修正して引用
(http://www.mnprogramsofstudy.org/mnpos/program-of-study.html)

第4節 全米ビジネス教育スタンダード（会計）

　米国では，合衆国憲法修正第10条によって合衆国に委任されず，また州に対して禁止されていない権限は，各州または人民に留保されているので，公教育に関する権限は，州に委ねられている。そのため，カリキュラムは州ごとに作成されている。運用等については，学校区ごとに異なる。しかし普通教科における各州共通のカリキュラムスタンダードを策定しようとする動きと呼応して[6]，1995年，全米ビジネス教育スタンダードが全米のビジネス教師の要請の下に刊行された。思うにビジネスが各州内にとどまらず，OA化が進み仕事の内容が高度化，国際化し，その能力を統一的に評価する必要が生じたためと推測される。スタンダードを策定するにあたっては，前年度である1994年に，クリントン大統領が，全米教育目標として表明し成立した「2000年の目標　アメリカ教育法（The Goals 2000 : Educate America Act, P.L. 103-227）」の影響が大きいと思われる。とりわけビジネス教育については，「2000年までに米国のすべての学校は，すべての生徒が，責任ある市民，学習の継続，そして米国の近代経済における生産的な雇用として準備ができるように，生徒の知性（minds）を十分に働かすよう学習することを保証する（The Goals 2000 sec. 201(3)）」という教育目標が影響を与えている。また直接かつ具体的には，1991年のブッシュ大統領の主導の下に教育に関する国家戦略が表明され公表された，「必要技能を達成するための長官委員会（SCANS ; The Secretary's

---

[6] 1989年，数学教育のスタンダード『算数・数学カリキュラムと評価のスタンダード（Curriculum and Evaluation Standards for School Mathematics）を全米数学教師協議会（The National Council of Teacher of Mathematics）が発表し，その後社会科（1994年），地理（1994年），歴史（1994年），国語（1995年），理科（1995年）と続いて発表している。

Commission on Achieving Necessary Skills)」の報告書の影響が非常に大きいと思われる[7]。

　全米ビジネス教育スタンダードは，そのSCANSの影響をうけ，職場は必ず変化し，明日の課題は，昨日のスキルを用いて述べることはできないとして，公私の利益のために有効な経済的意思決定ができる市民になる準備をさせるという目的で作成された。まず会計スタンダードを述べる前に，スタンダードの意図ないし目的を記述した全米ビジネス教育スタンダードについて述べることは重要である。なぜなら中等教育レベルでは「会計」はビジネス教育科目のコア科目として伝統的に位置付けられており，ビジネス教育の目標＝会計教育の目標といってもほぼ間違いないように思えるからである。そこでまず，全米ビジネス教育スタンダードから述べることにする。

　ビジネス教育は，すべての生徒が対象であり，ビジネスについて（about）及びビジネスのための（for）教育である[8]。全米ビジネス教育スタンダードは，ビジネス科目を習得する生徒に教育上の強固な基礎を提供することを意図している。すなわち，特定のビジネス科目を修了して職に就くかどうかにかかわらず，生徒は経済システムに参加している。また生徒には，そのシステムがどのように機能しているかを学ぶ権利が付与されている。

　最新の2013年（第4）版では，従来のように多くの項目を列挙しないで，ビジネス教育に下記の3つの重点分野を組み入れることを指摘している[9]。

⑴　基本的なビジネス分野（内容領域）―会計，ビジネス法，キャリア開発，コミュニケーション，経済，パーソナルファイナンス，企業家精神，情報テクノロジー，国際ビジネス，マネジメント，マーケティングの相互関係を認知し，より深く理解する。
⑵　職場で成功するのに必要なテクニカル・スキルを高めるための（各ビジネスのコース領域に関連した）期待されるパフォーマンス，及びビジネスの回答を得る

---

[7] The Secretary's Commission on Achieving Necessary Skills（SCANS）(1991) *What work requires of schools: A SCANS Report for America 2000*, Department of Labor, Washington, D. C., 島本前掲書, 31-32頁。
[8] ビジネスのaboutとforについては，島本前掲書, 197-206頁。
[9] NBEA (2013) *National Standards for Business Education, What America's Should Know Know And Be Able To Do In Business*, National Business Education Association., v .

ための道具としての機能を認識する。

(3) 世界が今日の職場であることを認識することと批判的思考スキルは，グローバル経済にうまく対処したいワーカーに要求され，より高度な意思決定を行う場合に重要である。

なお，図表8に明記しているように，各年度の対象生徒は，すべての生徒である。望む人材については1995年（初）版では明記されていないが，2001年（第2）版及び2007年（第3）版は「ルネサンス的教養人（Renaissance worker）」であるが，2013年（第4）版から「国際的に教養のある知的ワーカー（Globally literate knowledge worker)」へ，経済の急速な国際化に対応するために変更されている。また，2001年以降日本でいう「総合実践」的な各科目を統合した科目（Interrelationships of Business Functions）はなくなりEntrepreneurshipで統合がなされているようである。また同年以降ComputationとInternational Businessが追加されている。生徒の数的計算能力の低下と国際化に対応するためと思われる。数的計算（会計科目もふくむ）については，全米数学教師協議会（The National Council of Teacher of Mathematics）との連携が見られる。

全米ビジネス教育スタンダードの全体的なイメージは図表9のように示されている[10]。ただし，2001年以降は，外側の2つの円は，各科目内で述べるべき項目と考えられるので除かれている。同年以降カラー化され，掲示できるようにポスターサイズのものも作成されている。

図表8　全米ビジネス教育スタンダード

	1995年版（初版）	2001年版（第2版）	2007年版（第3版）	2013年版（第4版）
対象生徒	すべての生徒	すべての生徒	すべての生徒	すべての生徒
望む人材	明記なし	ルネサンス的教養人（Renaissance worker）	ルネサンス的教養人（Renaissance worker）	国際的に教養のある知的ワーカー（Globally literate knowledge worker）
具体的科目名	Accounting	Accounting	Accounting	Accounting
	Business Law	Business Law	Business Law	Business Law

10　NBEA (1995) *National Standards for Business Education, What America's Should Know And Be Able To Do In Business*, National Business Education Association. , p.7.

Career Development	Career Development	Career Development	Career Development
	Computation	Computation	Computation
Communication	Communication	Communication	Communication
Economic and Personal Finance	Economic and Personal Finance	Economic and Personal Finance	Economic and Personal Finance
Entrepreneurship	Entrepreneurship	Entrepreneurship	Entrepreneurship
Information Systems	Information Technology	Information Technology	Information Technology
	International Business	International Business	International Business
Management	Management	Management	Management
Marketing	Marketing	Marketing	Marketing
Interrelationships of Business Functions			

(出所) 筆者作成

図表9　全米ビジネス教育スタンダードの全体的なイメージ

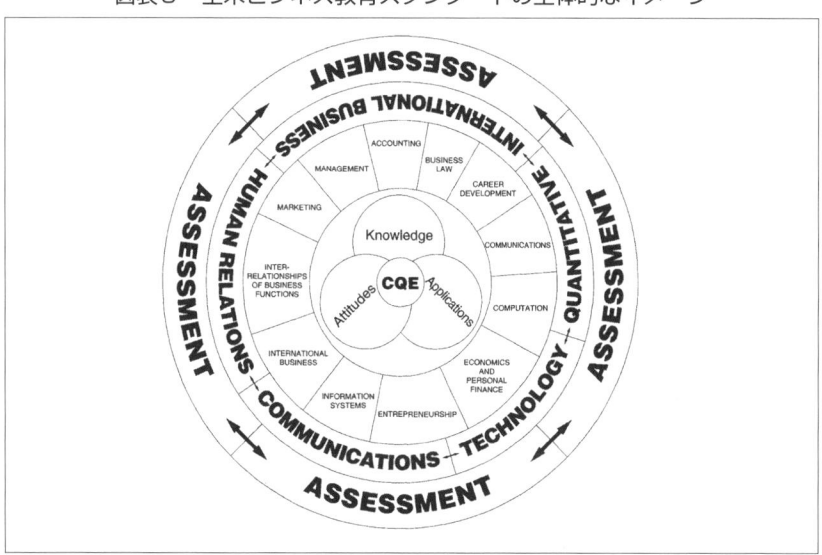

(出所)　NBEA (1995) *National Standards for Business Education*, p.7.

第5節　会計科目のスタンダード

　全米ビジネス教育スタンダードの一つである会計科目のスタンダードについて，会計教育の意義，学習スキル，補足説明を図表10において整理している。

　このスタンダードは，日本ではほとんど知られていないが，後に述べるように中等学校（高等学校）の会計教育に多大の影響を与えている。そこでその内容について以下紹介する。

　まず，具体的な学習内容の目標については，達成基準（Achievement Standard）と期待されるパフォーマンス（Performance Expectations）に分けて考えている（図表11参照）。

　ここで達成基準は生徒が達成すべきである，理解する内容（understanding）とコンピテンシー（competency）を示している。生徒が知る必要があり，行うことができること（内容と目標）を意味している。期待されるパフォーマンスは，生徒が達成基準を満たすのに必要な知識及びスキルを示すために，できるようになっているべきことを示している[11]。

　次に，スタンダードは発達段階アプローチを採用している。例えば年齢の低い学習者に関心を持たせることから始まり，それに続く水準で高度なレベルへと漸進的に導いている。この発達アプローチは各コンテンツの分野に含まれる番号方式（レベル1・2・3・4）に反映されている。学校システムの学年レベルは，小学校［レベル1］，ミドルスクール／下級ハイスクール［レベル2］，中等学校（上級ハイスクール）［レベル3］，中等後学校あるいはカレッジ［レベル4］と異なっていることに留意する。このスタンダードで用いられている発達レベルは次のとおりである。

　　［レベル1］　小学校（Grades K－6）
　　［レベル2］　ミドルスクール／下級ハイスクール（Grade 6－9）
　　［レベル3］　中等学校（上級ハイスクール）（Grade 9－12）
　　［レベル4］　2年の中等後学校あるいはコミュニティ・カレッジないしテクニ

11　NBEA（1995）op. cit., p.11., NBEA（2001）*National Standards for Business Education, What America's Should Know And Be Able To Do In Business*, National Business Education Association., vii.

　　　　カル・カレッジ

　もし教える内容が中等学校レベルないしそれより上級の場合，期待されるパフォーマンスは，より高等な発達レベル（例えば3－4水準）として掲げられている。図表11からわかるように，会計科目は中等学校段階レベルから始め，中等後学校あるいはコミュニティ・カレッジないしテクニカル・カレッジへと継ぎ目なく（seamless）行うことが発達アプローチをとった理由であると述べている。とりわけ発達アプローチについて，1995年（初）版の解説ビデオでこのことが強調されている[12]。またこのスタンダードにおける各レベルは，寄与した専門家と査読者チームの経験に基づいている。発達レベルが特定できるように，期待されるパフォーマンスを割り当てている。しかし，スタンダードは，フレキシビリティーに利用可能であり，期待されるパフォーマンスは特定のコースに限定していない。

　では中等学校レベルでの会計教師はどのようなことに留意すべきであろうか。中等学校レベルでの会計教師は，学習は将来も続くという仮定をもって授業を行う。教師は中心人物（テクノロジーコーディネーター，ピアコーチ，メディアスペシャリスト，チームティーチャーのように）として生徒を援助する。中学校教師とパートナーになることによって，会計教師はカリキュラムの中にテクノロジーとキャリア認識を統合することが可能となる。いいかえると有能な消費者，市民，ワーカー，ビジネスリーダーになるのに必要なスキルを発達させることができるように生徒を導くことであり，生徒中心の環境での学習を援助することである。学習はカスタマイズされ，生徒は，個人及びキャリアの利益に基づいたプロジェクトを選択する。生徒は，個人としてあるいはチームとして活動する場合であれ，非構造的な問題を解決するために幅広い範囲にわたりテクノロジーを用いる。それゆえ，教師は，生徒間の協力の必要性，生徒の自立と創造性を高める援助者となるべきと述べている[13]。会計教育においても最近いわれている社会構成主義的な指導を重要視している。学習者としての生徒は，キャリア開発を続け，仕事に基づくスキルを取り入れることによりビジネス経験を得ることができるようになる。

---

[12] NBEA (1997) *How To Put The National Standards for Business Education, To Work For You Nationally Televised Videoconference*, National Business Education Association, The Foundation for the Future of Business Education.

[13] NBEA (2001) op. cit., vii.

会計教育の意義の説明を見てみると、スタンダードでは、2007年（第3）版から会計情報を理解し、解釈し、用いることができることの重要性が強調されている。また2013年（第4）版から会計においても、コミュニケーション・スキル―書くと話す―とテクノロジーの利用が重要視されている（図表10参照）。数年前より米国教育界では、聞く能力や書く能力を重要視し、その指導方法についての議論やセミナー等が行われている。その反映と思われる。

図表10　会計スタンダード[14]

	2013年版（第4版）
会計教育の意義	・会計はビジネスの言語であり、あらゆるビジネス活動に不可欠のものである。 ・基本的な会計概念、スキル、コンピテンシーの習得は十分なビジネス意思決定を行うのに不可欠である。学生が選ぶ学科や進路にかかわらず、会計は、ビジネスの専門家及び有能な消費者を教育するための準備になる。 ・会計スタンダードは財務的意思決定を行うために会計情報を理解し、解釈し、用いることができる重要性を示している。とくにスタンダードは下記の能力に焦点をあてている。 　・財務情報を読む、解釈する、分析する。 　・一般に認められた会計原則を適用し、会計システムがどのようにビジネス情報を提供するかを理解する。会計情報のさまざまな利用者を認識する。 　・会計情報を用いるビジネス環境の動的な性質を理解する。 ・ビジネスの要求を満たすコミュニケーション・スキル―書くと話す―とテクノロジーの利用はとくに重要である。会計専門家や会計関連キャリアだけでなくビジネスのすべてのキャリアにとって不可欠である。会計カリキュラムにコミュニケーションやテクノロジースキルを強調し、導入することによって教師は会計関連の学習成果を高め、またすべての生徒が就労する準備と就労に影響を与え、スキルとコンピテンシーを発達させることができる。
学習スキル	・戦略的及び批判的思考 ・リスク分析 ・問題解決と意思決定 ・コミュニケーション ・チームワークとリーダーシップ ・テクノロジーを利活する能力 ・倫理上の責任を強調した法的及び規制環境の認識
補足説明	・会計スタンダードにおいて、ハイスクール及び2年制のカレッジでの適切な知識やスキルを明確にする。ハイスクールの第2学年にふさわしい期待されるパフォーマンスは、アスタリスクで示している。

（出所）　NBEA（2013）より筆者訳を図表にて整理している。

14　NBEA（2013），op. cit., p.1.

図表11　全米ビジネス教育協会『会計スタンダード』[15]

2013年版（第4版）

Ⅰ　会計専門家
　達成基準：会計担当者がビジネスや社会で果たす役割を説明する。
　レベル3−4　期待されるパフォーマンス
　　・会計専門家の現在および歴史的な規制環境を説明する。
　　・会計専門家の主な政策設定機関を知りその役割を説明する。
　　・時事問題が会計専門家にどのように影響を与えているかを説明する。
　　・会計の倫理綱領の必要性と会計担当者に必要な倫理責任を説明する。
　　・ビジネスと個人の意思決定過程において資源を配分するために，会計情報がどのように用いられているのかを説明する。
　達成基準：会計専門家におけるキャリア機会を示す。
　レベル3−4　期待されるパフォーマンス
　　・生徒，専門の会計組織および団体の役割・サービス・使命を述べ説明する。
　　・会計専門家の名称と資格認定を述べ説明する。
　　・会計専門家におけるさまざまなキャリア，専門家の名称と資格認定の教育上の必要条件を説明する。
　　・会計専門家として成功するのに必要なスキルとコンピテンシーを説明する。
　　・会計の知識を必要とする会計専門家とキャリアのなかでの専門家の領域を述べる。
　達成基準：会計専門家および/または会計に関連するキャリアにおいて成功するのに必要なスキルとコンピテンシーを説明する。
　レベル3−4　期待されるパフォーマンス
　　・スピーチをし，プレゼンテーションする。
　　・調査とその結果を文書でコミュニケーションを図る。
　　・ビジネス現場における倫理的意思決定スキルと行為を述べる。
　　・分析的・批判的意思決定スキルを適用する。
　　・情報テクノロジーを生産的に用いる。
　　・リーダーシップスキルを提示する。
　　・チームのなかで働く能力を行動で示す。
Ⅱ　財務報告
　達成基準：有効なビジネスの意思決定を行うために年次報告書と財務諸表を用いる。
　レベル3−4　期待されるパフォーマンス
　　・財務報告を入手するための情報源を識別する。
　　・財務情報の利用と利用者について述べる。
　　・年次報告書における項目とその目的を識別する。
　　・経営者と監査人の役割を説明する。
　　・年次報告書を作成し公表する。
　　・監査意見のタイプを識別し説明する。
　　・会計の役割と財務報告に関する規制機関を説明する。
　　・各財務諸表に提供された情報と各諸表が互いにどのように関係しているかを説明する。
　　・貸借対照表における資産，負債，持分間の関係を説明する。
　　・資産，負債，持分における分類を識別し説明する。
　　・損益計算書の異なった様式を識別する。

15　Ibid., pp.2−7.

・損益計算書における分類を識別し相互（収益，費用，利益，損失）の関係を説明する。
・持分計算書を用い所有構造の変動を述べる。
・会計の概念的フレームワークや一般に認められた会計原則を，財務諸表を作成するためのガイドや構造として，どのように，なぜ適用するのかを説明する。
・異なった会社所有の形態と各形態の長所と短所を説明する。
・異なった会社所有形態において財務諸表がどのように報告されるかを説明する。
・異なった種類のビジネス活動を識別する。
・異なった種類のビジネス活動が財務諸表にどのように反映されるかを説明する。

レベル3*-4　期待されるパフォーマンス
・キャッシュ・フロー計算書（営業，投資，財務）に報告されたビジネス活動を識別し，説明する。

レベル4　期待されるパフォーマンス
・包括利益を定義し，営業活動との関係を述べる。
・開示要件が財務報告にどのように影響するかを説明する。

Ⅲ　財務分析

達成基準：会社の財政状態と経営成績を評価し，有効なビジネス意思決定を行うために財務諸表と情報を分析し解釈する。

レベル3-4　期待されるパフォーマンス
・財務諸表の分析から得られる情報について議論する。
・主な分析の領域（趨勢，収益性，流動性，資本構造）を認識し各分析から得られる情報を説明する。
・損益計算書と貸借対照表の水平的および垂直的分析を行う。
・財務比率（総利益率，営業利益，純利益，総資産利益率，売上回転率）を計算し解釈することによって収益性を評価する。
・財務比率（運転資本，流動比率，当座比率，現金比率，棚卸資産回転率，受取勘定回転率）を計算し分析することによって流動性と支払能力を評価する。
・借入と持分のファイナンスを比較対照する。そして財務諸表の影響を説明する。
・財務比率（借入比率，長期債務比率，負債持分比率，利息カバレッジ比率）を計算し分析することによって資本構造を評価する。
・産業の平均を調べ，財政状態，営業成績，収益性，流動性および資本構造を評価してそれらを説明する。
・情報テクノロジーを，財務分析を行うために用いる。
・財務諸表と財務比率を利用するための通常の方法を識別し説明する。
・財務諸表と財務比率の操作から生じる倫理的および法的合意を述べる。

レベル3-4　期待されるパフォーマンス
・ビジネス活動（営業，投資，財務）を分析するためにキャッシュ・フロー計算書を用いる。
・収益性と流動性を評価するために営業活動からのキャッシュ・フローを分析する。

Ⅳ　会計原則

達成基準：一般に認められた会計原則（GAAP）を特定し述べる。GAAPの適用が財務取引の記録と財務諸表の作成にどのように影響を与えるかを説明する。

A　財務報告のための概念フレームワーク
・会計の概念フレームワークと一般に認められた原則及び仮定について述べ説明する。
・US GAAPとIFRSのコンバージェンス・プロジェクトを議論し，FASB，SEC，IASBの役割について説明する。
・US GAAPとIFRSの間の主な相違点を説明する。
・資産，負債，持分，収益，費用，利得，損失を定義する。

・会計の発生基準と現金基準とを区別しそれぞれが財務諸表に与える影響を議論する。
B　資産
レベル3－4　期待されるパフォーマンス
・貸借対照表に報告されるべき受取勘定の価値を決定するために用いられる会計手法を説明し損益計算書に対する影響を述べる。
・貸倒引当金，償却，回収をふくむ受取勘定の取引を記録する。
・継続記録法と棚卸計算法との間の相違を説明する。
・商事および製造会社の棚卸資産の原価を決定し，適切な評価方法を適用する。
・棚卸資産のコストフロー仮定を識別説明し，貸借対照表と損益計算書に対する影響を説明する。
・資本的支出と収益的支出とを区別するための基準を説明する。
・土地，設備，備品，天然資源，無形固定資産の原価を決定する。
・原価配分の目的を説明する。
・減価償却，減耗償却，償却を識別し，計算し，記録する。そして財務諸表の影響を説明する。
・資産が販売され，処分され，陳腐化したとき財務諸表への影響を測定する。
レベル4　期待されるパフォーマンス
・投資を説明するために用いられる手法や基準について述べる。そして財務諸表に対する影響を述べる。
C　負債
レベル3　期待されるパフォーマンス
・支払勘定とその他の短期債務の取引を記録する。
・長期債務証券の当初の評価と財務諸表の影響を測定する。
・長期債務証券の取引を記録する。
レベル3*－4　期待されるパフォーマンス
・借入資金の原価を計算し，財務諸表への影響を決定する。
レベル4　期待されるパフォーマンス
・繰延税金負債と退職給付のようなその他の長期債務として分類された負債を識別する。
D　持分
レベル3　期待されるパフォーマンス
・営業成績，資本拠出，利益の分配がさまざまな種類の所有構造の持分にどのような影響を及ぼすかを説明する。
・異なった種類の株式を特定し述べる。そして異なった種類の株式によって得られる権利について説明する。
・持分に関連する取引を記録する。
レベル3*－4　期待されるパフォーマンス
・買収と会社所有株式の売却が財務諸表にどのように影響を及ぼすかを説明する。
・株式分割と株式配当とを区別しそれぞれが持分にどのように影響するかを説明する。
レベル4　期待されるパフォーマンス
・その他の包括利益が持分にどのように影響を及ぼすかを説明する。
E　収益
レベル3－4　期待されるパフォーマンス
・収益認識を決定するために用いられる基準について述べる。
・収益関連取引を記録する。
F　費用
レベル3－4　期待されるパフォーマンス

・費用認識を決定するために用いられる基準について述べる。
・長期関連取引を記録する。
  G　利得と損失
  レベル3－4　期待されるパフォーマンス
・収益と利得とを区別する。
・費用と損失とを区別する。
・利得と損失から生じる取引を記録する。
Ⅴ　会計プロセス
達成基準：財務諸表を作成するために会計サイクルにおける各段階を修了する。
  レベル3－4　期待されるパフォーマンス
・会計システムの目的を説明する。
・仕訳帳と元帳の目的と，それらの関係を説明する。
・会計プロセスにおけるテクノロジーの影響を述べる。
・異なった種類の会計システムの長所，短所を特定し説明する。
・会計と簿記とを区別する。
・企業取引が会計等式にどのように影響を及ぼすかを述べ分析する。
・企業取引を記録するために複式の会計システムを採用し試算表を作成する。
・修正仕訳の必要性を説明し修正仕訳を記録する。
・異なったタイプのビジネス活動と所有構造の財務諸表を作成する。
・決算プロセス，財務諸表，整理後試算表の間の関係について述べる。
Ⅵ　データの解釈と利用
達成基準：組織のパフォーマンスを評価するために計画とコントロールの原則を用いる，そして有効なビジネス意思決定を行うために層別解析と現在価値概念を適用する。
  A　計画とコントロール
  レベル3－4　期待されるパフォーマンス
・資産を保金するために用いられる内部統制手続を特定し適用する，そして会計情報システムの誠実性インテグリティを高める。
・会計システムに適正な情報テクノロジーを，どのように適用するかを説明する。
・活動基準原価計算の方法となぜそれが用いられるのかを説明する。
  レベル3*－4　期待されるパフォーマンス
・固定費，変動費，準変動費の原価態様を説明し比較する。
・営業計画にCVPと貢献利益分析を適用する。
・予定を立てるために予算を作成する。
  レベル4　期待されるパフォーマンス
・収益性を分析するために直接および全部原価概念を適用する。
・パフォーマンスを評価するために総合，変動予算を作成し利用する。
・標準原価計算と差異分析を適用することにより会社のパフォーマンスを評価する。
・原価，利益と投資センターを評価するために責任会計概念を適用する。
・製造会社に対して活動基準原価計算のための計画を展望する。
  B　意思決定
  レベル3*－4　期待されるパフォーマンス
・会計情報が経営の意思決定をどのように容易にするかを説明する。
  レベル3*－4　期待されるパフォーマンス
・次の種類の意思決定を行うために差額分析を適用する。すなわち製品を製造するかあるいは購入するか，資産をリースするか購入するか，一つ部門を廃止するか，特別の注文に割引価格を適用するか，設備を取替えるか修繕するか。

> レベル4　期待されるパフォーマンス
> 　・資本（設備）投資機会を評価するために現在価値を提供する。
> Ⅶ　コンプライアンス
> 　A　パーソナルファイナンス
> 達成基準：税法や規制を適合するように個人所得税手続や要件を説明する。
> レベル3－4　期待されるパフォーマンス
> 　・米国における税法の歴史と目的と税法が生じたプロセスを述べる。
> 　・課税所得の構成を説明し所得税を計算する。
> 　・個人所得税の税金申告書を作成する。
> 　・課税所得を最小化するために戦略を立て，議論し適用する。
> 　・節税と脱税とを区別する。
> 　B　財務報告
> 達成基準：一般に認められた会計原則と所得税法とを区別する。
> レベル3－4　期待されるパフォーマンス
> 　・財務報告のための所得と課税所得とはなぜ異なって計算されるかを説明する。
> レベル3＊－4　期待されるパフォーマンス
> 　・純利益と課税所得における永久差異と一時差異を特定し説明する。
> レベル4　期待されるパフォーマンス
> 　・純利益と課税所得における永久差異と一時差異を計算する。
> 　C　支払
> 達成基準：給与支払に適切な会計実践を適用する。
> レベル3－4　期待されるパフォーマンス
> 　・手取り額を計算。
> 　・雇用者の給与支払を計算。
> 　・給与支払報告書を作成。

（出所）　NBEA（2013）pp.2－7.より筆者訳。

第6節　米国高等学校会計教科書の特徴

　米国の中等学校（高等学校）用の教科書として下記のものが有名である（最新のものを掲げている）。

- Gilbertson B.C., M. W. Lehman, D. H. Gentene（2014）*Century 21 Accounting General Journal Tenth Edition*, South-Western, Cengage Learning.
- Gilbertson B.C., W. Lehman, D. H. Gentene（2014）*Century 21 Accounting Multicolumn Journal Tenth Edition*, South-Western, Cengage Learning.
- Gilbertson B.C., M. W. Lehman, D. Passalacqua（2015）*Century 21 Accounting Advanced Tenth Edition*, South-Western, Cengage Learning.
- Guerrieri J.D., F. B. Harber, W. B. Hoyt, R.E. Turner（2012）*Glencoe Accounting, First-Year Course: Real-World Applications & Connections*,

Glencoe/McGraw-Hill.

　South-Western 社のCentury 21 Accountingの前身は，1903年にBakerがTennessee business collegeで使用するための教科書『20th Century Bookkeeping and Office Practice』として刊行したものである。その後簿記会計教育者として有名な，Carlson, Forkner , Swanson, Boynton 等が執筆者として名を馳せつつ今日に至っている。100年を祝して2003年には，記念の版が刊行されている。

　Centuryシリーズに対して，Glencoe/McGraw-Hill社から刊行されているGlencoeシリーズも有名である。Centuryシリーズの入門編は，単一仕訳帳を採用した版と多欄式仕訳帳を採用した版に区別して2冊出版されているのに対して，Glencoeシリーズは分かれて出版されていない。Glencoeシリーズ会計の教科書は後発であるので，Centuryシリーズの教科書を意識して，「倫理」「学校から職業へ」等の重要な点について教材用の小冊子を刊行するなどして特徴を出している。記述項目については，上記で述べた全米ビジネス教育スタンダードにほぼ準拠している[16]。時事的な話題や事例を設定することにより，簿記会計の内容を，どのようにして生徒に興味・関心を抱かせるかについて，教科書作成者の苦心が窺われる。改訂の年限も日本の学習指導要領より4ないし5年早く，会計の時事的な問題も教科書に反映されている。日本では，生徒の興味・関心を強調しておきながら，かかる時事的な話題への対応は教科書ではなくすべて教師任せである。なお，上記の中等学校（高等学校）の教科書名では，「会計（Accounting）」と表現されている。しかし，Bittnerが「高等学校の会計コースは，基本的に簿記コースである[17]」と述べているように，日本の簿記教科書と複式記入の原理の基本的な内容は変わらないが，頁数，指導項目，記述方法，事例問題の有無等はかなり異なっている。日本と異なる点を以下にいくつか列挙すると次のようになるであろう。

・頁数―日本のように教科書の頁数に制約はなく，約800頁あり大部である。予習時に読んでも理解できるように平易に記述されている。課題はインターネッ

---

[16] Glencoeシリーズは，2013年以降刊行されていないので，Centuryシリーズを用いてスタンダードとの記述についての対比を行った。なお，Glencoeシリーズについては，手元にある2007年版の教科書及び教師用版について該当年度のスタンダードと対比して調べたところCenturyシリーズと同様にほぼ準拠していた。

[17] Bittner, J. (2002) "Revamping High School Accounting Course," *The Business Education Forum*, Vol. 56, Feb., p. 32.

トからも入手できるようになっている。
- 導入法について—日本と異なり，個人商店の説明から入るのではなく個人生活の簿記から導入している。次に会計の専門用語を説明しながら進めていくのであるが，会計等式を中心に説明する等式アプローチが採用されている。修正された貸借対照表アプローチを用いている日本と非常に異なっている[18]。それゆえ勘定科目を用いた仕訳を中心に指導するというより，等式及び勘定を中心に簿記の2面性を考え理解させる指導が行われている。ここ数年の米国高校会計教科書の特徴として，仕訳帳の章は別にして，仕訳形式での説明や演習が減ってきていることが特徴といえるであろう。ただし，仕訳形式を好む教師もいると思われるので，仕訳の演習問題が教師用資料で補足されている。
- 補助簿の説明—日本では記帳係の養成を意識して，補助簿の記入方法の説明や演習に授業時間を配分している。ここ数年の米国高校会計教科書では，売掛金元帳や買掛金元帳の説明を除けば，補助簿の記入方法の説明や演習に重きを置いていないように思われる。このような単なる帳簿記入については，学力面で下位に位置する生徒対象の科目（例えば「Stewart R.J., D. L. Stewart, H. Huffman (1994) *Financial Management and Recordkeeping*, Glencoe Macmillan/McGraw-Hill」）で指導がなされているようである。
- 会計の役割とキャリア教育—キャリア教育を重視し，その中で会計に関連する職業だけでなく，社会における会計の役割について倫理教育も含めて導入段階から説明している。このことは，エンロン（Enron）やワールドコム（Worldcom）等の事件の影響と思われるが，2003年以降の会計スタンダードがそれまでのものと異なり，会計の役割の項目を最初に配列していることからも理解できるであろう。章の中での学習が進むにつれて，もしあなたが会計担当者だったらどうするかといった回答が一つでない課題を設定し，議論させる授業方法（チーム編成による授業等）ができるような教科書の編成が行われている。
- 時事問題を取り込む—実際の会社の時事的な問題や法規等（例えば企業改革法（Sarbanes-Oxley Act））を身近な学校生活に置きかえて考えさせる工夫が見ら

---

18 簿記の導入法ついては，島本前掲書，55－80頁参照。

- 専門用語を理解させる—重要な簿記会計の基本的な専門用語を単なる理解にとどめることなく応用できる高次の目標を目指して指導している。例えば，統制勘定の記述であれば簿記上の統制の意味だけでなく，その応用として社会生活で使用する統制の意味も理解できるような指導がなされている。
- コンピュータの取扱い—かつて米国ではコンピュータのみで簿記の授業は可能であり，手書きは要らないという意見もあった。しかし，専門用語を書けない生徒が生じ，現在は手書きの重要さ（書いて覚える重要性）を認識し，コンピュータはあくまで道具であり，手書きによる方法との併用が行われている。
- 生徒の学力・能力に対応する授業—すべての生徒に対して一律に指導するのではなく，能力の劣っている生徒や高い生徒に対して授業計画や指導法で考慮する事項が教師用の書物で明記されている。
- ブロック・スケジューリング学習—他の教科・科目でも行われているが，簿記会計教育にもブロック・スケジューリング（Block scheduling）の例が教師用の資料に見受けられる。1日の1コマの授業を延長することにより，生徒・教師双方にとって学習や準備の時間が得られるという利点があるからであろう。
- 評価の問題—単に簿記会計の知識の理解だけでなく，いろいろな角度から生徒評価を行うポートフォリオ評価が多く用いられており，その利用シートの例示が教師用の資料に見られる。2014年の会計教科書よりSCANSにかえて「21世紀スキル[19]」が導入され，そこに記述されているスキルの到達度による評価がなされているようである。

第7節　おわりに

　以上，米国職業教育（キャリア教育）の動向，全米ビジネス教育スタンダードを踏まえた後，米国中等学校会計教育の現状を，会計教育スタンダード，教科書の観点から述べた。

　歴史的に見ると，1930年代以来，米国中等学校（高等学校）レベルの会計教育は幾度か曲がり角にきたといわれながらも，常に現実世界を直視しつつ，会計科目の

19　「21世紀スキル」についての簡単な紹介は，島本前掲書，31–33頁参照。

存続をかけ，いろいろな変更（科目名の変更やコンピュータの導入等）がなされてきた。現在では，ミレニアル世代の生徒の特徴を把握した指導法の研究や会計のPR活動が行われている。会計科目は選択科目であるので，とくにその科目選択につながるPR活動が重要視されている。インターネットを十分に活用し，単にビデオや小冊子（AICPA刊行（2001）の「Takin' Care of Business」）だけでなくゲーム感覚をとり入れるなどした教材開発や工夫に取り組み，会計リテラシーの重要性をいかに理解させるかが会計教師の使命の一つになっているようである。またこれから到来するであろう人工知能ロボット時代に対応すべく，最新の教授方法（アクティブラーニングや反転学習等）の導入や，指導項目のさらなる現代化を図ることにより，会計教育のアカデミック化へと少しずつ変更されつつあるように思われる。いいかえると記帳訓練（取引を記録し財務諸表を作成する）から数的思考訓練（批判的思考による問題解決）へと変更されようとしているのである。

　また優秀な生徒をどのように会計の世界に引き込むかも中等学校レベルの会計教育の重要な課題となっている。人口統計学の研究が進み，米国では数年後に会計専門職の定員不足が，Baby Boomer 世代の退職により，少子化と相俟って，懸念されている。弁護士，医者等の他の専門職とのいわゆる人材獲得競争の時代に突入するといわれている。そのような状況に対応するために会計専門職の団体や協会（とくにAICPAや各州のCPA協会）は，CPAなどの会計専門家の社会における役割・貢献度や報酬等を含む職業人としてのやりがいをアピールしている。キャリア教育の一環として，生徒にそれらについての興味・関心を抱かせることにより，会計専門職に対するすそ野を拡大する方策に取り組んでいる。その具体的な方策の一つとして2012年，AAAとAICPAは，高等学校において他のアカデミック科目と同様に，AP（Advanced Placement）Accounting Course を高等学校に設け，大学入学後，大学の単位として認定する方策を提言している。現在はいくつかの州で試験的に行われている段階であるので本稿では取り上げていない[20]。

島本　克彦

20　会計のAPコースついては，Gregg M. and Behn B. K.（2011）"Pathways Commission : The Future of Accounting Education," *The Business Education Form*, Dec.,pp.15－17., 島本前掲書，49－50頁参照。

非・専門学部における会計基礎教育
―韓国中央大学校における教養会計科目（必修）の実践例

第1節　はじめに

　本章は，韓国ソウル特別市にある中央大学校（중앙대학교，Chung-Ang University，https://www.cau.ac.kr/）の初年次会計教育の特徴を明らかにすることを目的とするものである。筆者は，2015（平成27）年12月9日から12日にかけて中央大学校を訪問し，同大学の会計教育について調査を行った[1]。中央大学校を調査対象としたのは，初年次会計教育が文系大学に限らず工学，薬学，医学等の理系大学においても必修とされていることからである。インタビューは経営経済大学（경영경제대학）経営学部（경영학부）[2]のJUNG Do-Jin（정 도진）氏に対して行われ，中央大学校の会計教育の概要や特色について聞き取りを行い，初年次会計教育の教材及び関連資料の収集を行った。

　中央大学校を構成するすべての大学において，会計を1年次の教養必修科目として設置しているカリキュラムは，韓国の他の大学校にも見られない特有の取組であり，その意味で中央大学校の会計リテラシー教育は，今後，日本の大学の教養課程において会計リテラシー教育を導入する際の実践例として重要な意義を有するものであろう。中央大学校の教養会計教育はビジネス系以外の専門学部においても実施されているものであるが，本章の後半で紹介するように，会計情報の作成者の視点

1　本調査は，科学研究費補助金・基盤研究A（一般）「会計リテラシーの普及と定着に関する総合的研究」（代表者・柴健次，研究期間：平成25年～平成27年，課題番号25245057）の研究分担者として行った研究成果の一部である。また，中央大学校の教育制度や会計教育等についてインタビューを行った方々は次のとおりである。
　　JUNG Do-Jin（정 도진），Associate Professor, College of Business Administration, Chung-Ang University.
　　DO Sangho（도 상호），Professor, School of Business Administration, Keimyung University.
2　正式な組織名称は本文の標記のとおりであるが，韓国の大学校という組織名称は日本の大学に，大学校を構成する大学は日本の学部に，学部は日本の学科に相当する。常盤木祐一「韓国の教育事情と留学事情―日本よりも激しい競争社会？―」ウェブマガジン『留学交流』2014年9月号（第42巻），40頁。

ではなく，会計情報の利用者の立場から企業会計の仕組みについてかなり深い内容を学習する体系となっていることが知られるのである。

なお，本章で取り上げる初年次会計教育は，必要なところで最新のデータを反映しているが，基本的に2015年12月当時の資料に基づいたものであることに留意されたい。

第2節　中央大学校の状況

中央大学校は，1918年に創立された私立大学である。学生数は3万人規模で，982名の教員スタッフが在籍している。キャンパスは，ソウル特別市と安城市に所在し，薬学及び文化芸術教育について高い外部評価を得ている[3]。建学の精神は「真理と正義」である。そして，学習，訓練，研究を通じて真理を追究し，参加と寛容を通じて社会正義を守ることが教育のビジョンであると謳われ，教養あるリーダーシップに必要な幅広い知識と国家の発展のために求められる専門知識を提供し，国家と世界の調和に寄与するような公平な世界観を育むことが教育のミッションであり，かかる教育のミッションに基づいて5つの教育の目的が定められている[4]。そのような教育理念の下で，中央大学校（ソウル特別市と安城市の両キャンパス）は，「図表1」に示すように，16の大学[5]と18の大学院[6]からなっている。

図表1　中央大学校の大学・大学院の一覧

大学	大学院
1．人文大学	1．一般大学院
2．社会科学大学	専門大学院
3．教育大学	2．国際大学院
4．法科大学	3．先端映像大学院
5．自然科学大学	4．経営専門大学院
6．生命科学大学	5．医学専門大学院
7．工科大学	6．法学専門大学院

3　https://neweng.cau.ac.kr/01_about/introduction01.php（アクセス日2017年10月17日）
4　https://neweng.cau.ac.kr/01_about/introduction01.php（アクセス日2017年10月17日）
5　https://www.cau.ac.kr/02_univ/university/university_index.php（アクセス日2017年10月17日），https://neweng.cau.ac.kr/04_international/courses02.php（アクセス日2017年10月19日）
6　https://www.cau.ac.kr/02_univ/graduateschool/graduateschool_index.php（アクセス日2017年10月17日）

8．ICT工学大学 9．経営経済大学 10．医科大学 11．薬学大学 12．赤十字看護大学 13．芸術大学 14．体育大学 15．ダ・ビンチ教養大学 16．外国語大学	特殊大学院 　7．社会福祉大学院 　8．教育大学院 　9．新聞放送大学院 　10．建築大学院 　11．行政大学院 　12．産業・起業経営学大学院 　13．医薬食品大学院 　14．芸術大学院 　15．国楽教育大学院 　16．グローバル人材開発大学院 　17．健康看護大学院 　18．心理サービス大学院

第3節　経営学部における会計学の科目大系

　経営経済大学[7]の経営学部は，1955年に商学部から名称変更して設置された。経営学部は80名を超える教員で対応している[8]。ここでは，経営学部の提供科目[9]のうち，会計関連の科目について見ていきたい。会計科目の意義は次のように説明されている[10]。会計はビジネスの言語であり，企業と企業外部のステークホルダーを橋渡しする役割を担っているものである。会計の目的は，企業と企業外部のステークホルダーにとって有用な財務情報を提供することにある。学問としての会計は，企業に関連する情報を計算し提供するシステムについて研究する分野である。会計は，財務情報の対象や利用目的によって，財務会計，原価会計・管理会計，税務会計，

---

[7]　学部学科構成は，経営学部，経済学部，知識経営学部，応用統計学科，広告・広報学科，国際物流学科，産業セキュリティ学科である。会計関連科目は，経営学部で提供されている。
　　https://www.cau.ac.kr/02_univ/university/economy/business01.php（アクセス日2017年10月20日），https://neweng.cau.ac.kr/02_academics/undergraduate03.php（アクセス日2017年10月20日）

[8]　http://caubiz.cau.ac.kr/about/message.php（アクセス日2017年10月20日）

[9]　経営学部の専攻領域には，専攻基礎（経営学原論，会計学原論，経済学原論，経営経済論，経営統計学，ビジネスディベート），財務管理，人事・組織，マーケティング，経営科学・オペレーションマネジメント，経営情報システム，戦略・国際経営，国際商取引，会計（財務・管理），経営一般，ビジネスコミュニケーション，その他（ミクロ経済学，マクロ経済学，中国経済等）がある。
　　https://www.cau.ac.kr/02_univ/university/economy/business01.php（アクセス日2017年10月20日）

[10]　http://biz.cau.ac.kr/eng/new/major/major.php（アクセス日2017年10月21日）

監査,会計情報システム等に分類される。

図表2 経営学部における会計関連科目

区分	1年次 1学期	1年次 2学期	2年次 1学期	2年次 2学期	3年次 1学期	3年次 2学期	4年次 1学期	4年次 2学期
専攻基礎	会計学原論	会計学原論						
会計(財務)	*	*	中級財務会計I / 中級会計II / 企業法	中級会計II / 税法概論 / 手形小切手法	高級財務会計 / 所得税法 / 会計情報論	財務会計実習(1) / 会計監査I / 税務会計	財務会計実習(2) / 税務会計実習 / 会計監査II	*
会計(管理)	*	*	原価会計 / 管理会計	管理会計	*	*	*	高級管理会計

(出所) 経営経済大学経営学部の「教科目の概要」(https://www.cau.ac.kr/02_univ/university/economy/business01.php アクセス日:2017年10月17日)

「図表2」は,経営学部における会計関連科目とその配当学年・学期を示したものである。1年次には,専攻基礎として会計学原論が通年で提供されている。2年次において,中級財務会計,原価会計,管理会計,税法概論,企業法等関連法規が提供されている。3年次には,高級財務会計,財務会計実習,会計監査,所得税法,税務会計,会計情報論が提供されている。4年次では,財務会計実習,税務会計実習,会計監査,高級管理会計が提供されている。経営専攻のすべての学生は,中級会計Iと管理会計を履修することが勧告されている[11]。次節において取り上げる初年次会計教育は,経営学部の1年次配当の専攻基礎科目の「会計学原論」ではなく,教養科目として中央大学校の全大学で必修となっている科目である。

第4節 中央大学校における初年次会計教育

中央大学校は,2008年5月から韓国の大企業・斗山グループが学校法人中央大学校の経営を担うことになった。中央大学校では,斗山グループの意向をうけて基礎

---

11 なお,経営学部における卒業要件(卒業に必要な単位数,教養科目と専門科目の履修単位数等)については,2015年12月の調査時点では資料を収集できなかった。ただし,経営学部サイトの専攻カリキュラムのページ(http://biz.cau.ac.kr/ アクセス日2017年10月18日)によれば,卒業に必要な履修単位数は140単位以上(入学年度により異なる)で,その内訳は,教養科目は18単位以上52単位まで,専攻基礎科目は18単位,専門科目は60単位以上(他学部の副専攻等がある場合は36単位以上),セミナー1単位となっている。

会計学を全学部の必修科目とした。当該科目は，全学部の共通教養科目のうちの一つの必修科目として「会計と社会（회계와 사회）」[12]という科目名で提供されている。「会計と社会」が必修科目とされた理由は，ビジネス専攻の学生に限らず，医学，薬学，スポーツ，芸術等の他分野を専攻する学生であっても，将来社会に出て生活していく上で会計の知識が必要とされるからであり，また，職務上，財務数値を読解し分析する能力が必要とされる場合には尚更のことである。付言すれば，学生が社会で活躍していくためには生涯にわたり会計リテラシーが必要であるということを，ビジネスに携わっている斗山グループの経営陣が強く認識しているからであり，そのことは経済社会のニーズとして会計リテラシー教育が強く求められていることの証左であると拝察される。

以下においては，「会計と社会」において使用されている教材『生活の中の会計（생활속의 회계）』[13]の構成とそのシラバスについて管見するものである[14]。なお，1年次配当の教養必修科目には，「会計と社会」以外に「ライティング（글쓰기）」，「創造性とコミュニケーション（창의와소통）」，「コンピューティング的思考と問題解決（컴퓨팅적사고와문제해결）」，「英語コミュニケーション（Communication in English）」等の科目がある[15]。また，2017年度には教養科目の改正があり，脚注12に示すように「会計と社会」は，「アントレプレナーシップ時代の会計（앙트레프레너십 시대의 회계）」に変更となっている。上記のその他の必修科目は継続となっている。

---

12 中央大学校2017年度第1学期の「受講と学士案内（수강 및 학사안내）」によれば，「会計と社会」は2012年度から2016年度までの科目名で，2017年度からは「アントレプレナーシップ時代の会計（앙트레프레너십 시대의 회계）」に科目名が変更されている（「受講と学士案内」10-11頁）。なお，テキストが同一のものかどうかは確認できなかった。

13 정도진・박인선・윤성용・강신범・한형성・배수진（2012）『생활속의 회계（生活の中の会計）』2판，중앙대학교 출판부（中央大学校出版部）．

14 中央大学校で入手した資料や教材の翻訳にあたっては，阪南大学経営情報学部専任講師である李兌賢先生のお力添えをいただいた。ここに記して感謝申し上げるものである。また，教材『生活の中の会計』については，B5版で280頁あり，翻訳ソフト及びネット上の翻訳サイトにおいて本文（韓国語）を入力しその訳文を参考として翻訳を行った。2017年10月5日には，当該テキストの翻訳を完了している。なお，本稿における関連資料及び教材の翻訳における誤謬はすべて筆者の責に帰すものである。

15 中央大学校2016年度第1学期の「受講と学士案内（수강 및 학사안내）」，11頁。

(1) 必修科目「会計と社会」の教材『生活の中の会計』の構成

『生活の中の会計』は，中央大学校の会計学教授陣が執筆したもので，代表執筆者はJUNG Do-Jin（정 도진，鄭 道塡）教授である。発行は，2011年9月7日に第1版が発行され，2012年3月5日に第2版が発行されている。本稿で取り上げているのは，第2版である。同書の「はしがき」に[16]には，次のような内容が記されている。

図表3 『生活の中の会計』の「はしがき」にみる初年次会計教育の意義

> 大学生のための『生活の中の会計』は，経営学や会計学を専攻しない場合であっても，学生達が日常的な経済活動の中で知るべき会計知識や財務知識の内容を提供したものである。本書は一般的な会計原理の教材とは異なり，会計情報の作成者よりは利用者の側面から，会計情報をどのように理解し，経済的な意思決定に活用できるかを説明している。
>
> なお，会計情報が実際生活の中でどのように利用されているかを，会計学を専攻していない学生であっても簡単に理解できるように，様々な事例と新聞記事などの資料を引用している。本書の会計常識，会計事例，金融常識などを読めば，自然に会計情報を理解し活用できる能力が身についていくことを期待している。
>
> 大学生のための『生活の中の会計』は，大学で教養科目の講義教材に使用されるように，全14講（筆者注，日本の書籍の章に該当）で構成されている。なお，今回の改訂版では，各講が2時間の大学の授業で十分に説明ができるような分量である。本書は4部で構成されている。第1部は，財務諸表に関する全般的な理解のために，財務諸表の種類と各財務表の内容について説明している。そして，第2部と第3部では，企業の投資活動を表す資産と財務活動を表す負債および資本について説明している。最後の第4部では，会計情報を活用した意思決定の事例で，財務比率分析，原価管理，税金などの内容で構成されている。
>
> 本書を通して大学生がより簡単に会計や財務情報を理解し，なおかつ活用できることを望んでいる。

「はしがき」にあるように，『生活の中の会計』は，中央大学校で学ぶすべての学生が教養として身に付けるべき会計の知識を教授することを目的に編集されており，会計リテラシー教育を実現しようとする執筆者の思いを読み取ることができる。とりわけ，会計情報の利用者の観点から，会計情報をどのように理解し，経済的意思

---

[16] 정도진・박인선・윤성용・강신범・한형성・배수진 (2012)『생활속의 회계 (生活の中の会計)』2판，중앙대학교 출판부 (中央大学校出版部), p.iii.

決定に会計情報をどのように活用できるようになるかに重点が置かれている。次に，同書の目次[17]を以下に提示しておきたい。

図表４ 『生活の中の会計』の目次

第１部 財務諸表の理解

第１講 生活の中の会計
　第１節 中央広報大使ハ・ユンジンさんを介して見る会計の世界
　第２節 中央山岳会の喫茶店運営を介して見る会計の世界
　第３節 企業の経営活動は会計情報にどのように現れるのか
第２講 財務諸表は企業活動を照らす鏡である
　第１節 財務諸表とは何か
　第２節 企業の財産状態を調べてみる
　第３節 企業の経営成果を調べてみる
　第４節 財務諸表の作成過程と作成原則
第３講 財務諸表を区分するとより多くの情報が得られる
　第１節 流動性による資産と負債の分類
　第２節 営業活動と営業外活動による損益の分類
　第３節 財務諸表を信じても良いのか
第４講 現金を受けたのに収益ではないということは
　第１節 現金主義と発生主義
　第２節 収益と費用はいつ記録したらよいのか
　第３節 避けられない信用取引はどのように処理するのか

第２部 企業の投資活動

第５講 預金も現金である
　第１節 今日の私の流動性は高いのか
　第２節 私自身も現金である
　第３節 私たちは作ることができない当座預金通帳
　第４節 内部統制で実現する現金管理
第６講 利益は棚卸資産の評価次第である
　第１節 商企業の棚卸資産と製造企業の棚卸資産は違う

---

[17] 정도진・박인선・윤성용・강신범・한형성・배수진（2012）『생활속의 회계（生活の中の会計）』２판，중앙대학교 출판부（中央大学校出版部），pp.iv – vii.

第2節　売上総利益は期末在庫商品によって決定される
　　第3節　期末在庫商品の数量はどのように決定されるのか
　　第4節　在庫商品の単価はどのように計算するのか
第7講　中古車が新車より安いのはなぜか
　　第1節　有形資産の意味と種類
　　第2節　有形資産の取得原価
　　第3節　有形資産の価値の減少
　　第4節　定額法と定率法，文字一つの違い
第8講　目に見えなくても資産である
　　第1節　形体のない無形資産
　　第2節　無形資産の権利の減少
　　第3節　目に見えない超過利益を生み出す能力
　　第4節　資産になる芸能人と費用になる運動選手

第3部　企業の財務活動

第9講　事業に必要な資金をどのように調達するのか
　　第1節　企業はどのような方法で資金を調達するのか
　　第2節　事業を開始するために株式を発行する
　　第3節　利益剰余金はなぜ変動するのか
第10講　事業を拡大するためにお金を借りる
　　第1節　借入金による資金調達
　　第2節　社債発行による資金調達
　　第3節　社債を発行するか，株式を発行するか

第4部　会計情報の活用

第11講　会計を知れば株式が見える
　　第1節　財務諸表を読めば企業が見える
　　第2節　証券分析を通じた株式投資をやってみる
第12講　製品の原価を計算しよう
　　第1節　商企業と製造企業の損益計算書の内容は同一か
　　第2節　製品の生産に幾らかかったのかはどのようにすればわかるのか
　　第3節　製造原価を変動費と固定費にどのように区分するのか
　　第4節　原価の流れと製造過程
第13講　原価情報を活用した経営の意思決定

> 第1節　原価は常に同一か
> 第2節　製品をどれだけ売れば利益が残るのだろうか
> 第3節　どの選択肢がよりいいのか
> 第4節　既存の設備を変更してみよう
> 第14講　私たちの近くにある税金
> 　第1節　私たちが払う税金にはどのようなものがあるのか
> 　第2節　個人や企業の所得と税金

(2) 必修科目「会計と社会」のシラバス

　ここでは，中央大学校のすべての大学で必修となっている教養科目「会計と社会」のシラバスの内容を取り上げたい。「図表5」の講義計画から知られることは，1年次の第1学期に教材『生活の中の会計』の第1講から第10講までを教授し，第11講から第14講は1年次の第2学期に教授されていることである。第2学期に4つの講の内容が扱われていることになるが，その理由は，第11講が財務諸表分析，第12講が原価計算，第13講が損益分岐点分析を応用した経営意思決定，第14講が所得税・法人税となっており，高度な内容を含んでいるため，それぞれの講の内容について複数回で授業が編成されていると考えられる。なお，第2学期の講義計画については，収集した資料に含まれていなかったため本稿では取り上げていない。

① 科目概要

　現代人は毎日多様な意思決定をしながら生きていく。たいていの問題は，経済的な問題とかかわっているので，意思決定を効率的にするためには会計に対する基本的な知識が必要である。我々が経済的な意思決定を効率的に行うためには，意思決定と関連している様々な情報を収集して，それを効率的に使用しなければいけない。そのような必要性を考慮し，本科目は，学生が会計に関する基本概念と会計の基本要素に対する会計処理を学習することによって，企業が提供する財務諸表を理解できるようにする。

② 授業目標

　経済的意思決定を効率的に遂行するために必要な会計の基本概念，企業経営と会計，会計情報と財務諸表や，資産・負債・資本・収益・費用に関する会計

処理や財務諸表分析などに関する知識を習得することで，企業の会計情報を理解し，実務に応用できる財務的理解度を高めることを基本目標とする。
③　週別講義内容
　「会計と社会」の1年間の教科課程は全体16週，週2時間で構成されている。8週目，16週目は中間試験，期末試験を実施する。財務的理解度の評価は2週目の授業が始まる前に20分間事前評価（Pre-test）を実施し，16週目には期末試験と一緒に20分間事後評価（Post-test）を実施する。

図表5　必修科目「会計と社会」の講義計画

週	講義内容
1週間目	ガイダンス―講義内容と評価の方法を説明 生活の中の会計―日常生活の中で，会計情報がどのように活用されているかを理解する。
2週間目	財務的理解度Pre-test実施（20分） 生活の中の会計―生活の中の企業活動に関する事業計画，実行，結果報告など，会計情報がどのように活用されているかを理解する。
3週間目	財務諸表は企業活動を照らす鏡である―企業活動と財務諸表の中の会計情報の関係を理解する。
4週間目	財務諸表を区分するとより多くの情報が得られる―会計情報を作る過程（会計循環過程）を理解する。
5週間目	財務諸表を区分するとより多くの情報が得られる―財務諸表の構成要素を区分してその意味を理解する。
6週間目	現金を受けたのに収益ではないということは―発生主義と現金主義の差異について理解する。
7週間目	現金を受けたのに収益ではないということは―企業の収益認識と費用認識，企業の経営成果をどのように評価するかを調べる。
8週間目	中間試験
9週間目	預金も現金である―「会計の中の現金」の意義と分類について分析する。
10週間目	利益は棚卸資産の評価次第である―在庫資産の評価と測定について理解する。
11週間目	中古車が新車より安いのはなぜか―有形資産と減価償却について理解する。
12週間目	目に見えなくても資産である―無形資産について理解する。
13週間目	事業に必要な資金をどのように調達するのか―事業の資金調達方法と個人資産による資金調達について理解する。
14週間目	事業を拡大するためにお金を借りる―負債による資金調達の類型
15週間目	事業を拡大するためにお金を借りる―株式発行と資金調達の類型
16週間目	財務的理解度Post-test（20分），期末試験

④ 教材及び講義の進行方式

　　教材：『生活の中の会計』

　　講義の進行方式は，教材を中心に板書，視聴覚教材を活用し講義と討論により進める。

⑤ 学習評価方法

評価項目	配点（％）
中間試験	35
期末試験	40
課題および授業参加度	10
出席	10
財務的理解度テスト	5
合計	100

注：財務的理解度の評価結果を成績に5％反映することによって，学生が財務的理解度のテストに欠席することや不誠実に受験することを統制している。

第5節　『生活の中の会計』の特徴と概要

　既述のように中央大学校の教養必修科目「会計と社会」の教材『生活の中の会計』は，次のとおり4部で構成されている。括弧内の表記は筆者がその内容を考慮して注記したものである。

　第1部　財務諸表の理解（会計基礎概念と財務諸表）

　第2部　企業の投資活動（資産の会計）

　第3部　企業の財務活動（負債・資本の会計）

　第4部　会計情報の活用（財務諸表分析と経営意思決定）

　中央大学校に在籍するすべての学生がこの科目を履修するため，会計情報の作成ができるようになるための作成者の視点ではなく，会計の知識を将来の社会生活の中で応用できるように会計情報の利用者の視点で本書が編集されていることが大きな特徴である。また，日本の大学の商学部・経営学部の1年次で独立科目として必修・選択必修となっている簿記原理・初級簿記等で扱われる学習の内容は，第2講第4節の「財務諸表の作成過程と作成原則」において簡潔に扱われているのみであ

る。

　第1部では，経済活動を写し出す財務諸表の基礎的な理解ができるように，学生生活における個人の消費活動やクラブ活動を事例として，T勘定の貸借複記，貸借対照表の仕組みとその構成要素，損益計算書の仕組みとその構成要素等，会計記録の基本と会計基礎概念について説明がなされている[18]。第1部の4つの講[19]の要点を整理したものが「図表6」である。

図表6　第1部の授業内容の要点

第1部　財務諸表の理解		
第1講	①	学生の消費活動に伴う収支項目をT勘定において保有物とその購入のための資金源として記録し，それらの項目を資産・負債・資本に分類して貸借対照表を作成する。
	②	学生の喫茶店運営における事業計画の立案，資金調達を通して開始貸借対照表を作成し，会計等式を理解する。
	③	学生の喫茶店運営の成果を把握するために，開始時点と期末時点の比較貸借対照表を作成し，期末の資産合計と期首の負債資本合計の差額を財産法により計算する。
	④	学生の喫茶店運営の成果を把握するために，売上とそれに要した費用項目を集計して損益計算書を作成し，一定期間の損益を損益法により把握する。
第2講	①	情報利用者の経済的意思決定に有用な情報を提供するという会計の目的を理解する。
	②	情報提供の目的に従って，経営活動を貨幣単位で測定し，それを帳簿に記録し，これをもとに財務諸表を作成して情報利用者に伝達するという会計行為が営まれることを理解する。
	③	財務諸表を構成する基本書類は，貸借対照表，損益計算書，キャッシュ・フロー計算書，資本変動表である。

18　『生活の中の会計』と同様のアプローチで編集された初年次会計教育の教材として次を参照されたい。浦崎直浩編著『これから学ぶ会計学』中央経済社，2011年。本書は，会社経営を支えるものが会計であるという視点に立ち，管理会計，情報システム，財務会計，会計監査の4側面を統合した会計教育システムを構築することを試みたものである。特に，会計の技術的側面を強調するのではなく，ビジネスを疑似体験することを通じて会計の意義を学び，適正な会計的判断を行使する人材を養成することに重点を置いたものである。

19　정도진・박인선・윤성용・강신범・한형성・배수진（2012）『생활속의 회계（生活の中の会計）』2판，중앙대학교 출판부（中央大学校出版部）。各講の頁数は，第1講が4−21頁，第2講が22−45頁，第3講が46−65頁，第4講が77−84頁となっている。

	④	YGエンターテイメント社の要約貸借対照表を利用して，資産・負債・資本の意義と貸借対照表の読み方を学ぶ。
	⑤	YGエンターテイメント社の要約損益計算書を利用して，収益・費用・利益の意義と損益計算書の読み方を学ぶ。
	⑥	会計循環過程（取引の発生→取引の識別→仕訳帳に仕訳→元帳に転記→修正前試算表の作成→決算と修正仕訳→修正後試算表の作成→財務諸表の作成）を学ぶ。
	⑦	単式簿記と複式簿記の相違および複式簿記における取引の8要素ならびに仕訳の原則について学び，複式簿記の手続の一巡を理解する。
第3講	①	資産を流動性に基づいて分類し，流動資産と非流動資産を構成する主要科目について理解する。
	②	負債を流動性に基づいて分類し，流動負債と非流動負債を構成する主要科目について理解する。
	③	営業活動と営業外活動の意義について理解し，営業損益と営業外損益に区分された損益計算書の仕組みを理解する。
	④	会計基準に基づいて財務諸表を作成する意義と会計監査について理解する。
第4講	①	現金主義と発生主義による期間損益計算の相違について理解する。
	②	収益の期間帰属認識と計算原則について学ぶ。
	③	費用の期間帰属認識と計算原則について学ぶ。
	④	信用取引の意義とそれに伴う売上債権・仕入債務について学ぶ。
	⑤	期間損益計算における経過勘定項目とその処理について学ぶ。

　第2部では，企業の投資活動の結果として企業が保有する資産項目のうち，現金・預金，棚卸資産の原価集合・原価配分・評価替，固定資産の原価集合・原価配分・評価替，無形資産の評価等の問題が扱われている。第2部の4つの講[20]の要点を整理したものが「図表7」である。

---

[20] 정도진・박인선・윤성용・강신범・한형성・배수진（2012）『생활속의 회계（生活の中の会計）』2판，중앙대학교 출판부（中央大学校出版部）。各講の頁数は，第5講が88-105頁，第6講が106-125頁，第7講が126-145頁，第8講が146-164頁となっている。

図表7　第2部の授業内容の要点

第2部　企業の投資活動		
第5講	①	企業経営における流動性の意義を理解し流動比率による支払能力を分析する。
	②	現金・現金性資産の意義を理解し当座預金口座の利用目的と処理を学ぶ。
	③	現金管理のための内部統制の方法を学ぶ。
第6講	①	商業・製造業・サービス業という企業の種類を理解し商業と製造業の棚卸資産の相違について学ぶ。
	②	棚卸資産の原価集合と原価配分について理解し売上総利益の計算について学ぶ。
	③	期末在庫商品の数量計算の方法としての継続記録方と棚卸計算法について学ぶ。
	④	期末在庫商品の単価計算の方法としての個別法・平均原価法・先入先出法について学ぶ。
第7講	①	有形資産の意義と種類，保有目的と物理的実体の有無による非流動資産の区分について理解する。
	②	有形資産の原価集合と原価配分の意義について理解する。
	③	減価償却法としての定額法と定率法の相違および減価償却費の意義を理解する。
第8講	①	無形資産の定義を理解し，無形資産の認識基準を学ぶ。
	②	無形資産の種類（のれん，産業財産権，著作権，ソフトウエア，フランチャイズ）について学ぶ。
	③	無形資産の原価集合・原価配分・評価について学ぶ。
	④	超過収益力を示すのれんの意義と算定・評価について学ぶ。
	⑤	芸能人の育成にかかる支出は資産となり，運動選手の育成にかかる支出は費用となる理由について理解する。
	⑥	研究開発費の資産処理と費用処理の相違とその意義について理解する。

　第3部では，企業の投資活動に必要とされる資金をどのように調達するのかについて学習する。基本的な内容は，自己資本と他人資本の意義と相違について理解し，銀行借入や社債発行による資金調達と株式発行による資金調達のいずれが有利になるのかを，資本コスト，返済義務の有無等の観点から学ぶことにある。第3部の2つの講[21]の要点を整理したものが「図表8」である。

21　정도진・박인선・윤성용・강신범・한형성・배수진（2012）『생활속의 회계（生活の中の会計）』2판，중앙대학교 출판부（中央大学校出版部）。各講の頁数は，第9講が168-183頁，第10講が184-199頁となっている。

図表8　第3部の授業内容の要点

第3部　企業の財務活動	
第9講	① 企業の資金調達の方法として自己資本による資金調達と他人資本による資金調達の意義と相違について理解する。 ② 他人資本による資金調達方法としての資金の借入と社債の発行について学ぶ。 ③ 自己資本による資金調達方法としての株式の発行と内部留保の利用について学ぶ。 ④ 資本の構成要素としての資本金，資本剰余金，利益剰余金について理解する。 ⑤ 普通株式と優先株式の相違について理解する。 ⑥ 株式の額面発行，割増発行，割引発行について理解する。 ⑦ 利益剰余金の意義と計算について学ぶ。
第10講	① 事業拡大のために借入により資金調達を行う意義と財政状態への影響を学ぶ。 ② 事業拡大のために社債発行により資金調達を行う意義と社債発行の種類（額面発行，割引発行，割増発行）を学ぶ。 ③ 社債発行と株式発行はどちらが有利になるのかを，返済義務の有無，会社精算時の弁済の優先権，資本コスト，経営参加権の有無等の観点から考える。 ④ 負債の法人税削減効果について学ぶ。

　最後の第4部は，会計情報を実際の経済意思決定に活用できる基礎能力を養成することを目的とする。学びの論点は，財務諸表分析，原価計算，原価情報を活用した損益分岐点分析に基づく経営意思決定，租税制度である。第4部の4つの講[22]の要点を整理したものが「図表9」である。

---

[22] 정도진・박인선・윤성용・강신범・한형성・배수진（2012）『생활속의 회계（生活の中の会計）』2판，중앙대학교 출판부（中央大学校出版部）。各講の頁数は，第11講が202-215頁，第12講が216-237頁，第13講が238-259頁，第14講が260-275頁となっている。

図表9　第4部の授業内容の要点

第4部　会計情報の活用		
第11講	①	財務諸表分析の基本的手法としての安全性分析および収益性分析について学ぶ。
	②	安全性分析の比率として流動比率と負債比率について理解し応用力を身に付ける。
	③	収益性分析の比率として自己資本利益率・総資産利益率について理解し応用力を身に付ける。
	④	証券分析の手法として株価収益率・株価純資産比率・1株当たり純利益について理解し応用力を身に付ける。
第12講	①	商業と製造業の損益計算書の違いについて理解する。
	②	製造原価明細書の仕組みについて学ぶ。
	③	発生費用の追跡可能性による費用分類と変動費・固定費の関係について理解する。
	④	原価の流れと製造過程について理解する。
第13講	①	生産量の変化と原価の関係について理解する。
	②	損益分岐点の意義を理解し損益分岐点の生産量を計算する。
	③	損益分岐点分析を応用し設定した目標利益を達成するための生産量を計算する。
	④	関連原価・非関連原価および関連収益・非関連収益の意義について理解する。
	⑤	生産計画における関連収益と原価分析の方法について理解し代替案の選択ができるような応用力を身に付ける。
	⑥	原価情報を利用して生産計画における機械設備の更新の有無に関する意思決定を学ぶ。
第14講	①	国税の種類について学ぶ。
	②	地方税の種類について学ぶ。
	③	所得の種類別課税方法と適用基準について学ぶ。
	④	所得税の計算過程について学ぶ。
	⑤	源泉徴収と年末調整について学ぶ。

第6節　おわりに

　本章は，韓国ソウル特別市に所在する中央大学校の会計教育に関する調査結果をまとめたものである。本章の内容を以下に摘記することでむすびに代えたい。
① 経営学部において卒業に必要な履修単位数は140単位以上で，その内訳は，教養科目が18単位以上52単位まで，専攻基礎科目が18単位，専門科目が60単位以上

（他学部の副専攻等がある場合は36単位以上），セミナー1単位となっている。専攻基礎科目には，会計学原論以外に経営学原論，経済学原論，経営経済論，経営統計学，ビジネスディベートがある。

② 会計記録の前提となる記帳技術（複式簿記）に関する教育は，経営学部の専攻基礎科目「会計学原論」の授業で行われていることが推察される。日本では簿記論等の独立の科目として教育が実施されている状況とは異なることが確認された。なお，教養必修科目「会計と社会」の教材『生活の中の会計』では，単式簿記と複式簿記の相違，貸借複記の原理，複式簿記の手続の一巡が簡潔に述べられているに過ぎない。

③ 中央大学校の教養科目「会計と社会」（教材『生活の中の会計』）が必修科目となっている理由は，ビジネス専攻の学生に限らず，医学，薬学，スポーツ，芸術等の他分野を専攻する学生であっても，将来社会に出て生活していく上で会計の知識が必要とされるからであり，また，職務上，財務数値を読解し分析する能力が必要とされることにある。なお，中央大学校は，2008年5月から韓国の大企業・斗山グループが学校法人中央大学校の経営を担うことになり，斗山グループの意向をうけて基礎会計学を全学部の必修科目と機関決定したことがもう一つの理由である。

④ 教養必修科目「会計と社会」の教材『生活の中の会計』は，経営学や会計学を専攻しない場合であっても，学生が日常的な経済活動の中で知るべき会計知識や財務知識の内容を提供したものである。本書は一般的な会計原理の教材とは異なり，会計情報の作成者よりは利用者の側面から，会計情報をどのように理解し，経済的な意思決定に活用できるかを説明したものとなっている。ただし，キャッシュ・フロー計算書は基本財務諸表の一つとして指摘されているにもかかわらず，キャッシュ・フロー計算書についての説明や講がなかった。

日本公認会計士協会は，2017年7月11日に「会計基礎教育の推進に関する基本方針」を公表し，その中で「広く国民が社会で活躍していくための会計の基礎的な素養（会計リテラシー）を身に付けるための会計基礎教育」[23]の必要性が指摘され，初等・中等・高等教育における会計リテラシー教育並びに生涯教育としての会計リ

---

23 日本公認会計士協会（2017）「会計基礎教育の推進に関する基本方針」，1頁。

テラシー教育のあり方が問われている。韓国中央大学校の初年次会計教育は，情報利用者の視点を重視し，①会計基礎概念と財務諸表の仕組み，②資産の会計，③負債・資本の会計，④財務諸表分析と経営意思決定へと順次展開しており，日本の大学において会計リテラシー教育を実践する場合の一例として参考になるものであろう。

（著者注：本稿は，『産業経理』（産業経理協会，2017年度第4号，第77巻第4号，2018年1月，4-14頁）に公表した論文「韓国中央大学校の初年次会計教育」に加筆・修正したものである。）

浦崎　直浩

「解説」 社会科・公民科教育の観点から

1　学習指導要領と「学習指導要領解説」

　学校教育法施行規則第74条によれば，「中学校の教育課程については…教育課程の基準として文部科学大臣が別に公示する中学校学習指導要領によるものとする」とある。高等学校についても，同様の規定が第84条にある。

　この規定から明らかなように，学習指導要領は文部科学大臣が定めた「教育課程の基準」である。各学校では，学習指導要領を基準として，教育課程（学校の教育計画）の編成を行う。なお，旭川学力調査事件の最高裁判所判決（1976年）によって，学習指導要領には法的な基準性があるとされている[1]。

　中学校社会科や高校公民科などの各教科，社会科の各分野（地理・歴史・公民）や公民科の各科目（「現代社会」「倫理」「政治・経済」）について，学習指導要領は，それらの目標，内容，「内容の取扱い」を定めている。ただし，学習指導要領は大綱的基準であって，教員が授業で取り上げる内容をことこまかに記述しているわけではない。実際の授業は，教員の創意工夫，裁量にゆだねられている部分が大きい。

　とはいっても，学習指導要領の趣旨が教員，教科書会社などに正確に伝わらないのでは困る。そこで，文部科学省は「学習指導要領解説」を作成している。ただし，「解説」については，法令に基づいて作成されるものではない。したがって，これには，法的な拘束力はない。

　法的拘束力のない「解説」ではあるが，教科書編集者や執筆者，教員は，これを丁寧に読み込んでいる。学習指導要領の趣旨を，できるだけ正確に知る（理解する）ためである。学習指導要領の求めるところをよくくみ取り，これをベースに様々なアイディアを盛り込んだ教科書が作成される。教員は，これを主たる教材として，生徒の興味関心，発達段階などを考慮しながら日々の授業を展開する。

　学習指導要領は，これまで，ほぼ10年ごとに改訂されてきた。現行の中学校学習指導要領が告示されたのは2008年3月，高校は翌09年3月であった。次期学習指導要領については，中学校が2017年3月，高校は18年3月に告示されている。中学校

---

[1]　http://www.mext.go.jp/b_menu/hakusho/html/others/detail/1318314.htmを参照。

の次期学習指導要領については2021年から全面実施，高校は翌22年から年次進行での実施である。

このように，約10年ごとに学習指導要領の改訂が行われてきたのは，10年ほどの間に，社会から学校教育へ求めるものが変わるからである。ＡＩの急速な普及，18歳への選挙権年齢・成人年齢の引き下げ，グローバル化の進展などは，プログラミング教育や主権者教育・消費者教育，英語教育などの一層の充実を学校教育に求めることになった。

また，生徒の発達や学習状況に関わる課題への対応ということもある。「全国体力・運動能力，運動習慣等調査」や「全国学力・学習状況調査」，また，経済協力開発機構（OECD）の「学習到達度調査（PISA）」などで，生徒の体力や学力などに関わる課題が明確になれば，学校教育はそれに対応しなければならなくなる。

各教科の親学問の発達，変化にも，学習指導要領は対応しなければならない。生命科学や情報科学などの急速な発達，歴史学などにおける新たな発見や定説の転換など，親学問の変化に対して，タイムラグをともないながらも，学習指導要領はキャッチアップする必要がある。

2　次期中学校学習指導要領解説社会科と企業会計

2018年7月，次期「中学校学習指導要領解説　社会編」[2]が，文部科学省から公表された。この「解説」では，「社会に開かれた教育課程」「育成を目指す資質・能力の明確化」「『主体的・対話的で深い学び』の実現に向けた授業改善の推進」など，新しい教育課程の基本方針に沿って構想された中学校社会科について，その目標や内容，指導法に関わる説明がなされている。

公民的分野については，「内容」の大項目「B　私たちと経済」で経済を学習する。この大項目は，「(1)市場の働きと経済」と「(2)国民の生活と政府の役割」の二つの中項目から構成される。このうち，「(1)」において，「個人や企業の経済活動における役割と責任」について授業する際には，「起業について触れるとともに，経済活動や起業などを支える金融などの働きについて取り扱うこと」（「内容の取扱い」）と指摘された。

2　文部科学省『中学校学習指導要領（平成29年告示）解説　社会編』東洋館出版社，2018年。

すでに，本書第1部や第3部で取り上げられているとおり，この「内容の取扱い」の指摘に関わって，「解説　社会編」は次のように述べる。

> 　資金の流れや企業の経営の状況などを表す企業会計の意味を考察することを通して，企業を経営したり支えたりすることへの関心を高めるとともに，利害関係者への適正な会計情報の提供及び提供された会計情報の活用が求められていること，これらの会計情報の提供や活用により，公正な環境の下での法令等に則った財やサービスの創造が確保される仕組みとなっていることを理解できるようにすることも大切である

　この解説によれば，企業会計とは資金の流れや企業の経営状況などを示すものであることの理解の下に，授業では，「企業会計の意味」を考察させる必要がある。さらに，会計情報は投資家や取引先などの利害関係者に提供されるものであるが，それは「適正」なものでなければならないこと，提供された会計情報は「活用」するものであることへの理解が求められている。

　現行の中学校学習指導要領，また，同「解説　社会編」では，企業会計，会計情報などの用語は含まれていない。それだけに，次期「学習指導要領解説　社会編」にこれらが含まれたことは，先述の「社会から学校教育へ求めるもの」の変化の表れと考えるべきであろう。

　中央教育審議会に対し，文部科学大臣が次期学習指導要領等の在り方を諮問したのは2014年であった。この年，閣議決定された「日本再興戦略改訂2014—未来への挑戦—」[3]では，「国民意識の改革と起業家教育」の必要性がベンチャー支援として掲げられていた。起業との関連で「金融などの働き」をとらえさせ，さらに企業会計の意味を考察させようという「解説」の指摘は，「日本再興戦略」で示された「初等中等教育からの起業家教育の推進」など「社会から学校教育」への求めに応じたものと解釈できる。

3　https://www.kantei.go.jp/jp/singi/keizaisaisei/pdf/honbunJP.pdf

3 次期高等学校学習指導要解説領公民科と企業会計

2018年7月,次期「高等学校学習指導要領解説　公民編」[4]が公表された。注目は新しい必履修科目「公共」であったが,この科目の「解説」においても,次のように企業会計について取り上げられている（「B 自立した主体としてよりよい社会の形成に参画する私たち」）。

> 　金融の働き…に関わる具体的な主題とは,例えば,起業のための資金はどのようにすれば確保できるか…といった,具体的な問いを設け主題を追究したり解決したりするための題材となるものである。
> 　その際,例えば,…経営者と投資家などとの間には企業の経営状況に関わる情報の保有量や質に差が存在することから,企業には法に基づく適正な手続きに則った企業会計に関わる情報の開示が求められており,会計情報の提供や活用により,公正な環境の下での法令等に則った財やサービスの創造が確保される仕組みになっていること…などの観点から多面的・多角的に考察,構想し,表現できるようにすることが考えられる。なお,その際,企業の会計情報の活用などにより,企業を経営したり支えたりすることへの関心を高めることができるよう,指導を工夫することも考えられる。

「公共」における企業会計の扱いでは,「法に基づく適正な手続きに則った企業会計に関わる情報の開示」の必要性が,経営者と利害関係者との間にある「情報の非対称性」の観点から説明されている。また,公民的分野同様,会計情報の活用により,企業経営への関心を高めることも求められている。

選択科目「政治・経済」の「解説」においても,「公共」同様,企業会計の学習が求められている（「A 現代日本における政治・経済の諸課題」）。

4　http://www.mext.go.jp/component/a_menu/education/micro_detail/__icsFiles/afieldfile/2018/07/17/1407073_04.pdf

解説 社会科・公民科教育の観点から

> 　企業経営に関する金融の役割に関しては，現代における株式会社の仕組みと特色，企業統治や企業の社会的な責任などについての理解を基に，企業経営で必要な資金は，直接もしくは間接に金融市場から調達していることに関して，企業会計の役割と関連付けて理解できるようにすることが大切である。その際，例えば，株式や社債の発行による資金調達が証券市場など金融市場の動向と関連していることを，企業の会計情報などを活用し，模擬的な活動を通して理解できるようにするとともに，企業を経営したり支えたりすることへの関心を高めることが考えられる。また，例えば，起業に際して，どのように資金を調達すればよいか，起業の企画案と資金調達を企業側と資金提供側に分かれて企業経営と金融との関係を具体的に理解できるようにすることも考えられる。

　「政経」では，企業の金融市場からの資金調達を理解させるために，「企業会計の役割と関連付け」ることが求められている。また，資金調達と金融市場との関連について，模擬的な活動を通して理解させる際，会計情報を活用させることが期待されている。「政経」の場合は，公民的分野，「公共」と異なり，企業の資金調達との関連で企業会計を扱うところに特徴がある。

4　社会科・公民科で企業会計を学ぶ意義と課題

　中学校社会科公民的分野，高校公民科で，企業会計を学ばせるようになったことの意義については，すでに本書第1部で，それが「会計教育のリテラシー教育化」であると指摘されている。そこでは，「会計が『できる』から会計が『わかる』教育への展開が必要」であり，会計が「わかる」とは「会計の社会的意義を理解できることを意味している」と説明されている。

　これまで，社会科・公民科で会計をどのように扱うべきか，社会科教育関連の学会・研究会等で検討されたことはない。商業高校における専門教科ではない，共通（普通）教科としての会計教育は，何を目標に，どのような内容を，いかなる方法で学ばせるのか，社会科教育の研究者・実践者と会計の研究者・実務家による共同研究が必要である。

　その際，社会科・公民科は「社会を理解させ，市民を育てる」教科であるという観点からの検討が求められる。「社会を理解させ」ることをねらいとする会計教育

では，上述の「会計の社会的意義」が必須の学習内容になる。これには，アカウンタビリティ（説明責任）や「情報の非対称性」などがキーワードとして含まれることになろう。

また，公民的分野，「公共」，「政経」，それぞれに企業会計の学習が求められたことから，中学校から高校へ，必履修科目から選択科目へ，学習の継続性・発展性をどのように確保するかについての検討も必要となる。特に，中学校第３学年で学習される公民的分野から，高校第１学年，もしくは，第２学年で履修される「公共」へ，会計に関わる学習をどう深めるのかの検討は必須である。この検討から，最終的には，生涯学習を視野に入れた「会計リテラシー・マップ」[5]の作成も課題となってくる。

最後に，次期学習指導要領社会科・公民科では，「関係する専門家や関係諸機関などと円滑な連携・協働を図」（「内容の取扱い」）ることが求められていることを指摘したい。商業科の教員とは異なり，社会科・公民科の教員は必ずしも会計に詳しいわけではない。このため，教員への研修，教材の作成協力，ゲスト・ティーチャーとしての授業参加など，「関係する専門家」としての公認会計士，また，「関係諸機関」としての日本公認会計士協会が果たすべき役割は大きい。

栗原　久

---

[5] 金融教育の分野では，「『最低限身に付けるべき金融リテラシー』を，年齢層別に，体系的かつ具体的に記した」金融リテラシー・マップが作成されている（https://www.shiruporuto.jp/public/document/container/literacy/pdf/map.pdf）。
　「会計リテラシー・マップ」については，日本公認会計士協会のウェブページ（「会計基礎教育の推進」）に，そのイメージが掲載されている（https://jicpa.or.jp/about/activity/basic-education/）。

付録

付録　会計基礎教育歴史年表

年代		主に簿記会計教育に関するもの	
	明治		
1868	4	7月　大学を廃して文部省設置	
		4月　塾を「慶應義塾」と命名（福澤諭吉，1858（安政5）年10月藩命により江戸築地鉄砲洲の中津藩中屋敷内に蘭学塾を開く）	
1872	5	8月　「学制」を頒布。小學　下等小学（6歳より9歳まで）　教科　「第27章　其地ノ形情ニ因テハ學科ヲ擴張スル為左ノ四科ヲ斟酌シテ教ルヿヲアルヘシ」　1 外國語學の一二　2 記簿法　3 畫學　4 天球學　下等中學（14歳より16歳まで）教科「第29章　11 記簿法」商業學校「第36章　商業學校ハ商用ニ係ルヿヲ教フ海内繁盛ノ地ニ就テ數所ヲ設ク」と規定（中学の一種として商業学校を規定）	1872年（明治5年）11月　国立銀行条例公布
		9月　「小学教則」公布「第1章　小學ヲ分テ上下二等トス下等ハ六歳ヨリ九歳ニ止リ上等ハ十歳ヨリ十三歳ニ終リ上下合セテ在學八年トス」	
		9月　「中学教則略」公布　上等中学（17歳より19歳まで）　第6級・第5級—2　習字　罫畫　記簿法	
1873	6	4月　「学制二編」追加　専門学校たる諸藝学校工業学校農業学校商業学校等を認める。　商業学校　豫科　7 記簿法，本科　1 記簿法，諸藝学校　豫科　7 記簿法	
		5月　東京に師範学校開校（翌年8月　東京師範学校と改称）	
		6月　『帳合之法』（初編2巻）慶應義塾出版局，1874（明治7）年6月（後編2巻）	1873年（明治6年）7月　第一国立銀行設立
		10月　加藤斌譯『商家必用：記簿法』東京：村上勘兵衛	

年	明治	事項	備考
		12月　啊爾喵遥度述；海老原濟，梅浦精一訳『銀行簿記精法』大蔵省	
1874	7	3月　文部省『家事儉約訓：百科全書』丸屋善七	1874年（明治7年）10月 株式取引条例制定
		4月　大蔵省銀行課内に銀行学局設置（1876（明治9）年7月廃止）	
1875	8	3月-10月　小林儀秀譯『馬耳蘇氏複式記簿法上中下』文部省	
		8月　森有礼　商法講習所を開設（1876（明治9）年5月東京府立となる）	
1878	11	1月　兵庫県商業講習所設立（11月神戸商業講習所と改称）	
		3月　三菱商業学校創立（1881（明治14）年に「明治義塾」と改名）	1878年（明治11年）5月15日-大蔵卿大隈重信から免許を受け，正式に東京株式取引所成立
		10月　森下岩楠，森島脩太郎『簿記學階梯』丸屋善七	
		10月　森島脩太郎『簿記學例題：完』丸屋善七	
1879	12	9月　「教育令」制定（その後　翌1880（明治13）年12月と1885（明治18）年8月の改正，1886（明治19）年3・4月，森有礼による一連の学校令の制定により廃止）	
1880	13	9月　「太政官第42号達」官省院使，府県に対し，金銭出納簿記ノ儀明治十二年七月ヨリ複記式ニ改正（1890（明治23）年制定の「会計法」「会計規則」によって終焉）	
		11月　私立大阪商業講習所設立　1881（明治14）年8月府立大阪商業講習所」と改称	
		12月　「教育令」改正　「第八條　商業學校ハ商業ノ學業ヲ授クル所トス」	
1881	14	5月　「小学校教則綱領」制定　「第26條　土地ノ情況ニ因リ商業ノ初歩ヲ加フルトキハ簿記・保險・銀行・郵便……等凡商家ノ緊要ノ事項ヲ授クヘシ」	

		5月 文部省直轄の職工学校新設（本科 化学工藝科・機械工藝科—學科目・簿記法）	
		7月 「中學校教則大綱」制定 「第1條 中學校ハ高等ノ普通學科ヲ授クル所ニシテ中人以上ノ業務ニ就クカ為メ又ハ高等ノ學校ニ入ルカ為メニ必須ノ學科ヲ授クルモノトス 第2條 中學科ヲ分テ初等高等ノ二等トス」「第5條 中學校ノ高等中學科ノ外モ若クハ高等中學科ヲ置カス農業又ハ，工業，商業等ノ各專修科ヲ置クコトヲ得」	
		8月 「師範学校教則大綱」制定 中等・高等師範学科 學科目 記簿	
1882	15	4月 銀行事務講習所を開設（1886（明治19）年5月文部省の管轄となり，東京商業学校の付属として銀行専修科と改称）	1882年（明治15）年10月日本銀行開業
1883	16	4月 「農業業学校通則」制定 「第2條 第一種ハ主トシテ躬ラ善ク農業ヲ操ルヘキ者ヲ養成スル為メ上款ニ遵ヒ之ヲ設置スルモノトス 第二種ハ主トシテ善ク農業ヲ處理スヘキ者ヲ養成スル為メ下款ニ遵ヒ之ヲ設置スルモノトス」 上款・下款 學科目 農業簿記	
1884	17	1月 「中学校通則」制定	
		1月 「商業学校通則」制定 商業学校を，第一種（「主トシテ躬ヲ善ク商業ヲ營ムヘキ者ヲ養成スル為メ上款ニ遵ヒ之ヲ設置スルモノトス」）・第二種（「主トシテ善ク商業ヲ處理スヘキ者ヲ養成スル為メ下款ニ遵ヒ之ヲ設置スルモノトス」）の二等に分ける。上款・下款 學科目 簿記等	
		3月 東京外国語学校に高等商業学校を付設（文部省所管） 商法講習所を農商務省の所管とし，東京商業学校と改称。（1887（明治20）年10月官制中の改正により）	
1885	18	3月 府立大阪商業学校設立	
		5月 農商務省立東京商業学校が文部省に移管	

		9月　東京外国語学校・同校付属高等商業学校と上記東京商業学校と合併して東京商業学校新設（校長矢野次郎）	
1886	19	3月から4月「学校令」（帝国大学令・師範学校令・小学校令・中学校令・諸学校通則の5勅令）公布	
		4月　「小学校令」公布　「第一條　小学校ヲ分チテ高等尋常トノニ等トス」	
		4月　「中学校令」公布　中学校教則大綱と同様に，「第一條　實業ニ就カント欲シ又ハ高等ノ學校ニ入ラント欲スルモノニ須要ナル教育ヲ爲ス所トス」　高等・尋常の二等に分けて編成	
		4月　「師範学校令」公布　高等・尋常の二等に分ける	
		5月　「小学校の学科及其程度」を定める　「第3條　高等小學校ノ學科ハ土地ノ情況ニ依リテハ英語，農業，手工，・商業ノ一科若クハニ科ヲ加フルコトヲ得」。	
		5月　「師範学校の学科及其程度」を定める　尋常師範学校　學科　簿記　家事　衣食住　金銭の出納	
1887	20	6月　藤尾録郎『実地応用家計簿記法』実地応用家計簿記法経済雑誌社	1887（明治20）年3月所得税法公布
		6月　私立東京簿記精修学館（のち大原簿記学校）創立	
		9月　府立大阪商業学校が市立大阪商業学校になる	
		10月　官制中の改正により東京商業学校は高等商業学校に改称	1889（明治22）年2月「大日本帝國憲法」公布
1890	23	10月　「小学校令」改正により，小学校の一種として徒弟学校及び実業補習学校が規定される　高等小学校に商科の専修科を設けることを得	

		10月 「随意科目等に関する規則」定める 「第2條　高等小学校ノ教科中……農業商業手工ハ随意科目トナスコトヲ得」
		11月 「小学校教則大綱」定める 「第5條　算術…　高等小学校ニ於テハ…簡易ナル求積若クハ日用簿記ノ概略ヲ授ケ　第17條　高等小学校ノ教科ニ商業ヲ加フルトキハ簡易ナル商用簿記ヲ授クヘシ」
1891	24	11月 「小学校教員検定等に関する規則」定める　高等小学校本科男教員の試験科目　倫理　教育　簿記
		12月 「中学校令」改正により，尋常中学校に農業工業商業等の専修科を設けることを得
1892	25	7月 「尋常師範学校の学科及其程度」改正　学科目　数學　第二学年　算術　簿記　幾何
1893	26	11月 「実業補習学校規程」制定　実業に関する教科目　商業地方において商業算術　簿記等
1894	27	3月 「尋常中学校の学科及其程度」改正
		6月 「尋常中学校実科規程」制定
		6月 「高等学校令」公布
		6月 「実業教育費国庫補助法」公布　実業教育の振興のため
1895	28	1月 「高等女学校規程」制定　学科目　家事　衣食住　家計簿記　家事　衛生　育児其ノ他
1897	30	10月 「師範学校令」制定
1898	31	4月 「尋常中学校教科細目調査」―簿記科教授細目
1899	32	2月 「中学校令」改正　尋常中学校の名称を中学校に改称 「第1條　男子ニ須要ナル高等普通教育ヲ為スヲ以テ目的トス」と規定

1894（明治27）年7月～1895（明治28）年3月日清戦争

		2月　「実業学校令」公布　「第1條　實業学校ハ工業農業商業等ノ實業ニ従事スル者ニ須要ナル教育ヲ為スヲ以テ目的トス」	
		2月　「高等女学校令」公布	
		2月　「高等女学校の学科及其程度に関する規則」定める　学科目　家事　衣食住看護育児家計簿記其他	
		2月　「農業学校規程」制定　甲種農業学校　「第4條　簿記…便宜加設スルコトヲ得」	
		2月　工業学校規程　工業学校　「第3條　簿記…便宜加設スルコトヲ得」	
		2月　「商業学校規定」制定　「第1条　商業学校ハ甲乙ノ二種トス土地ノ情況ニ依リ甲種商業学校ノ程度ヨリ更ニ高等ナル商業学校ヲ設置スルコトヲ得」　学科目　甲種商業学校・簿記　乙種商業学校・簿記	1899（明治32）年3月商法公布
1900	33	8月　「小学校令」改正　「第20條第3項　高等小学校ニ於テハ唱歌ヲ闕キ又ハ農業，商業，手工ノ一科目若ハ數科目ヲ加フルコトヲ得」	1900（明治33）年3月「産業組合法」公布
		8月　「小学校令施行規則」改正　教科算術　「第4條第2項　高等小學校ニ於テハ…土地ノ情況ニ依リテハ簡易ナル求積若ハ日用簿記ノ大要ヲ授ケ又ハ之ヲ併セ授クヘシ」　教科商業　「第14條　商業ハ…又簡易ナル商用簿記ヲ授クヘシ」	
1901	34	3月　「中学校令施行規則」制定　學科目　習字，簿記が削除，唱歌，法制及經濟が設けられる。また倫理の名称が消え修身の名称が復活	
		3月　「高等女学校施行令規則」制定　科目　「家事ハ衣食住，看病，育児，家計簿記其ノ他授クヘシ」	
		12月　「水産学校規程」制定　水産学校本科　「第3條　簿記…学科目ヲ便宜加設スルコトヲ得」	

年	明治	事項	備考
1902	35	1月 実業補習学校規程改正　実業に関する科目「第4條　商業ニ關シテ簿記…等選擇シ又ハ便宜分合シテ定ムヘシ」	
		2月 「中学校教授要目」定める	
1903	36	3月 「高等女学校教授要目」定める　家事　第3学年　収支予算　家計簿記　出納の科目　記入の方法　帳簿の整理	
		3月　神戸高等商業学校設立　高等商業学校を東京高等商業学校と改称	
		3月 「専門学校令」制定 「第1條　高等ノ學術技藝ヲ教授スル學校ハ専門学校トス」	
		3月 「実業学校令」改正（実業学校にして高等の学術技芸を教授するものは実業専門学校とし, 専門学校令の規程による）	1904（明治37）年2月～1905（明治38）年9月　日露戦争
		3月 「小学校令」改正 「第20條第2項　高等小學校ニ於テ男兒ノ爲ニ農業, 商業, 手工ノ一科目若ハ數科目ヲ加フ……女兒ノ爲ニ手工ヲ加フ」	
1907	40	3月 「小学校令」改正　尋常小学校の就業年限を4箇年より6箇年に延長	
		4月 「師範学校規程」制定 「第6條第2項　…學科目ノ外農業, 商業ノ一科目又ハ二科目ヲ加フ其ノ二科目ヲ加ヘタル場合ニ於テハ生徒ニハ一科目ヲ学習セシムヘシ　第14條第2項　數學ノ外男子生徒ニ就キテハ簿記ノ大要ヲ授クヘシ　第19條第2項　家事ハ…家計簿記…ニ関スル事項ヲ授クヘシ　第26條第2項　商業ハ…商業簿記…ヲ授ケ且教授法ヲ授ヘシ」	
		9月 「公立私立実業学校教員資格に関する規定」公布	
1908	41	1月 「中学校令施行規則」改正	
1910	43	3月 「小学校令施行規則」改正 「第4條第2項　高等小學校ニ於テハ土地ノ情況ニ依リテハ日用簿記ノ大要ヲ授クヘシ」	

1911	44	5月 「甲種商業学校簿記商業算術教授要目」定める	
		5月 「師範学校教授要目」定める 学科目 家事 第4学年 家計簿記 農業 第四学年 農業経済 農業簿記 商業 第三学年 商事要項及商業算術 商業簿記 複式簿記 第4学年 複式簿記 單式簿記	
		10月 「高等女学校令」改正	
		7月 「高等女学校及実科高等女学校教授要目」定める 高等女学校 学科目 第四学年 家事 家計簿記	
		7月 「小学校令」改正「第20條第2項 手工，農業，商業ノ一科目又ハ數科目ヲ加フ…」	
		7月 「小学校令施行規則」改正	
		8月 「中学校令施行規則」改正 「第1條 學科目 實業 同第2項 實業ハ農業，商業又ハ手工トス」	
		7月 「中学校教授要目」改正 学科目 實業 農業商業手工 第五学年 複式簿記 單式簿記 銀行簿記 例題記帳練習	
		8月 「甲種程度の実業学校の修身教授要目」定める	
1916	大正 5	10月 「水産学校規程」改正 甲種水産学校の学科目 「第1條 簿記及其ノ他學科目ヲ便宜加設スルコトヲ得」	1914（大正3）年7月から1918（大正7）年11月 第一次世界大戦
1918	7	12月 「高等学校令」公布	
		12月 「大学令」公布	
1919	8	2月 「帝国大学令」改正（官立総合大学のみに適用）	
		2月 「小学校令」「中学校令」改正	

191

1920	9	3月 「小学校令施行規則」「中学校令施行規則」改正	
		12月 「実業学校令」改正 「第1條 實業學校ハ實業ニ從事スル者ニ須要ナル知識技能ヲ授クルヲ以テ目的トシ兼テ德性ノ涵養ニ力ムヘキモノトス」	
		12月 「実業補習学校規程」改正 「第5條第2項 …必要ニ應シ簿記ノ學科目ヲ加設スルコトヲ得」	
1921	10	1月 「工業学校規程」制定 「第10條(學科ノ種類ニヨリ)…商業大意(1930(昭和5)年4月商業に改正)其ノ他ノ學科目ヲ加設スルコトヲ得」	
		1月 「職業学校規程」制定 學科目 裁縫 簿記 手藝 割烹	
		1月 「農業学校規程」制定 「第8條 土地ノ情況等ニヨリ簿記ノ学科目ヲ加設スルコトヲ得」	
		3月 「商業学校規程」制定,商業学校の甲種・乙種の区別廃止	
1923	12	3月 「商船学校規程」改正 「第7條 學科ノ種類ニヨリ商業大意(1930(昭和5)年4月商業に改正)其ノ他ノ學科目ヲ加設スルコトヲ得」	9月 関東地方大震災
		4月 「水産学校規程」改正 「第8條 土地ノ情況等ニ依リ簿記商業其ノ他ノ學科目ヲ加設スルコトヲ得」	
1924	13	11月 「商業学校簿記教授要綱」定める	
1925	14	4月 「女子師範学校教授目」定める 商業 第2学年 商業簿記 家事 家計簿記	
		4月 「師範学校規程」改正 「第26條 商業ハ商事要項,商業簿記等ヲ授ケ且教授法ヲ授クヘシ」	

1926	15	4月 「師範学校教授要目」定める 農業本科第一部 第五学年 農業經濟 農業簿記 商業本科第一部 第五学年 商業簿記 専攻科 簿記 銀行簿記 工業簿記 家事本科 第五学年 家計簿記	
		4月 「青年訓練所令」「青年訓練所規程」公布	
		4月 「小学校令」「小学校令施行規則」改正 「第4條 算術……土地ノ情況ニ依リテハ日用簿記ノ大要ヲ課スヘシ」	
1930	昭和 5	4月 「商業学校規程」改正 修業年限2箇年の商業学校を認める	1927（昭和2）年3月昭和金融恐慌 1927（昭和2）年3月計理士法制定
		5月 「実業学校諸規定中改正の要旨並施行上の注意事項」定める	
1931	6	1月 「中学校令施行規則」改正 「第2條 第4學年以上ニアリテハ第一種及第二種ノ課程ヲ編成シ…の第一種ノ課程ニハ實業ヲ増課シ」	
		1月 「実業学校公民科教授要目」制定	
		2月 「中学校教授要目」制定 甲（実業を第4学年より課する場合） 第4学年 單式簿記 第5学年 商業ノ經理 複式簿記	
		3月 「師範学校教授要目」改正 家事本科 第1部 第五学年 家事經濟 農業本科第1部 男生徒の部 第五学年 農業簿記 商業本科第1部 男生徒の部 第四学年 簿記 商業簿記 第五学年 簿記 商業簿記の補充 銀行簿記 専攻科 簿記 工業簿記	
		4月 「実業学校修身教授要目」制定	
1935	10	4月 「青年学校令」公布（実業補習学校と青年訓練所を併合）「青年学校規程」制定	

1941	16	3月 「国民学校令」(「小学校令」を全面改正)「国民学校令施行規則」公布	1938(昭和13)年4月「国家総動員法」公布 1941(昭和16)年12月から，1945((昭和20)年9月太平洋戦争
1942	17	4月　大阪実業教育協会（1935(昭和10)年設立）「中等商業教育学科改善に関する建議」公表	
		5月　三商科（東京商科・神戸商業・大阪商科）大学商業教育調査委員「高等商業標準教授要綱」公表	
		5月　三商科（東京商科・神戸商業・大阪商科）大学「商業教育刷新に関する意見」公表	1943（昭和18）年3月　日本証券取引所法公布同　10月「教育に関する戦時非常措置方策」閣議決定
1943	18	1月 「中等学校令」公布　高等普通教育を施す中学校，高等女学校，実業教育を施す実業学校を一括して中等学校とする。	
		3月 「中学校規定」「高等女学校規程」「実業学校規程」制定	19469（昭21）年11月「日本国憲法」公布
		10月 「教育ニ関スル戦時非常措置方策」閣議決定	
1947	22	3月 「教育基本法」（2006（平成18）年12月改正）「学校教育法」公布	
		4月　6・3・3制実施　新学制による小学校・中学校発足	
		5月 「学校教育法施行規則」公布	
		5月 「学習指導要領　家庭編（試案）」公表　第三章三　中学校第四・五学年用　住居と家事経理(第十一年級)	
		7月　職業教育並職業指導委員会「新制中学校の職業科について（意見具申）」	

		12月 「学習指導要領　職業科商業編（試案）」公示　2　簿記	
1948	23	4月　新制高等学校発足	1948（昭23）年4月証券取引法成立 1948（昭23）年5月公認会計士法成立
1949	24	1月 「新制高等学校教科課程中職業教科の改正について」通牒　商業に関する教科（実習を含む）簿記会計　水産に関する教科（実習を含む）水産簿記　家庭技芸に関する教科（実習を含む）食物経理　被服経理	
		8月 「学習指導要領 家庭科編　高等学校用」公示　Ⅱ家庭経済　単元6　家計簿記のくふうと記入	1949（昭24）5月　シャウプ使節団来日
1950	25	1月 「高等学校学習指導要領 商業科編（試案）」公示　第13章　簿記会計	1950（昭和25）年6月から1953（昭和28）年7月　朝鮮戦争
1951	26	6月 「産業教育振興法」公布	
		12月 「中学校学習指導要領 職業・家庭科編（試案）」公示　1951（昭和26）改訂版　第3節　都市商業地域男子向き課程　第2学年　店の記帳　第3学年　帳簿の整理	1954（昭和29）年12月から1973（昭和48）年）11月　高度経済成長
1956	31	1月 「高等学校学習指導要領　商業科編 昭和31年度改訂版」公示　商業科目　7　商業簿記　8　銀行簿記　9　工業簿記　10　会計	
		2月 「高等学校学習指導要領家庭科編　昭和31年度改訂版」公示　家庭科目　5　家庭経営　家計簿　単式簿記の形式　7　被服経理　15　食物経理	
1957	32	5月 「中学校学習指導要領 職業・家庭科編　昭和32年（1957）改訂版」公示　第3学年第3群　22　簿記　23　財務諸表　24　税務	1957（昭和32）年7月スプートニク・ショック

1958	33	10月 「中学校学習指導要領 昭和33年(1958)改訂版」公示 教科名を「技術・家庭科」と改め男子向き(技術)と女子向き(家庭)で構成(55年まで) 簿記会計の説明消える。	
1960	35	11月 「高等学校学習指導要領」公示 教科科目:家庭 第7家庭経営 (2) 家庭経済 ウ 家計簿記 教科:農業 第9 農業経営 (3)農業簿記 ア 簿記のしくみ イ 農家簿記 エ 生産費計算 オ 農業協同組合簿記 教科:工業 第142 工業経営 (5) 工場経理 教科:商業 第7 商業簿記 第8 銀行簿記 第9 工業簿記 第10 会計 教科:水産 第20 水産簿記 (1) 水産業の経営 (2) 複式簿記の大要 (3) 漁業簿記 (4) 水産養殖業簿記 (5) 水産製造業簿記 (6) 水産物の原価計算 (7) 水産業協同組合簿記 (8) 財務諸表と経営分析 (9) 水産業と税務	
1968	43	11月 理産審「高等学校における職業教育の多様化について」(答申)	1966(昭和41)年11月 国民生活審議会「消費者保護組織及び消費者教育に関する答申」
1970	45	10月 「高等学校学習指導要領」公示 教科:家庭 第1 家庭一般 (3)家庭の経済生活 (オ)家計簿記 教科:農業 第9 農家経営 (4)農業簿記 教科:工業 第148 工業経営 (9)原価計算 教科:商業 第5 簿記会計Ⅰ 第6 簿記会計Ⅱ 第7 簿記会計Ⅲ 第8 工業簿記, 第9 銀行簿記, 第10 機械簿記 第11 税務会計 第12 経理実践	1970-1980年 8ビットパソコン 1971(昭和46)年8月 ニクソン・ショック 1974(昭和49)年1月 第一次オイルショック
1976	51	5月 理産審「高等学校における職業教育の改善について」(答申)	

1978	53	8月 「高等学校学習指導要領 昭和53年（1978）改訂版」公示　教科：農業　第12　農家経営　(3)農業簿記　教科：工業　第63　工業経営　(7)原価計算　教科：商業　第2　簿記会計Ⅰ　第8　簿記会計Ⅱ　第9　工業簿記　第16　税務会計	
1981	56	6月　中央教育審議会「生涯教育について」（答申）	
1985	60	2月　理科教育及び産業教育審議会「高等学校における職業教育の在り方について」（答申）	1986年（昭和61年）12月から1991年（平成3年）2月　バブル景気
1989	平成元	3月　「高等学校学習指導要領 平成元年改訂版」公示　教科：農業　第33　農業会計　(1)農業会計(2)複式簿記(3)財務諸表(4)農産物の原価計算　(5)経営分析　(6)企業会計の原理　教科：商業　第2　簿記　第15　工業簿記　第16　会計　第17　税務会計	1989年ワープロ専用機の出荷台数最大 1990年当初16ビットパソコン出荷台数最大 1991年（平成3）年6月SCANS報告書 1993（平成5）年2月旧郵政省により日本におけるインターネットの商用利用が許可 1993（平成5）年5月にWindows 3.1日本語版1994年　通商産業省（現在の経済産業省）と文部省（現在の文部科学省）の共同「100校プロジェクト」 1995年 Windows 95　インターネットが急速に広まる
1995	7	3月　「―スペシャリストへの道―職業教育の活性化方策に関する調査研究会議（最終報告）」について」（通知）（座長有馬朗人）	

		7月 中央教育審議会「21世紀を展望した我が国の教育の在り方について」（第1次答申） これから求められる資質や能力は，変化の激しい社会を「生きる力」
1997	9	6月 中央教育審議会答申「21世紀を展望した我が国の教育の在り方について（第2次答申）」（答申）「ゆとり」の中で子どもたちに「生きる力」をはぐくむことを理念
1998	10	6月 中央教育審議会「新しい時代を拓く心を育てるために—次世代を育てる心を失う危機」（答申）「幼児期からの心の教育の在り方について」の諮問に対しての提言
		7月 「今後の専門高校における教育の在り方等について」（答申）
1989	11	4月 「高等学校学習指導要領」公示　専門に関する教科：家庭　第4消費生活と消費者信用 (2)財・サービスの選択と意思決定　ウ金銭管理　専門に関する教科：農業　第11農家経営　(2)農業経営の会計　農産物の原価計算　専門に関する教科：工業　第10工業管理技術　(5)工場の経営　イ工業会計　専門に関する教科：商業　第10 簿記　第11 会計 第12 原価計算 第13 会計実務
		12月 中央教育審議会「初等中等教育と高等教育との接続の改善について」（答申）　キャリア教育を小学校段階から発達段階に応じて実施
2002	14	2月 中央教育審議会「新しい時代における教養教育の在り方について」（答申）
2003	15	3月 中央教育審議会「新しい時代にふさわしい教育基本法と教育振興基本計画の在り方について」（答申）
		10月 中央教育審議会「初等中等教育における当面の教育課程及び指導の充実・改善方策について」（答申）「生きる力」を知の側面からとらえた「確かな学力」育成のための取組の充実が必要

2004	16	1月　文部科学省に設置「キャリア教育の推進に関する総合的調査研究協力者会議」	
		1月　厚生労働省「若年者の就職能力（エンプロイアビリティ）に関する 実態調査」結果発表	
		4月　内閣府「人間力戦略研究会報告書若者に夢と目標を抱かせ，意欲を高める〜信頼と連携の社会システム〜」	
2006	18	1月　社会人基礎力に関する研究会『社会人基礎力に関する研究会—「中間取りまとめ」—』	
		12月　「教育基本法」全面改正	
2008	20	12月　中央教育審議会「学士課程教育の構築に向けて」（答申）	2008（平成20）年6月 iPhone 3G発売
2009	21	3月　「高等学校学習指導要領」公示　教科：農業　第10　農家経営　(4)農業経営の会計　(エ)農産物の原価計算　教科：工業　第10　工業管理技術　(5)工場の経営　イ　工業会計　教科教科：商業　第11　簿記　第12　財務会計Ⅰ　第13　財務会計Ⅱ　第14　原価計算　第15　管理会計	2010（平成22）年1月 アップルがiPadを発売
2011	23	1月　中央教育審議会「今後の学校におけるキャリア教育・職業教育の在り方について」（答申）	
2014	26	12月　中央教育審議会「新しい時代にふさわしい高大接続の実現に向けた高等学校教育，大学教育，大学入学者選抜の一体的改革について」（答申）	
2016	28	12月　中央教育審議会「幼稚園，小学校，中学校，高等学校及び特別支援学校の学習指導要領等の改善及び必要な方策等について」（答申）　主体的・対話的で深い学びの実現（「アクティブ・ラーニング」の視点）	
2017	29	3月　「小学校学習指導要領」「中学校学習指導要領」公示	

		6月 「中学校学習指導要領解説社会編」第2章第2節3(3)資金の流れや企業の経営の状況などを表す企業会計の意味を考察することを通して，企業を経営したり支えたりすることへの関心を高めるとともに，利害関係者への適正な会計情報の提供及び提供された会計情報の活用が求められていること，これらの会計情報の提供や活用により，公正な環境の下での法令等に則った財やサービスの創造が確保される仕組みとなっていることを理解	
2018	30	3月 「高等学校学習指導要領」公示　教科：農業　第12　農家経営　(8)農業のマネジメント　(エ)　会計のマネジメント　教科：工業　第8　工業管理技術　(5)工場の経営　イ　工業会計　教科：商業　第11　簿記　第12　財務会計Ⅰ　第13　財務会計Ⅱ　第14　原価計算　第15　管理会計	

（出所）　島本克彦作成

なお明治・大正期については下記を参照した。

教育史編纂会 編（1938）『明治以降教育制度発達史　全13巻』教育資料調査会。

付録　会計基礎教育参考文献

発行年	著者・編者等	書名	出版社
1873/74	福澤諭吉	帳合之法　初編／二編	慶應義塾出版局
1911	吉田良三	甲種商業簿記教科書　上巻／中巻／下巻	同文舘
1912	佐藤仁壽	実用主義各科教授法新論	習文館
1929	松本喜一・高橋福三	高等小學補習學校簿記指導書　單式篇	東洋圖書
1929	松本喜一・高橋福三	高等小學補習學校簿記指導書　複式篇	東洋圖書
1947	沼田嘉穂	簿記会計（Ⅰ）（Ⅱ）（Ⅲ）	実業教育出版株式会社
1952	文部省編	中学校職業科用　中学簿記	実教出版
1953	文部省編	高等学校学商業科　学習指導書　簿記会計科編	文部省
1959	上原孝吉	技術家庭科　中学簿記指導書	柴田書店
1968	唐沢富太郎	明治百年の教育	日本経済新聞社
1997	アーネ・リンドクイスト＆ヤン・ウェステル（川上邦夫訳）	あなた自身の社会　スウェーデンの中学教科書	新評論
1998	藤田幸男編	21世紀の会計教育	白桃書房
2002	ジュディス・オルロフ, ダレル・ミュリス（杉浦理介訳）	アカウンティングゲーム：レモネードスタンドで学ぶフレッシュ会計入門	プログレス
2003	アルフレッド・クロスビー	数量化革命	紀伊國屋書店
2004	藤永弘編	大学教育と会計教育	創成社
2007	柴健次編	会計教育方法論	関西大学出版部
2008	柴健次編	会計専門職のための基礎講座	同文舘出版
2009	山岡道男・浅野忠克	アメリカの高校生が読んでいる会計の教科書	アスペクト
2009	Parker, P.M.	Bookkeeping:Webster's Timeline History, 1211-2007	ICON Group International

2010	小柳正司	リテラシーの地平　読み書き能力の教育哲学	大学教育出版
2011	浦崎直浩編著	これから学ぶ会計学	中央経済社
2012	Gleeson-White, Jane	Double Entry: How the Merchants of Venice Created Modern Finance	W.W. Norton&Company
2012	上野清貴監修	簿記のススメ—人生を豊かにする知識—	創成社
2012	柴健次編	IFRS教育の基礎研究	創成社
2013	柴健次編	IFRS教育の実践研究	創成社
2014	藤子プロ・日本公認会計士協会東京会監修	ドラえもん社会ワールド　お金の秘密	小学館
2014	田端哲夫	働く人のための教養会計：新しい会計学入門	税務経理協会
2015	島本克彦	簿記教育上の諸問題	関西学院大学出版会
2015	上野清貴監修	人生を豊かにする簿記—続・簿記のススメ	創成社
2015	ジェイコブ・ソール	帳簿の世界史	文藝春秋
2016	柴健次編	会計リテラシーの普及と定着に関する総合的研究（全6冊）	非売品，Ｄｒｏｐｂｏｘで公開
2016	文部科学省	諸外国の初等中等教育	明石書店
2016	文部科学省	世界の学校	学事出版
2016	日本児童教育振興財団編	学校教育の戦後70年史（教育単行本），日本児童教育振興財団	小学館
2016	猪木武徳	増補　学校と工場　二十世紀日本の人的資源	ちくま学芸文庫
2016	苅谷剛彦	グローバル時代の大学論2—イギリスの大学・日本の大学	中公新書ラクレ
2016	ヨーラン・スバネリッド（鈴木賢志＋明治大学国際日本学部鈴木ゼミ　編訳）	スウェーデンの小学校社会科の教科書を読む	新評論
2017	文部科学省	世界の学校体系	ぎょうせい
2017	文部科学省	諸外国の教育動向	明石書店

2017	沖田行司	日本国民をつくった教育	ミネルヴァ書房
2017	田中耕治編著	戦後日本教育方法論史（上）：カリキュラムと授業をめぐる理論的系譜	ミネルヴァ書房
2017	田中耕治編著	戦後日本教育方法論史（下）：各教科・領域等における理論と実践	ミネルヴァ書房
2017	中西雪夫・小林久美・貴志倫子共編	小学校家庭科の授業をつくる―理論・実践の基礎知識	学術図書出版社
2017	苅谷剛彦	オックスフォードからの警鐘―グローバル化時代の大学論	中公新書ラクレ

（出所）柴健次作成

会計基礎教育の推進に関する基本方針

平成29年7月11日
日本公認会計士協会
会計基礎教育推進会議

はじめに

　日本公認会計士協会では，広く国民が社会で活躍していくための会計の基礎的な素養（会計リテラシー）を身に付けるための会計基礎教育の推進を目的として，平成28年7月開催の総会において会則変更を行い，会計基礎教育の充実に関する事業を行うことを明確にするとともに，その推進のために会計基礎教育推進会議を設置した。

　会計基礎教育推進会議は，日本公認会計士協会が行う会計基礎教育の推進の基本的な考え方・方向性と，当面（概ね平成31年7月まで）の実施すべき取組の内容について検討を行い，会則第153条の3第2項第1号に基づき，次に掲げる事項を「会計基礎教育の推進に関する基本方針」として定めた。

1　会計基礎教育の推進に関する基本的な考え方・方向性

（会計基礎教育の現状と協会の役割）

　会計は，経済活動を記録・計算することにより実態を把握し，その結果を利害関係者に報告するものであり，国民が，経済活動を正しく理解し，広く社会で活躍するためには，会計リテラシーを身に付けることが必要である。

　諸外国においては若年段階から会計について主体的に学ぶ場が設けられている例もあるが，我が国においては，広く国民に会計リテラシーを身に付けるための教育の機会が乏しい状況にある。

　日本公認会計士協会は，これまでにも，小中学生対象の「ハロー！会計」などを通じて会計基礎教育の普及に努めてきたところであるが，会計専門家である公認会計士の職業専門家団体として，会計基礎教育の一層の充実に向けて，中心的な役割を果たしていかなければならない。

（会計基礎教育の推進に関する基本的な方向性）

広く国民全体が会計リテラシーを身に付けるためには，若年段階で教育の機会が提供されることが望ましい。その意味で，初等中等教育段階における機会の充実が必要であることは論を待たない。しかし，自ら社会生活を送ることとなったり，ビジネスに携わるようになったりする際に，改めて必要な会計の必要性・有用性を想起させる機会もまた，必要である。

そのため，日本公認会計士協会としての会計基礎教育の推進は，その対象を若年段階に限定しない。会計リテラシーを身に付けるために，初等中等及び高等の各教育段階並びに成人の各段階で必要とされる教育の機会の充実を目指していく。

（社会貢献としての会計基礎教育の推進）

日本公認会計士協会では，従来から，公認会計士の後進育成についての活動を積極的に行ってきた。公認会計士の後進育成に関しては，ある程度若年段階から会計又は公認会計士への興味・関心を惹起させ，会計の専門的な学習へ誘導することを足掛かりとして展開されてきた。

会計に対する興味・関心の惹起という点では，会計基礎教育の推進と公認会計士の後進育成には，手法として重なり合う部分もある。しかしながら，国民全体への会計リテラシーの普及と専門家の育成とでは目的が明確に異なり，これを混同してはならない[†]。

この基本方針に沿って進められる会計基礎教育の推進は，社会の重要なインフラである会計を広く国民に普及させ，持続可能な社会の構築に貢献しようとするものである。

2　当面実施すべき取組の内容

日本公認会計士協会による会計基礎教育の推進は，国民への会計リテラシーの普及を目指すものであり，これは一朝一夕に実現するものではない。様々な取組を着実に実施していく必要があるが，当面（概ね平成31年7月までに）実施すべき取組の内容を以下のとおり定める。

[†] なお，企業等において財務，経理等の会計実務に携わる者に対する教育や会計専門職又はこれを目指す者に対する教育については，会計教育研修機構，会計専門職大学院等がその役割を担うこととなる。

(1) 会計基礎教育に関する実態把握

　今後会計基礎教育についての施策の検討を進めていくため，的確に現状を把握し，課題の分析を行う必要がある。

　国内外の会計基礎教育の現状については，既に研究者による成果があるが，日本公認会計士協会及び後記の「会計基礎教育推進協議会（仮称）」における検討の前提とするため，これらの検討内容を意識した形で，平成29年度中を目途として，改めて必要事項を整理する。

(2) 「会計リテラシー・マップのイメージ（案）」の検討・作成

　広く国民全体へ会計リテラシーを普及させるための前提として，生涯の「どの段階で，何を教えるか」を体系的に整理する必要がある。また，そのようにして整理した体系に沿って，会計や教育の専門家ではない者でも容易に理解できるよう，全体像を概観することができるイメージ資料を作成する必要がある。他の分野においても，体系的に整理した内容又はそのイメージを「リテラシー・マップ」として取りまとめることが一般的となっている。

　会計基礎教育に関しても「会計リテラシー・マップ」の作成が普及促進に向けて効果を持つものと考える。「会計リテラシー・マップ」そのものは，後記の「会計基礎教育推進協議会（仮称）」において様々な専門家の知見を得て策定されるべきものであると考えるが，協議会への参画の呼び掛けや設置後の協議会の検討が円滑に進むよう，平成30年初頭を目途として，その大枠の案を「会計リテラシー・マップのイメージ（案）」として作成する。

(3) 「会計基礎教育推進協議会（仮称）」の組成

　平成28年3月24日付けで取りまとめられた会計教育プロジェクトチーム報告書「会計基礎教育の推進について」においても指摘されているように，会計基礎教育を推進していくための方策は日本公認会計士協会の活動だけで成り立つものではない。会計基礎教育を社会的に推進していくためには，協会だけではなく，行政機関や教育関係者，関係団体，学界等と連携し，それぞれの有する知見を結集して取り組んでいくことが必要である。

　そのため，平成31年7月までに，日本公認会計士協会が主導し，関係行政機関，

教育関係者，関係団体，学界等の参画を得て，会計基礎教育の推進を協議・検討する協議体として「会計基礎教育推進協議会（仮称）」を設置する。

なお，関係者に協議会への参画を呼び掛け，理解を得ていくためには，会計基礎教育の現状や課題などを提示していく必要がある。会計基礎教育推進会議において行う現状や課題の集約・分析には一定の期間を要するが，遅くとも，平成29年度内には，関係者に対して参画の呼び掛けを開始する。

(4) 各段階における推進・普及活動の検討

前述したように，日本公認会計士協会としての会計基礎教育の推進は，初等中等及び高等の教育段階並びに成人の各段階で必要とされる教育の機会の充実を目指していく方向であることから，各段階における具体的な推進・普及活動について，「会計基礎教育推進協議会（仮称）」での将来の議論に資する枠組みともなるよう，検討する。

初等中等教育段階については，次期学習指導要領改定時に会計に関する記述を盛り込むことも視野に入れ，教員による教育方法の研究やコンテンツの検討を行う。

高等教育段階については，大学での経済学・商学・経営学等の系統の課程以外の系統の学部学生に対して，近い将来に経済社会を担うこととなるという観点で，必要な会計リテラシーの普及方法の検討を行う。

成人段階については，国民が社会生活を送る観点や社会活動に参加する観点から，必要な会計リテラシーの普及方法の検討を行う。

(5) 会計基礎教育に関する情報発信

会計基礎教育の有用性・重要性，日本公認会計士協会としての会計基礎教育の推進は，未だ広く社会に認知されているとは言い難い。そのため，必要な情報発信をしていく必要がある。

まず，日本公認会計士協会会員にこの基本方針及びこれに基づいて実施される事業についての情報を発信し，公認会計士業界としてのコンセンサスを形成する。

また，対外的には，媒体を用いた広報活動を行うほか，隣接する教育分野における様々な活動との連携やその関係者との意見交換などを通じて，浸透を図る。

以　　上

日本公認会計士協会　会計基礎教育推進会議
構成員名簿

議長	武内　清信	会計基礎教育担当副会長
委員	佐藤　裕紀	会計基礎教育担当常務理事
	山田　治彦	総務・社会貢献支援担当副会長
	林　敬子	広報担当常務理事
	角田　伸理之	広報委員会専門研究員
	柴　健次	関西大学大学院会計研究科教授

パネルディスカッション
―我が国における会計基礎教育の現状と今後の展望

　日本公認会計士協会会計基礎教育推進会議では，研究発表「我が国における会計基礎教育の現状と今後の展望」を企画し，2018年9月14日に開催された日本公認会計士協会第39回研究大会（徳島大会）において発表した。

　発表では，会計基礎教育に関する日本公認会計士協会の取組，会計基礎教育の必要性，今次の学習指導要領の改訂及び中学校社会科における経済学習について説明の後，以下の5名で「何を，誰に，どのように伝えていくか」を主なテーマとしてパネルディスカッションを行った。

　柴　　健次（関西大学大学院会計研究科教授）
　栗原　　久（東洋大学文学部教育学科教授）
　和田　直久（東京書籍株式会社 編集局社会編集部 中学社会編集長）
　佐藤　裕紀（日本公認会計士協会 会計基礎教育担当常務理事）
　永井　　穂（日本公認会計士協会 企画本部企画グループ長）

永井――ただ今，柴教授，栗原教授，和田編集長にいただいた報告を前提に，意見交換をしていきたいと思います。意見交換のテーマは，会計リテラシーについて「何を，誰に，どのように伝えていくか」と設定しました。なお，協会では，会計基礎教育の対象について，小・中・高という若年段階だけではなく，生涯教育までとして活動していく方向ですが，それでは少し幅が広くなり過ぎます。学習指導要領の改訂という話もございましたので，今日は義務教育の段階に絞って意見交換をしたいと思います。

　早速ですが，先ほど，会計学の研究者のお立場，社会科教育の研究者のお立場，そして教科書の編集長のお立場というところから，それぞれご説明いただきました。それを受けて，協会での会計基礎教育の担当として，佐藤常務理事はどのように考えられたか，感想なども含めてご発言願います。

佐藤――担当常務理事の佐藤です。会計基礎教育が協会の会則に入ったのは2016年のことです。そのときに私が担当常務理事を拝命し，活動を開始したところ，

学習指導要領の改訂は中学が2017年，高校は2018年に予定されており，既に書き終わっている状態で，とても新しい内容が入るような余地はないと聞いていました。しかし，学習指導要領本編ではありませんが解説に記載されました。学習指導要領本編であれば10年先の次の改訂を目指して動けばよかったのですが，突如，もうすぐに動かなければならない状況となったことを，まず皆様に知っていただきたいと思います。

　その結果，何をしなければいけないか。「会計リテラシー」というように私どもでまとめましたが，そこをまず具体化して，何が会計リテラシーなのかというところの分析を柴教授のグループにお手伝いをいただきまして，明確にしていただきました。

　また，実際に教科書に載る，学校で授業をするようになるという段階に入りまして，栗原教授，和田編集長にお願いしまして，学校の教育現場の状況を勉強させていただいています。今，学校教育では大変多くのことを教えなければならない。我々公認会計士が少し会計のことを教えようという場合，簿記ということが頭に浮かぶかもしれませんが，簿記を習得するには数百時間の勉強時間が必要で，義務教育の中で教えるのは非常に難しいと思います。

　そうすると，やはり何を伝えていかなければいけないのか，どれを伝えなければいけないのか，ということを，我々は今，考えていかなければならないところに来ているということを切実に認識いたしました。

永井——では，協会としては切実な認識をしているということを前提に，それぞれの専門の方からご意見をいただきたいと思うのですが，まずは「何を，誰に，どのように伝えていくか」ということの中で，先ほどから簿記の話ですとか，いくつか出ていると思うのですが，具体的に「何を」伝えていけばいいのか。義務教育の中で伝えるべき内容はどのように考えられるのかを，少し初めに考えていきたいと思います。

　これにつきましては，これまで長く会計教育に携わってこられた柴教授に，ご意見をいただきたいと思います。

柴——簿記，特に簿記の検定試験を通じて会計に関する知識が広がっているということ自体は否定しません。それは日本の特徴だろうと思います。実際に商業高校，高校の普通科，そして大学，さらには社会人教育を眺めてみますと，会計

の「教科教育法」というのは存在していません。特に大学などは，各先生方が独自の方法で教えておられる。

　かつては大学であっても，会計の思想だとか哲学とか歴史というのは，結構な時間を取って教授されていました。大学における会計教育の現状を見ると，意外と会計の哲学のような話のコマがない。場合によっては，検定試験の出題項目に従ったような授業をやっている。それでは商業高校の1年生と一緒ではないかと思ったりもしました。大学は，高等教育機関と言いながらも，必ずしも高校までの教育を踏まえた会計教育というものはない。

　商業高校を見てみると，学習指導要領に従って教える内容が非常にたくさんある。さらに，これは大学が悪いのかもしれませんが，大学は推薦の条件として日商簿記2級を取ってこいと要求する。本来教えるべき内容プラス検定試験に合格しないといけないので，とても時間がない。商業高校の先生と話をすると，会計の基礎的考え方，ディスクロージャー，アカウンタビリティ全てが重要だと思うのだが，なかなか時間がないと，こう言ってくる。そのような状況なのだろうと思います。

　全体として見ると，意外と会計は何のために存在するのかということを，いつ勉強するのか。ひょっとしたら，大学でもあまり時間をかけていないかもしれない，反省も含めて，そういう感じがします。

　そこで，振り返ってみると，仮に検定試験を目指さない形でやるとすれば，会計というのは物事を認識し，簿記的に言えば取引を認識し，測定し，記録し，そしてそれを会計帳簿という形で加工し，最終的にはそれを報告する。この中で何が重要かというのは人それぞれです。しかしながら，報告を予定しない記録があり得るのかということを考えると，報告から説明するとわかりやすいのではないか。報告の基礎にあるのが，いわゆるアカウンタビリティである，という教育が，大学では少し足りない面もあり，商業高校などではほとんど時間が割かれていないようなことを聞いています。その辺ですよね。

永井——会計の営みの中で，アカウンタビリティに基づく報告というのを取り上げていくのが適切なのではないかという柴教授のご発言ですが，今回，中学校の社会科・公民的分野で，「起業」に関連づけて企業会計というものを取り上げるというのが学習指導要領の解説に書かれました。そこで，教科書での取扱い

という観点で，和田編集長からご意見をいただきたいと思います。

和田──今回の学習指導要領の解説に会計のことが記載されて少し戸惑っているのですが，ずっと戸惑いっ放しだと本ができないものですから，そろそろ内容を考えていかなければいけない段階になっています。私も，アカウンタビリティということが一つのキーワードかなと思います。ただ，中学校の社会科の中で，さらに公民という3年生で学習する分野で，中学校の場合の3年生というのは，ほぼ高校受験をターゲットにしながら進んでいく1年間ですから，特に3学期になると，ほとんど授業が行われません。公民の学習時間は100時間あるのですが，それをさらに短くして，教科書をどう作るかというようなことが求められています。ですから，学習内容として，すごく潤沢に時間を使って会計を取り扱っていくというのは，ほとんど不可能に近い。

では，今の学習とどう結びつけていくかということを考えたときには，起業，これから子供たち自身が会社を起こしていくようなチャレンジングの姿勢を示す上でも，あるいは自分が会社に勤めて，その会社がどういう経営が行われているのかということを考える意味でも，あるいはもっと自分のもらっている給料をどう使うのかとか，あるいは意識の高い子供，人であれば，政府の財政がどうなっているのかという先ほどの話にもつながりますが，やはりアカウンタビリティとの関係の中での会計の必要性，重要性というものを，中学校段階から子供たちに意識づけするということの意味もあるのではないかと思っています。そういう視点で，うまく教科書に取り入れていけないかなと考えています。

永井──ぜひ，よろしくお願いします。今，会計学の専門家と教科書の編集者というお立場から，アカウンタビリティという話がありました。本日，お集まりの会員の方々は，公認会計士の試験に合格されるまで，おそらく簿記検定とか，簿記の学習から入ったという方が非常に多いのではないかなと思います。佐藤常務理事は，今のお話を公認会計士という立場でどう受けとめましたか。

佐藤──私は，長年「ハロー！会計」の教材作成にもかかわっていましたが，我々が会計や監査ということを説明しようとすると，どうしても，受験用に習った言葉で，予備校の講義のようなことをしてしまうという罠に陥りました。アカウンタビリティといいますか，報告の部分ですね。損益計算書や貸借対照表がどのように作られるかはともかく，そこに表示されている情報が何かというこ

とが大事だと思います。我々は作るほうから学んで知った訳ですが，そこの表示されている情報だけとらえても，教えること，伝えることがあるのではないかと考えています。まして，先ほども申し上げましたように，簿記を完全に習得するような時間は，小・中・高まで通じた時間では到底取ることはできないので，会計の重要性というものを伝えるのであれば，やはり報告の部分，「アカウンタビリティって何？」というところを教えていくべきだと考えます。

永井──栗原教授に伺います。会計はいろいろな営みがある中で，アカウンタビリティというところを中心に教えていくのがいいのではないかというお話がありました。そうなった場合，中学校3年生の授業で，どれぐらい時間が取れそうなイメージがあるでしょうか。

栗原──残念ながら，絶望的な時間しか取れないというのが本当のところです。先ほど和田編集長からもお話があったように，現在，中学校3年生に公民的分野の授業が置かれています。しかし，中学校3年生といっても，4月から公民の授業が始まる訳ではなく，40時間分は歴史に充てられます。40時間というと，週4時間の授業ですので，10週間。つまり4月始まりで10週間ですから，1学期の期末試験までは歴史をやっています。期末試験明け，ひどいところになると2学期から公民の授業が始まりますと，もう目の前にぶら下がっているのは高校入試です。だから，多くの中学校の先生は「おまえら覚えろ，いいか，三権分立というのはこうなんだぞ」とやっておられると思います。

　あまりこの場で言いたくありませんが，企業会計というものがどのような形で教科書や入試問題に反映されていくのかによって，取り上げられ方も違ってくるかな，と考えています。しかし，繰り返しになりますが，この問題に長時間がかけられるというようには到底思えないというところが実態だと思います。

永井──今ありましたように，教科書にも多くのスペースは取れない，実際の授業の時間も取れないと考えられますが，一方，学習指導要領の解説では，結構な字数を割いて書かれています。そうすると，かなり工夫して子どもたちに伝えていかなければいけないと考えられますが，どのように公認会計士や会計士協会がかかわって，誰に会計のことを伝えていけばいいのかということが，会計士協会としては検討すべき課題となります。先ほど来話が出ているように，これまで会計士協会では，「ハロー！会計」を長くやってきた中で，いろいろと

難しい部分があります。

　私も去年から今年にかけて，いくつかの「ハロー！会計」の現場を見学しました。見学したのは，どこか公共の場所を借りて，そこに40名とか，30名とか集めて実施する，いわゆる公開型の「ハロー！会計」です。柴教授の調査チームの一人でもある西南学院大学の工藤教授と一緒に見学をしたのですが，そのときに工藤教授は，「公開型は非常に効果がありますね」とおっしゃっていました。公開型に来る人たちは意識が高いので，会計について何か吸収して帰ろうと思って来る人がほとんどであり，何か伝えようとしたときに伝わりやすいということです。逆に，いわゆる出前授業は難しいのではないかとおっしゃっていました。例えば小学校や中学校へ，会計のことを教えに行くというのは，来られたほうからすると，「何か来たけど，よくわからないことを言っているな」で終わる可能性もあるのではないかということです。小学校・中学校，特に，公立学校というのは，必ずしも生徒が均質ではないので，教える内容の選択も難しいのではないかという話を伺って，「ああ，そうか」と感じたところです。

　これから学校の授業の中で取り入れていかなければならないと考えたときに，今回の指導要領の解説の中で書かれていることをどう実現していけばいいかについて，栗原教授にお伺いしたいと思います。

栗原――教育の問題は教師の問題だという言い方をする場合が非常に多いですが，やはり学校の先生に，この企業会計の問題をどのように理解していただき，それを面白く子どもたちに伝えるような工夫をしていただけるかというところのサポートを，ぜひ会計士協会も含めてやっていただければいいなと思います。

　社会科の先生というのは，基本的に歴史好きです。歴史が好きだから社会科の先生をやっているという人が多いのです。あと，地理好きの方は，ほとんど鉄道好きではないでしょうか。実は公民領域が好きだという人は非常にまれです。大体，社会科の教師というのは天下国家を論じるのが好きなので，国際平和や人権などに興味があって，経済とかには，はっきり言ってあまり興味がないし，知識もない。そうなると，その先生方の知識レベルをどうアップさせていくかということに，ぜひ目を向けていただけるといいと思います。

　それから，当然ですが，学校は教科書をベースに授業を行いますから，教科書の中にどのような形で企業会計が反映されるか，あるいは教科書会社は教科

書を作ると同時に指導書という先生方のマニュアル本を作りますので，その中で，どのように面白い授業が作れるかということも，会計士協会から情報発信をしていただけるといいと思います。参考ですが，日本証券業協会では次期学習指導要領に基づく教科書編纂のための参考資料ということで，薄い冊子を作っています。これは主として教科書会社の方に，今度，学習指導要領がこう変わりましたが，その内容をもし書き入れるなら，こんな観点からやったらどうですかという提案をしているものです。これは日本証券業協会ですから，証券業界の立場から作ったものですが，会計士協会からそういう情報発信もできるだろうなと思いますし，また先生方を対象としたセミナー等を開くこともできるかもしれません。

　いずれにせよ，先生が好きなものは子どもたちに伝染していきます。先生が嫌いなものは生徒も嫌いになります。ですから，先生を会計好きにさせる。これは大変なことですが，そこに持っていくのが第一かなと思います。

永井――先生に対してきちんと伝えていくことが大事だというところで，柴教授は，これまで高等学校の商業科の先生方と交流があると思うのですが，そういう交流をしていく中で，学校の先生に理解してもらうためには難しいと感じた経験がありましたら教えてください。

柴――そうですね，理屈を言ってもなかなか通じませんよね。商業高校の先生はある程度割り切って，専門教育だからという観点から教えています。見方を変えれば，子どもたちは潜在的な消費者であり，潜在的な納税者であり，潜在的な有権者であり，潜在的労働者であり，潜在的生産者です。年齢によって，順次，大人の世界に入ってきます。小学校1年生なら1年生なりに，2年生，3年生ときて，中学校，高校と，それぞれの段階で，自分のお金だったらともかくとして，人のお金を使っているんだよ，それなりの責任があるよというところからでもいいので，それぞれの年齢にわかるように教育内容を固めたいな，固めていってほしいなと思います。

　それは会計士協会の会計基礎教育推進会議で作成することになっている「会計リテラシー・マップ」を早く作ろうということに結び付きます。生活者としての発達段階に応じて会計の必要性がわかるような地図を描けばいいのではないかと思います。

永井──「会計リテラシー・マップ」の話になりましたので，少しその話を紹介させていただきます。リテラシー・マップというのは，大体これぐらいの年齢で，こういうものを学ばせるべきだという大枠を提案する資料です。金融経済教育，消費者教育，法教育などの領域で，関係する団体や協議会のようなところが作成しています。会計士協会でも，今年から来年にかけまして，会計教育に関するリテラシー・マップを作るべきと言われています。

こうした他の周辺の教育と関連した話ですが，おそらく会計という領域は，金融経済教育や消費者教育のもとになる部分ではないかと考えておりまして，金融経済教育や消費者教育との連携も考える必要があります。

社会科の教育では，現在でも金融経済教育や消費者教育を扱っていると聞いています。そのあたりと会計の教育，どのように連携できるかということを，栗原教授，和田編集長に伺いたいと思います。

栗原──実は現在の高等学校の政治経済，あるいは現代社会の教科書には，「情報の非対称性」という言葉が既に入っています。現行の学習指導要領の解説の中にも，「情報の非対称性」という言葉が入っています。

これはどんな文脈で出てくるかというと専ら消費者問題です。つまり生産者側は，例えば製薬メーカーは，この薬にどんな副作用があるかということについては十分な情報を知っているが，それを飲む一般の消費者にとっては，それはわからない。その間の「情報の非対称性」があることによって消費者問題が生じるということです。だから，企業側は情報を十分に知らせる必要がありますし，消費者側はその情報に注意しなければならない。あるいは，薬を購入する際に薬剤師から，薬の成分などについて十分な説明を受けるという文脈で出てくる。

おそらく，会計も全く同じ文脈で「情報の非対称性」，つまりさまざまなステークホルダーが企業には関係するが，「情報の非対称性」というものを解消するためにも会計情報を，あるいはそれが適正な手続に基づくものであることが必要だととらえることによって，実は会計は，金融経済，あるいは消費者教育に通底する部分があると考えています。

また，社会科教育というのは，社会を理解させるというのが狙いです。ですから，企業会計というものを通して社会がどうなっているのか，企業会計とい

うものが社会の中でどういう役割を果たしているのか，言い方をかえれば，もし企業会計というものが適切になされないと，僕らの社会はどんな点で困るのかということを追求させることによって，社会を理解させる一つの窓口に企業会計がなっていくのかなと考えています。

和田──教科書の中でも，会計と関連のある文脈として消費と家計があり，お金の使い道をどうするのか考えるようなものがあります。経済の内容というのは，それぞれが分離して存在しているのではなくて，それぞれ学習内容としても当然リンクしてくる内容です。リテラシー・マップの作成，あるいは先生方に何らかの情報提供をするとなったときには，ほかのリテラシー・マップと同じ内容が全く別々に存在するようなものだと，それを見た先生方，あるいは理解しようとした先生方，子どもたちが，また同じことを同じように繰り返すのかというような印象になってしまうと思います。ですので，関連し合っている内容を，栗原教授が「通底する」という表現を使われましたが，それぞれのリテラシー・マップをこういう部分で結び付けることができるのが会計の役割なんだよ，ということが見えるようなリテラシー・マップであると，より活用度が高くなるかなと思います。また，やはり具体的な例がないと先生方も教えにくいというところもありますので，その具体的な例を選ぶ際には，それぞれの教科書会社がどういう内容を教材として扱っているのかということを，ぜひ参考にされて，そこと結び付くようなリテラシー・マップになると，おそらく，先生方も使いやすくなるのではないかと思います。

　そういう点を少しご留意いただければ，逆に教科書をつくる側も，参考にさせていただきやすいということは言えるかなと思います。

永井──それから，会計に関しては，学習指導要領の解説では，起業のところで取り上げられているので，企業会計の考察を通じてというようなことで書かれています。一方，会計というのは，皆様ご存じのとおり，企業会計だけではなくもっと広い領域があります。今回，学習指導要領の解説では企業会計というように取り上げられましたが，今後さらに会計リテラシーとして普及をさせていくことを考えた場合，企業会計以外のこともあると思いますが，そのあたり柴教授，実態調査の結果も踏まえて，どのようなことが考えられるか教えていただけますでしょうか。

柴——現行の教科書の中にでさえ，例えば国家の役割とか予算とか，ある訳ですよね。そのあたりはまだまだ十分，制度として固まっていませんが，会計の世界だと公会計という形で進んでいる訳です。いろいろな領域で会計は役に立つということは，そろそろ認識されているので，企業会計にこだわらずに，ほかのところでも書き込んでもらえればいいかなという気がします。

永井——具体的には，柴教授のチームでは，算数，家庭科について調査されました。教科書的にはどうでしょうか。家庭科の教科書も発行されていると思いますが，企業会計だけではなく，会計というような切り口で，家庭科の中で教えることに適しているところはありますか。

和田——東京書籍は小・中学校のほぼ全教科を出しているのですが，家庭科と社会科というのは非常に密接に学習内容がかかわっています。ただ，今までは家庭の範囲，いわゆる家の中についての部分がかなり家庭科と社会科ではつながっている部分があります。企業会計ということになると，少し家庭科の範疇から外れるのではないかというような考え方もあるのですが，今，家庭科自身が社会科との重なりも意識しながら，少し視野を広げていこうといった動きになっています。家庭科でも家の中，家政ではなくて，企業とか，あるいは財政の部分なども含めて扱っていくということは視野に入れてもいいかなと思います。

永井——社会科教育という点ではいかがでしょうか。

栗原——当然ですが，教科教育の枠組みの中でいえば，社会科の領域の，社会を理解させるという狙いを踏まえながら，企業会計だけではなくて，公会計や家計，それから今まで話が出てきませんでしたが，学校教育の分野では中学校段階から国際収支の話題が必ず取り上げられます。国際収支はご承知のとおり複式簿記の形態で書かれているものです。国際収支を扱っていない社会科の教科書はありませんから，そこで国際収支という仕組みはどういう枠組みでできているのかということを，もう少し加えていくこともできるかなというように思っています。

永井——ありがとうございました。それでは最後に，佐藤常務理事から，今後の協会の取組の方向性などを含め，まとめていただきたいと思います。

佐藤——皆さま，今日はどうもありがとうございました。今の協会の会計基礎教育への取組の周囲の状況と，現在，我々がいる地点を十分にお伝えできたと思い

ます。時間の関係で，細かい話や興味深い話などをお伝えできないのが非常に残念です。

　この会計基礎教育の一連の話については，柴教授の調査報告書をもとに書籍としてまとめ，今日のディスカッションも採録いたしまして，会計士協会出版局から発行する予定でございます。ありがとうございました。

柴　健次　関西大学大学院会計研究科教授

神戸商科大学大学院経営学研究科博士後期課程中途退学。博士（商学）。
大阪府立大学経済学部助教授、同教授、関西大学商学部教授を経て、2006年より現職。この間、1993年と2001年に英国・ロンドン大学LSE、2001年と2013年にスペイン・アルカラ大学で在外研究に従事。
税理士試験委員（2003年〜2005年）、公認会計士試験委員（2006年〜2008年）、日本会計教育学会会長（2012年〜2017年）、日本ディスクロージャー研究学会会長（2010年〜2012年）、政府会計学会会長（2013年〜現在）などを歴任。
近著に『財政の健全化と公会計改革』（編著）関西大学出版部／2018年、『公共経営の変容と会計学の機能』同文舘出版／2016年、ほか。

浦崎　直浩　近畿大学経営学部教授

神戸大学大学院経営学研究科博士課程後期課程単位取得退学。博士（経営学）。
近畿大学商経学部講師、助教授、教授を経て、2003年より現職。この間、オーストラリア・メルボルン大学（1995年〜1996年）にて在外研究に従事。
公認会計士試験委員（2011年〜2015年）、中小企業会計学会、税務会計研究学会、日本簿記学会、日本監査研究学会等の理事を歴任。
近著に『中小企業の会計監査制度の探求—特別目的の財務諸表に対する保証業務—』（編著）同文舘出版／2017年、ほか。

工藤　栄一郎　西南学院大学商学部商学科教授

鹿児島経済大学経済学部助教授、熊本学園商学部助教授、熊本学園大学商学部教授を経て、2015年より現職。
税理士試験委員（2018年〜現在）、日本会計教育学会理事（2009年〜現在）、日本会計史学会理事（2007年〜現在）、日本会計研究学会評議員（2018〜現在）。
近著に『会計記録の研究』中央経済社／2015年（2016年度日本簿記学会賞受賞）、ほか。

島本　克彦　大和大学政治経済学部経済経営学科准教授

中央大学大学院商学研究科修士課程修了。
兵庫県立神戸商業高等学校教諭、同立小野高等学校教諭、同立姫路商業高等学校教諭、関西学院大学商学部准教授を経て、2016年より現職。
近著に『簿記教育上の諸問題』関西学院大学出版会／2015年、ほか。

栗原　久　東洋大学文学部教育学科教授

筑波大学大学院教育研究科修了。
埼玉県立高等学校教諭、筑波大学附属高等学校教諭、信州大学教育学部准教授を経て、2012年より現職。日本証券業協会「金融・証券教育支援委員会」公益委員（2013年〜現在）、日本公民教育学会会長（2018年〜現在）。
近著に『入門社会・地歴・公民科教育』（編著）梓出版社／2014年、ほか。

著作権法により無断複写複製は禁止されています。

会計基礎教育の歴史と現況

2019年1月30日　初版発行

編　著　日本公認会計士協会 ©

発行者　関　根　愛　子

発行所　日本公認会計士協会出版局

〒102-8264　東京都千代田区九段南4-4-1　公認会計士会館
電話　03(3515)1124
FAX　03(3515)1154
URL：https://jicpa.or.jp/

Printed in Japan 2019

製版：(有)一企画
印刷製本：(株)あかね印刷工芸社

落丁、乱丁本はお取り替えします。
本書に関するお問い合わせは、読者窓口：book@sec.jicpa.or.jp までお願い致します。

ISBN 978-4-904901-88-5 C2034